国家社科基金
GUOJIA SHEKE JIJIN HOUQI ZIZHU XIANGMU
后期资助项目

社交媒体数据驱动的
决策支持研究

单晓红　刘晓燕　王宁　著

社会科学文献出版社
SOCIAL SCIENCES ACADEMIC PRESS (CHINA)

图书在版编目（CIP）数据

社交媒体数据驱动的决策支持研究 / 单晓红，刘晓
燕，王宁著 . --北京：社会科学文献出版社，2024.9
国家社科基金后期资助项目
ISBN 978-7-5228-3455-9

Ⅰ.①社…　Ⅱ.①单…　②刘…　③王…　Ⅲ.①互联网
络-传播媒介-数据管理-研究　Ⅳ.①G206.2

中国国家版本馆 CIP 数据核字（2024）第 066186 号

国家社科基金后期资助项目
社交媒体数据驱动的决策支持研究

著　　者 / 单晓红　刘晓燕　王　宁

出 版 人 / 冀祥德
责任编辑 / 宋　静
责任印制 / 王京美

出　　版 / 社会科学文献出版社 · 皮书分社（010）59367127
　　　　　　地址：北京市北三环中路甲 29 号院华龙大厦　邮编：100029
　　　　　　网址：www.ssap.com.cn
发　　行 / 社会科学文献出版社（010）59367028
印　　装 / 三河市龙林印务有限公司

规　　格 / 开　本：787mm×1092mm　1/16
　　　　　　印　张：20.75　字　数：325 千字
版　　次 / 2024 年 9 月第 1 版　2024 年 9 月第 1 次印刷
书　　号 / ISBN 978-7-5228-3455-9
定　　价 / 138.00 元

读者服务电话：4008918866

国家社科基金后期资助项目
出版说明

　　后期资助项目是国家社科基金设立的一类重要项目，旨在鼓励广大社科研究者潜心治学，支持基础研究多出优秀成果。它是经过严格评审，从接近完成的科研成果中遴选立项的。为扩大后期资助项目的影响，更好地推动学术发展，促进成果转化，全国哲学社会科学工作办公室按照"统一设计、统一标识、统一版式、形成系列"的总体要求，组织出版国家社科基金后期资助项目成果。

全国哲学社会科学工作办公室

前　言

　　社交媒体数据是当今时代的重要数据来源之一，具有开放、海量、非结构化、异质性等特征，包含用户的语义、社交、行为、位置等丰富的信息，提取和挖掘社交媒体数据背后的用户需求特征和行为规律，能够为众多领域的决策支持提供重要参考。传统的决策支持过程难以满足社交媒体数据驱动的决策支持目标的实现。对社交媒体数据的分析不仅要求对现有决策支持理论体系进行重构，还要求创新现有的决策支持方法论，并促使决策支持的焦点发生转变。

　　全书从理论、方法与实践三个方面系统阐述了社交媒体数据驱动的决策支持的基本内容。突出特色和主要建树为：首先，界定了社交媒体数据驱动的决策支持的内涵，给出了社交媒体数据驱动的决策支持框架模型，对决策支持理论在新的社交媒体环境下的发展和变革作出了理论上的贡献；其次，提出了知识图谱、网络分析、自然语言处理是构成社交媒体数据驱动的决策支持的三种主要方法，对当前主要方法的创新进行了全面归纳和总结；最后，企业决策支持和政府决策支持情景下的实践应用，既体现了社交媒体数据驱动在不同层次决策支持中的重要价值，也为其他领域的实际应用提供了参考。

一　社交媒体数据驱动的决策支持理论的探索

　　在大数据背景下，社交媒体数据全面渗透和融入管理决策的各个领域、各个流程和各个要素。企业决策和政府决策领域都呈现实时、多源数据整合和多主体决策等特点。社交媒体数据驱动的决策支持，主要是指管理决策由社交媒体数据决定或者根据社交媒体数据分析结果作出，是对社交媒体数据的抽丝剥茧、去伪存真，而非依赖直觉或者决策者经验。与传统经验判断的决策模式不同，社交媒体数据驱动的决策支持分析，在过程上就与传统决策有所不同。传统决策是目标导向的，先有目标，再有方案，最后是决策；而社交媒体数据驱动的决策，一开始目的性不强，目标并不一定明确，甚至是在大量表面上看似关系并不紧密的数据中发掘问题本质，给出决策方案。因而，社交媒体数据驱动的决策支持是在关联机制的作用下，社交媒体数据分析和决策支持理论有机耦合的新的决策模式。它包括由过程、情景和价值共同构成的多个分析维度，通过数据采集、多源异构数据融合与储存、社交媒体数据分析、决策方案生成与评估、决策支持服务与反馈的决策过程，实现了从数据到决策的有用信息的转化。

二　社交媒体数据驱动的决策支持方法的研究

丰富的社交媒体数据为企业数智化管理和政府的智能决策提供了新的思路和方法，但在社交媒体大数据环境下，需要结合大数据、人工智能、复杂网络等新兴技术和方法来拓展传统决策支持理论。传统的决策支持，受限于数据的可得性和海量数据的处理能力，大多是以抽样调查等方式获得结构化数据。在数据获取上，往往是根据决策的目标，有针对性地收集数据，是对已有的而不是正在发生的数据进行抽取，甚至是围绕问题主要对象进行问卷调查以获取一手数据，然后再加以定量分析，这就使数据抽样成为辅助决策的有力工具，而分析结果往往依赖于"抽样的科学性"。

社交媒体在数据体量、数据复杂性和产生速度等方面均超出现有技术手段的处理能力，无论是从信息技术层面，还是从数据和统计模型层面，都要求决策支持方法由基于抽样数据的定性定量决策分析向基于完备数据的大数据分析转变。这个转变的完成，需要分析基础的创新，以及处理手段和方法的创新。本书在这些创新方面作出了一些努力。社交媒体数据驱动的决策支持方法主要包括知识图谱、网络分析和自然语言处理。知识图谱作为一种拥有极强表达能力和建模灵活性的语义网络，通过知识业务问题定义、数据的收集和预处理、知识图谱设计、知识图谱存储，对社交媒体数据进行分析，在电子商务决策方面具有广泛的应用；以图论为基础的网络分析方法，对于解决以社交媒体数据为基础的网络舆情治理、创新社区管理、个性化推荐等方面问题具有得天独厚的优势；自然语言处理中的网络爬虫、分词分析、词性标注、情感分析等方法是社交媒体数据分析的基础，是将社交媒体数据中的非结构化数据转化为信息的重要方法。

三 社交媒体数据驱动的决策支持实践的应用

基于第一部分的基础理论探索和第二部分的技术方法研究，本书在第三部分给出社交媒体数据驱动的企业决策支持和政府决策支持的具体实践应用。

一是企业决策支持层面。社交媒体时代呈现信息多渠道和知识分散化的特征，企业如何对待和处理这些信息，使这些有用信息转化为企业生产服务的创新源泉，成为企业亟待解决的问题。首先，企业由封闭模式向开放模式转变，通过开放式创新社区，聚集大量用户参与企业创新活动，从而获取有价值的知识资源和用户资源，为企业提供创意来源。其次，受信息扩散速度的影响，企业在面临重大或者突发事件时，往往更容易引发网络舆情危机，及时捕获和准确分析社交媒体数据能够增强企业的舆情危机预警能力。最后，商务社交媒体是获取客户的重要平台之一，通过监测社交媒体数据，可以了解用户消费习惯、用户关注特征和用户需求，从而改进产品、实现产品精准推荐。

社交媒体数据中的用户内容数据和用户行为数据，在企业决策支持变革方面发挥了重要作用。不仅能够在知识发现、领先用户识别、舆情危机预警方面提供决策支持，改变企业的创新视角和创新合作模式，增强企业使用外部数据开展创新、进行舆情危机预警的能力；而且能够在改进电子商务平台评价机制、用户需求获取和产品推荐方面提供决策支持，为精准定位用户和有效改善产品、服务带来有价值的帮助。

二是政府决策支持层面。社交媒体是网络舆情的主要来源之一，海量异构的社交媒体数据反映了公众的需求和态度，能够为网络舆情治理决策提供丰富的资源。围绕政府舆情治理决策这个主题，在社交媒体数据驱动的决策支持理论和方法的基础上，以网络舆情治理决策情景为例，本书进行了舆情反转风险决策、舆情群体极化决策、舆情事件分级和预测决策、政策公众感知决策的实践应用研究。

社交媒体中的用户内容数据、指数数据和社交数据，能够在舆情热度、事件分级与预测、群体极化和公众情感等多个方面为政府舆情治理提供全方位的决策支持，弥补了传统舆情治理决策手段单一、研判不足、反应滞后等缺陷，在政府部门有效应对舆情方面具有重要的社会价值。

本书是单晓红、刘晓燕、王宁历经十年积累的研究成果。感谢郝秀艳、韩晟熙、孙丽娜、崔凤艳、庞世红、王春稳、赵胜洋、张冬、张晓月、宋嘉莹等同学，他们参与了本书的撰写。感谢赵曦雨、魏萌、刘梓墨等同学，他们参与了本书的校稿和排版工作。

感谢国家社科基金给予的支持。感谢社会科学文献出版社在出版过程中提供的大力帮助。

摘　要

随着科学技术的进步，许多有效的传统决策支持理论和方法遭遇了新的问题，不仅涉及数据和计算量的问题，还涉及决策支持范式和决策支持过程的问题。社交媒体数据包含了丰富的用户信息，这些信息需要从海量、非结构化的数据中提取和挖掘，决策者的目标甚至会随着数据分析的结果变化而不断变化，这与传统的决策有着鲜明的差异。

社交媒体数据驱动的决策支持理论，丰富了数据驱动的决策支持理论研究，是社交媒体时代突破现有信息来源渠道、实现"社交媒体数据+传统数据+决策者经验"的新型决策模式的必然要求。社交媒体数据驱动的决策支持方法研究，为实现决策支持的驱动力变革提供了保障。社交媒体数据驱动的决策支持实践研究，拓展了社交媒体数据的应用情景，为众多应用领域的决策支持研究提供了新的思路，对企业和政府管理部门的智能决策具有一定的指导意义。

本书的创新之处主要表现在以下三个方面。

第一，提出了社交媒体数据驱动的决策支持理论。通过总结不同领域社交媒体数据驱动的决策支持研究，从概念、决策范式和驱动力三个方面，明确了社交媒体数据驱动的决策支持内涵。提出了过程、情景和价值共同构成的社交媒体数据驱动决策支持的理论框架，并以该理论框架为基础，提出了以驱动要素、需求要素和支持要素为结构基础的决策支持模型，其中社交媒体数据是驱动决策方案生成、选择和反馈的基础要素，不同决策的目标和情景对社交媒体数据驱动的决策过程提出不同的需求，管理者、数据分析人员和技术支持决策价值的顺利实现。社交媒体数据驱动的决策支持理论，改进了大数据背景下的决策支持理论与模型，突破了决策主观性和数据缺失带来的决策局限性，拓展了决策的信息来源，形成了"社交媒体数据+传统数据+决策者经验"的新型决策模式，是在社交媒体时代对决策支持理论的丰富和完善。

第二，提出了社交媒体数据驱动的决策支持方法。与模型驱动的传统决策支持不同，社交媒体数据驱动的决策支持的驱动力是数据。社交媒体数据不仅能够通过技术赋能体现传统的工具性，而且还表现了多元主体参与决策的价值性，因此，社交媒体数据驱动的决策支持方法要能够实现对海量、多源、异构数据的实时分析，从而为不同情景的决策提供智能化的支持。本书认为，知识图谱、网络分析和自然语言处理是在社交媒体数据驱动的决策支持中的应用方法，它为实现社交媒体数据驱动的决策支持提供了实现的途径。尤其是，将事理图谱方法有效运用到网络舆情事件预测和公众感知中，揭示了舆情事件的关联关系，并成功预测了舆情的演化方向和公众的感知态度，为网络舆情治理的研究开拓了新的思路。

第三，创新理论应用情景的拓展。在研究内容上，本书注重理论的研究，在理论方面从宏观和体系层面全面阐释社交媒体数据驱动的决策支持的体系框架，系统地论述了社交媒体数据驱动决策支持的驱动要素、需求要素和支持要素，提出社交媒体数据驱动的决策支持理论；又将理论研究与企业和政府智能决策情景有机结合，拓展了决策支持理论的应用情景，实现了研究理论的落地。

本书提供了一种科学的决策方法，系统地提出了社交媒体数据驱动的决策支持理论、方法和实践。首先，科研人员可以将该研究成果作为工具书，为不同情景下社交媒体数据驱动的决策支持的应用提供参考与借鉴。其次，该研究成果可以为企业部门提供决策支持，不仅能助力企业使用外部数据开展创新并提升危机预警能力，还能为企业产品设计和营销部门提供全方位的用户评价信息，实现改进电子商务平台评价机制、用户需求获取和产品推荐方面的决策支持。最后，在政府数字化建设层面上，该研究成果可以服务于政府决策人员，为政府部门掌握舆情事件的演化规律和公众感知情况、准确预测舆情事件的发生、有效地开展舆情治理提供决策依据。

目　　录

社交媒体数据驱动的企业决策支持实践篇

社交媒体数据驱动的政府决策支持实践篇

基础理论篇

　　社交媒体数据是当今时代的重要数据来源之一，具有开放、海量、非结构化、异质性等特征，包含了用户丰富的语义、社交、行为、位置等信息，提取和挖掘社交媒体数据背后的用户需求特征和行为规律，能够为企业和政府管理部门的智能决策提供重要的支持作用。社交媒体数据的获取和处理技术有助于为决策支持带来丰富的数据，也对整合和有效分析真实、准确的社交媒体数据提出了挑战。决策支持的传统方法，主要是基于企业内部数据、行业公开数据和调研数据，通过统计和数据模型的方式进行分析，但是随着社交媒体数据量的增大和数据结构的变化，现有的决策支持理论和技术已经无法满足实际应用的需要。本书对社交媒体数据驱动的决策支持理论进行了较为系统的研究，在阐述创新研究之前，对书中所涉及的基础理论做一个必要的介绍。

第 1 章

社交媒体数据与决策支持的关系

为了系统研究社交媒体数据驱动的决策支持理论，本书对社交媒体数据与决策支持的关系进行了全面的分析。从决策支持和社交媒体数据的基本概念出发，通过社交媒体数据在决策支持中的应用研究，阐明社交媒体数据在决策支持中的价值。

1.1 决策与决策支持

决策支持系统是以管理科学、运筹学、控制学和行为科学等为基础，以计算机技术、仿真技术和信息技术等为手段，以人机交互方式辅助指挥决策的一种应用系统。自 20 世纪 70 年代美国管理学家 Scott Morton 在《管理决策系统》一文中首次提出决策支持系统概念以来，决策支持系统已经在重大工程、企业管理、金融、医疗与健康、政府治理等多个领域得到广泛应用。

1.1.1 决策

决策理论是把第二次世界大战以后发展起来的系统理论、运筹学、计算机科学等综合运用于管理决策问题而形成的一个有关决策过程、准则、类型及方法的较完整的理论体系。决策是为了实现一定的目标，提出解决问题的各种可行方案，依据评定准则和标准，在多种备选方案中评价、选择一个方案并付诸实施的管理过程，即决策就是针对问题和目标，分析问题、解决问题、实现目标。

　　决策问题的分类有很多种，从不同角度有不同的分类方法。本书从结构角度将决策问题分为结构化、半结构化和非结构化三类。结构化决策问题能够应用形式化的经验、知识进行解决，并且可以依据一定的通用模型和决策规则实现其决策过程的自动化。非结构化决策问题，如突发事件等，完全应用形式化的经验、知识则很难奏效。非结构化决策问题的一部分在一定程度上可以转化为结构化决策问题。半结构化决策问题则是介于上述二者之间，既有所分析又不确切，既有所估计又不准确。特别是在企业管理方面，半结构化决策问题实际上大量存在。

　　决策的本质可以从组织层面、结构性质和决策过程三个方面来描述。

　　首先，组织层面。安东尼把组织活动和决策分成三个层次——战略性规划、管理控制和业务控制。这三个层次基本上是同高层管理、中层管理和底层管理相对应的。很明显，三个层次的决策在时间跨度、决策范围、信息来源、数据精确度及人员等方面存在很大差别，一般来说，层级越高，需要的决策支持程度越大。①

　　其次，结构性质。诺贝尔经济学奖获得者赫伯特·西蒙在《管理决策新科学》一书中，从结构化程度分析，认为，结构化决策非常容易完成，基本不需要其他决策支持；大多数非结构化决策则完全靠主观判断来解决，决策支持的作用不能很好地体现。而处于两者中间的半结构化决策通过相关工具和技术对数据进行处理，决策者则进行评估、权衡、判断以及决策。因此，决策支持主要应用于半结构化决策问题。

　　最后，决策过程。赫伯特·西蒙把决策过程分成情报、设计和选择三个阶段，Sprague和Carlson在此基础上又加上了实现阶段。情报阶段是指进行数据的收集与加工、研究决策环境、分析和确定影响决策的因素或条件的一系列活动，这个阶段实质上包括问题识别和问题诊断两项内容。设计阶段是指根据情报阶段识别出的问题进行分析，并提出相应的可行方案。选择阶段是指确定"最佳"的可行方案，并予以实施与审核。实现

---

①　Anthony, R. N. 1988. The Management Control Function. Boston：Harvard Business School Press.

阶段是指使推荐方案付诸实施，该阶段，决策者要及时根据实施方案的反馈信息和有关情报提出改进措施。

1.1.2　决策支持

决策支持即利用各种工具和技术在一个组织内部相互配合，为帮助决策者解决问题提供支持。高层管理者和决策人员面临着战略规划等重大决策问题，这些问题涉及面广、变化因素多，往往要求及时反映方案的综合结果，因此他们更需要相关决策支持来提高管理决策的有效性。

决策支持主要用于辅助管理人员制定决策，具有数据、决策模型、决策人员三大基本要素。目前的决策支持包括模型驱动和数据驱动两种类型。决策支持需要收集关于企业内部业务活动和外部环境的数据，这类数据涉及许多方面，例如，企业销售情况、竞争企业的行动、社会消费趋势、顾客需求状况、有关的法律和国家政策等。模型驱动型决策支持是决策者依靠模型的推理、比较、选择来分析问题并进行决策；数据驱动型决策支持则主要依靠数据，通过从海量数据中提取对管理决策有用的信息，从而支持决策者进行决策。决策支持往往需要依靠决策者的经验和分析判断。相较于模型驱动型决策支持，数据驱动型决策支持对决策者的要求更低。数据驱动型决策支持通过使用全体数据，利用大数据分析技术，充分分析决策活动各要素之间多源异构数据间的关联关系，从而为不同情景下的决策者提供智能化决策服务。

（1）决策支持的作用

决策支持能够创造一种决策分析环境。在此环境下，一方面，决策者能够充分利用已有的经验、知识，主动利用决策支持提供的各种分析工具，不断地获得自求信息（决策者为实现其目标而主动获取的信息）；另一方面，决策支持也能在一定程度上对决策者进行引导，帮助其获得非自求信息（那些并不是由决策者主动寻求而偶然获得的信息）。这样，决策者能够和决策支持双向互动，不断深入地分析问题，最终作出有效决策。

（2）决策者的主导地位

无论是模型驱动型决策支持，还是数据驱动型决策支持，决策者都是决策的主体，是决策支持中最关键的要素，在考虑决策工具和技术时，应该充分考虑决策人员的任务、能力、决策方法，把决策者放在真正的主导地位。

大数据时代，信息的采集、传输、存储、应用形式发生了深刻变化，数据量急剧增加，提取难度不断增大，决策者越来越需要依托大数据分析平台，实现感知、认知和决策支持相结合，对不同来源、不同结构的数据进行融合分析，智能化地形成决策建议和各种方案。决策者作出决策也越来越取决于对数据的采集、识别、挖掘、分析和运用。数据驱动决策使有信息的理性决策越来越占主导地位、"拍脑袋"的非理性决策逐渐变少。这也对决策者提出了更高的要求，不仅要求其深入理解大数据时代的决策问题需求，为业务决策与技术的融通提供智力支持；还要求其具备一定的大数据理论和实践能力，能够有效驾驭海量数据，在分析判断和作出决策时验证于数据、问计于数据。

（3）决策全过程的支持

在问题识别、信息收集、可行方案生成、方案分析、最佳方案选择等整个过程中依靠决策支持的帮助进行决策。为了实现这个目的，决策支持应该为上述各环节提供有效的信息处理方法、分析工具等，即从内容上实现对决策活动的支持。简言之，决策支持应该以内容支持和过程支持相结合的方式支持决策活动，从而充分发挥决策支持的各种优势。

（4）决策支持的四个级别

被动决策支持：向决策者提供他们乐于使用的工具，但并不试图改变现有的工作方式，这时的决策支持相当于一个问题仿真器。被动决策支持的决策领域在很大程度上是根据现有工具和技术适用性而进行选择或事先确定的。

传统决策支持：向决策者提供尽可能多的备选方案，然后由他们根据自己的判断进行后果评价和方案选择，这时的决策支持相当于一个方案生成器。传统决策支持低估了判断的质量问题，从而导致决策者的能力限制了决策支持的效果。

规范决策支持：是一种理想化的决策支持，决策者仅提供数据和要求，决策支持就可控制整个决策过程，这时的决策支持相当于一个问题求解器。

扩展决策支持：积极影响和引导决策过程，同时尊重决策者的思考和判断，这时的决策支持相当于一个顾问而不是一个助手。

1.2　社交媒体

近年来，随着社会的发展和进步，社交媒体通过不同的渠道和形式为决策问题提供了海量和丰富的数据，文本分析、数据挖掘、机器学习和知识图谱等大数据技术扩充了决策支持系统的方法库功能，从而使社交媒体数据驱动的决策支持能够为组织带来巨大的价值。

社交媒体的定义存在多个版本，虽然表述方式不一，但有着共同的内涵。社交媒体（Social Media）是一种基于 Web 2.0 之上用于实现各种社会化活动的工具，是促进用户之间社交互动的在线空间和平台，包括社交平台、论坛、聊天室和其他一些在线网络（Townsend，2017）。与社交媒体相关的研究重点主要基于个人生成和发布的内容（Lim，2013），这为以新的方式研究社会和文化的过程创造了机会（Manovich，2011）。随着大数据分析技术和计算技术的进步，社交媒体数据已经成为洞察人类行为的关键，并被企业、个人和政府持续存储和处理。

1.2.1　社交媒体类型

随着互联网技术的发展，社交媒体的形式与功能不断丰富，不论国内还是国外，社交媒体都呈现多类型、多维度的形态。奥美公关全球社交媒体团队于 2011 年 2 月发布中国社交媒体资讯 360°全景图，指出社交媒体的 16 种形态，包括社交网站（SNS）、留言板（Message Boards）、博客（Blogging）、微博（Micro-blogging）、移动聊天（Mobile Chat）、即时通信（Instant Messaging）、视频分享（Video Sharing）、图片分享（Photo Sharing）、在线音乐（Online Music）、百科知识（Wikis）、知识问答（Q&A）、消费点评（Review）、签到（Check-in）、秒杀（Deal of the Day）、在线交易（Online Trade）、专业社交网络（Professional SNS）。吴江秋等（2017）根据社交媒体的媒介属性、社会属性、技术属性和内容属性，将社交媒体的 16 种形态大致分为原创、资源共享、协同编辑、通信和商务

5 种社交媒体类型。

本书将社交媒体的类型划分为创作发表社交媒体、资源共享社交媒体、协同编辑社交媒体、通信社交媒体、商务社交媒体和政务社交媒体。

（1）创作发表社交媒体：由用户原创发表，通常借助链接和评论实现信息交流和传播，主要包括博客、微博和论坛等。

（2）资源共享社交媒体：以分享资源为主要目的，用户通过上传图片、音乐、视频等实现资源的共享和传播。主要包括图片共享网站、音乐分享网站、视频分享网站和评论网站等。为了便于内容组织和资源发现，资源共享社交媒体经常使用标签对各种数字资源进行标引和分类，从而提高社交媒体的价值。

（3）协同编辑社交媒体：借助网民的群体智慧完成知识性内容的编写和出版工作。在协同编辑过程中，为在文章中阐述自己的观点，持有不同意见的个体或群体往往进行轮番修改文章内容的活动。主要包括维基百科和问答网站。

（4）通信社交媒体：用来维护和拓展个人关系网络，实现朋友之间的日常联系和沟通。主要包括各种即时通信以及社交平台。

（5）商务社交媒体：电子商务在社交媒体环境下的衍生模式之一，通过社交媒体的形式实现用户的获取和互动，对产品进行展示和分享，从而引导用户完成电商购买。主要包括淘宝、京东、美团等集电子商务与社交媒体于一体的网站。

（6）政务社交媒体：有两种形式：一是在商业平台上建立的社交账号，如政务微博；二是政府及相关机构自主建立的，如政务 App（唐晓波，2020）。政务社交媒体是重要的政民信息交互工具，主要包括信息发布、政务公开、舆论引导和公共服务等功能。

这些社交媒体虽然功能和目的不尽相同，但都是以用户为主体，创建了其特有的社交网络，并通过构建的网络传播信息达到其目的。

1.2.2　社交媒体基本特征

用户的参与和互动是社交媒体与传统媒体最根本的区别。传统媒体由专业人员或机构处理信息并传递给受众，受众无法参与信息的制作与传播过程，而基于 Web 2.0 技术的社交媒体改变了这种单向的信息传播模式。在社交媒体时代，用户不仅是信息的被动接受者，而且转变为信息内容的主动生产者与参与者。社交媒体用户能够通过点赞、评论、回复、转发、分享、弹幕等方式参与信息内容的生产和传播，在信息的创造传播过程中形成的强联系和弱联系构成了广泛的互联互通的传播网络。社交媒体的主要特征为：用户数量巨大、群体智慧、信息传播高效。

（1）用户数量巨大

社交媒体用户数量在稳步增长，全球平均每秒钟就有 13 名新用户开始使用社交媒体。Datareportal、Meltwater 和 We Are Social 合作制作的《数字 2023 全球概览报告》提供的数据表明，目前全球有 47.6 亿名社交媒体用户。融文与全球市场营销顾问公司 Kepios 分析显示，2020～2022年三年社交媒体普及加快，新增用户超过 10 亿人。社交媒体的巨大用户数量为社交媒体的发展提供了良好的基础，并使其拥有强大的社会影响力。

（2）群体智慧

群体智慧（Collective Intelligence）是指群体所具有的优于个体或个体总和的智慧与能力，是群体本身所固有的资产（戴旸，2014）。社交媒体的发展为群体的互动和知识的构建开辟了新的途径，它最大的特点是赋予每个人创造并传播内容的能力。各类社交媒体通过对用户创造的文字、图片、音视频等内容的积累，不断编织、扩张全球性的流动信息网，从某种程度上来讲，社交媒体产生的用户内容是群体智慧涌现的一种表现形式。

（3）信息传播高效

首先，社交媒体信息传播更快捷。信息在社交媒体网络中的传播具有病毒传播的特征，通过好友、粉丝等强/弱联系的用户转发分享得以在网络中快速传播。其次，社交媒体信息传播时效性更强。社交媒体能够实现信息的瞬时传播和内容的迅速更新，极大地缩短了信息的生产与传播周期。再次，社交媒体信息传播范围更广。社交媒体用户数量巨大，各媒体平台通过互联网相互链接，相较于传统媒体，社交媒体上的信息影响范围更大。最后，社交媒体信息传播的受众定位更精准。社交媒体的垂直化发展将具有不同兴趣爱好的用户划分为不同的群体，使信息可以更为准确地传送到特定的人群中。

社交媒体提供了一种获取决策信息的新途径，为充分发挥大数据理论、技术和手段的引领及推动作用，解决管理决策领域问题提供了新的思路。社交媒体的关系结构不仅能促进用户之间的交互，而且能影响用户的行为和态度，能够为决策者提供更专业的决策支持。从企业的角度看，社交媒体为营销提供了有效的信息传播平台，企业对社交媒体数据进行有效分析，能够为其进行口碑营销和开放式创新提供决策支持信息。从政府的角度看，社交媒体是政府和公众交流的媒介，通过社交媒体收集和分析舆情信息，能够为政府提供舆情引导和治理的决策支持信息。

1.3　社交媒体数据

关于社交媒体数据的概念，目前还没有确切统一的学术定义。从字面上理解，社交媒体数据就是各种社交媒体产生的海量数据的集合。社交媒体数据属于大数据的范畴。社交媒体数据正在颠覆传统的、线性的、自上而下的决策模型，逐步形成非线性的、面向不确定性的、自下而上的决策方式。这种决策模式遵循"万事万物"量化为数据、数据转变为信息、信息转变为知识、知识涌现出智慧的逻辑，通常被称为数据驱动决策。

1.3.1　社交媒体数据类型

根据数据内容、数据应用领域和数据结构化特点，将社交媒体数据划分为不同类型。

（1）根据数据内容

按照社交媒体的数据内容，可以将社交媒体数据分为用户基本信息数据、用户行为数据、用户社交数据、用户内容数据和社媒指数数据。

用户基本信息数据：能够界定用户内在属性和外在属性的基本数据信息，包括用户年龄、性别、职业、收入、教育水平、地理位置、兴趣爱好等。挖掘用户基本信息数据能够实现用户精准定位，为决策者提供专业化和个性化的决策支持与服务。

用户行为数据：用户在社交媒体上浏览、阅读、收藏、搜索、购买、反馈等行为产生的数据，具体包括购买行为、浏览行为、搜索行为、收藏行为、评论行为、转发行为、点赞行为、分享行为、提问行为等。这些数据可以反映用户的行为特点和偏好。对用户行为数据进行分析，能够为决策者推断和追踪用户的需求提供决策支持。

用户社交数据：以用户的人际关系为基础，在社交网络上与其他用户之间的互动数据，包括好友关系、社区角色、分享、提及（@）、粉丝、发表内容的活跃度等。社交媒体社交关系和口碑的影响力越来越大，对用户社交数据的分析显得越来越重要。对用户社交数据进行分析，能够在产品推荐和信息传播方面为决策者提供强大的决策支持。

用户内容数据：用户关注的"主题词"、产生的"标签"以及发表的各种原创内容数据，包括用户评论的关键词、用户关注的作品主题词、用户自己生产的内容信息（UGC 内容）。用户内容数据反映了用户的观点和态度，能够直接影响企业产品服务的改进优化方向和公众情绪的预测及引导。对用户内容数据进行分析，不仅能够为企业收集意见、完成产品和服务创新提供决策支持，而且能为政府舆情治理提供参考。

社媒指数数据：很多有影响力的社交媒体都建立了内部的搜索、阅读数据分析系统，比较有代表性的就是百度指数、头条指数、清博指数、微信指数、知微指数等。例如，百度指数是以网民的百度检索行为数据为基础，提供最新动态、行业排序等信息，用户通过关键词查询，可以获知相关人群画像、需求图谱、资讯指数信息。头条指数则立足于"今日头条"的用户数据挖掘，本质上展现的是算法推荐机制下用户的行为踪迹，能够更好地把握用户的阅读偏好、用户兴趣等。知微的事件影响力指数（Event Influence Index，EII）是基于全网的自媒体和网络媒体数据，用来刻画单一事件在互联网上的传播效果的权威指标。社媒指数数据为分析热点事件、突发事件以及用户信息传播提供了决策支持。

（2）根据数据应用领域

按照社交媒体数据应用领域，社交媒体数据可以分为舆情社交媒体数据、企业社交媒体数据、政务社交媒体数据、学术社交媒体数据、文娱传媒社交媒体数据、医疗社交媒体数据、城市景观社交媒体数据和旅游社交媒体数据等。

　　舆情社交媒体数据：舆情是社交媒体数据应用最多的领域之一。通过收集用户基本信息、用户评论、用户地址、发布时间、转发、点赞、评论等社交媒体数据，利用自然语言处理和机器学习技术等方法，对这些数据进行主题识别、情绪分析、舆论趋势分析、舆论领袖识别，能够为舆情引导和治理提供支持。

　　企业社交媒体数据：如企业开放式创新社区中的帖子内容、帖子评论数、帖子浏览数、用户贡献值、用户积分等内容，能够帮助企业综合分析开放式创新社区知识，为企业发现用户产品需求、突破解决方案瓶颈、筛选外部创新人才提供更加全面和有效的决策支持；企业活跃用户信息、用户行为信息和用户社交关系能够帮助评估企业数字资产价值（袁林昊，2022）；新闻平台中的数据能够汇集热点行业资讯，表征技术关注度，帮助企业识别技术的社会影响力（单晓红，2022）。

　　政务社交媒体数据：在"互联网+政务服务"的大环境下，政务社交媒体成为政府与公众之间的新媒介、新链接，加深了政府与公众的双向互动（叶光辉，2022）。政务社交媒体数据分布于不同机构的政务社交媒体平台，包括音频、视频、文本、图片等不同形式，不仅能使政府及时了解民众需求以辅助政务决策，而且能促进政府利用相关平台为公众提供服务，以此提升政务服务水平及公众支持率（唐晓波，2020）。

　　学术社交媒体数据：社交媒体已经成为全球科研人员重要的研究工具。除了各大文献检索数据库，越来越多的科研人员使用社交媒体中的数据进行科学研究，例如，使用 Twitter 的用户数据研究高被引科学家在社交媒体网络中的影响力（蒋易，2020），使用小木虫、ResearchGate、丁香园上的数据了解科研热点和前沿、探讨研究问题、开展科技成果推广和技术服务等。社交媒体上与学术研究相关的用户生成内容被称为学术社交媒体数据，这些数据在支持学术研究和交流中起到科普、启发、补充、拓展的重要作用（李蕾，2023）。

　　文娱传媒社交媒体数据：随着社交媒体在用户生活中的作用由纯粹的以"社交"为中心转向以"娱乐"为中心，消费者逐渐转向为内容创作者付费的模式。文娱传媒社交媒体数据包括音频/视频信息、用户的音频/视频播放记录、电子游戏记录等，有助于社交媒体了解消费者需求、改进创作内容、进行个性化推荐。

医疗社交媒体数据：在"社交+医疗"背景下，社交媒体成为公众进行求医问药、讨论医疗问题、分享疾病和用药体验、获取医疗健康知识的重要信息平台。医疗社交媒体数据是指社交媒体中与医学相关的各种数据，如医生在科普微博或者在线医疗社区发布的科普文章、视频、音频，互联网诊疗平台上医生和用户的诊疗内容、在线医疗社区中患者的交流等，通过采集社交媒体中患者的观点，能支持以患者为中心的药物开发（Koss，2021），帮助医生实现精准临床诊疗，为公共卫生部门提供疾病监测预警和公共健康服务等决策支持。

城市景观社交媒体数据：越来越多的人选择通过社交媒体分享自己对城市景观的体验和评价，城市景观社交媒体数据主要包括定位数据、点评数据、图片数据和社媒指数数据等，使用社交媒体数据已经成为城市景观评价、景观服务水平提升和景观规划设计的重要研究内容，它能够有效促进城市景观设计和管理水平的提高。

旅游社交媒体数据：包括游客旅游行程中或者行程之后记录到社交媒体上的旅游感受、评论、购物和移动轨迹，不仅能够观察旅游者的旅行模式，还能够挖掘出行规律，提供旅游推荐和出行路线规划等决策支持。

（3）根据数据结构化特点

按照社交媒体数据结构化特点，可以将其分为结构化社交媒体数据、半结构化社交媒体数据和非结构化社交媒体数据。

结构化社交媒体数据是指可以使用关系型数据库表示和存储的数据，比如，朋友关系是结构化社交媒体数据的一个例子。非结构化社交媒体数据是没有固定结构的数据，包括文本、图片、XML、HTML、报表、音频、视频，比如，在线评论文本就是典型的非结构化社交媒体数据。半结构化社交媒体数据是介于结构化社交媒体数据和非结构化社交媒体数据的数据。社交媒体数据中70%以上为非结构化社交媒体数据，因此，社交媒体数据有效应用的前提是非结构化社交媒体数据的提取和预处理。

1.3.2 社交媒体数据的特点

社交媒体数据属于大数据的范畴，因此同样具有大数据的四大基本特征：数据体量大，数据类型繁多，价值密度低，数据更新处理速度快。这些特点已经在很多文献中有所阐述，这里不再赘述。此外，社交媒体数据还具有透明性、持续性、关联性和异质性等特点。

（1）透明性

社交媒体数据的透明性是指社交媒体的开放性使用户之间的交互能够被观察到，包括用户身份的透明性、交互内容的透明性，以及交互过程中操作的透明性（Stuart，2012）。数据的透明性拓宽了过去只能通过统计调查获取数据的单一渠道，为洞察用户行为与政府、企业和个人决策提供了数据基础。

（2）持续性

社交媒体数据的持续性是指个人通过社交媒体进行交互时，人们发布的信息、交互的内容、交互的操作会以原有形式保持，能够随着时间的推移而发展并被传播和使用。持续性为基于社交媒体数据进行诊断性分析、预测性分析和决策性分析提供了保证。

（3）关联性

社交网络以人际关系为核心，把现实中真实的社会关系数字化到网络上并加以拓展，是个人发布、传递和共享信息的平台，遵循自愿分享和共享机制。社交媒体数据的关联性包括两个方面：一是指人与人之间的联系，比如，用户 A 在微博上关注了用户 B、用户 A 和用户 B 之间就建立了一种关联关系，或者两个患者服用同种药物，在医疗社区中交流用药体验，这两个患者之间也建立了一种关联关系；二是人与信息的联系，比如用户在新浪微博上发布了一条微博，用户和这条微博内容之间就建立了关联关系。社交媒体数据的关联性特征有助于支持个性化推荐、用户需求识别、舆情引导等决策。

（4）异质性

社交媒体数据的异质性是指社交媒体上的数据在来源、格式和用途方面的多样性。从数据来源上看，社交媒体数据包括舆情社交媒体数据、企业社交媒体数据、政务社交媒体数据、学术社交媒体数据、文娱传媒社交媒体数据、医疗社交媒体数据、城市景观社交媒体数据和旅游社交媒体数据；从数据格式上看，社交媒体数据既包括评分、等级等结构化社交媒体数据，又包括文本、图片、音频和视频等半结构化和非结构化社交媒体数据；从数据用途上看，社交媒体数据能够为个人、企业、科研单位和政府提供不同程度的决策支持。

1.3.3　社交媒体数据的缺陷

社交媒体数据为挖掘用户行为、产品推荐、舆情治理、企业创新等决策的研究带来了前所未有的机遇，但是由于网络的虚拟性等特点，社交媒体数据存在一定的缺陷，这些缺陷如果不能被很好地预防和处理，所引起的问题将是严重的，因此需要引起足够的重视。

（1）隐私保护问题

我国颁布了《中华人民共和国个人信息保护法》，对个人信息的采集、传播和使用等都作出了具体的规定，互联网公司、金融机构或大数据企业等在运用社交媒体数据时，要严格遵守相关法律法规、保护用户隐私、防止个人信息泄露，不能超限使用包含社交媒体数据在内的个人信息数据等。

（2）数据可靠性问题

网络的虚拟性使社交媒体数据容易被人为操作，比如，刻意发布虚假信息、购买假粉丝、使用假账号等行为，社交媒体数据质量参差不齐，降低了社交媒体数据的准确性与可靠性。在使用社交媒体数据时应进行合理的筛选与识别，解决数据的有偏性、可验证性和普适性的问题。

首先，数据的有偏性问题。社交媒体数据的质量往往难以保证，除了数据本身的代表性以外，获取数据的过程不能保证在人口统计学、时空维度或是语义维度上做到无偏采样。如果没有对数据采取有针对性的策略来解决有偏性，得到的结论可能是有问题的。

其次，数据的可验证性问题。在研究中，通常会采用一些度量方法来提取社交媒体数据中的信息，但是很难验证这些信息的正确性。例如，可以通过自然语言处理的方法提取和分析微博数据中的用户情感，但是难以获取与之时空尺度对应的实际统计数据来验证研究结论。

最后，数据的普适性问题。对社交媒体数据进行建模往往会采用机器学习模型，如果一味地追求方法的准确度而忽略了模型的泛化能力，得到的模型就会在训练集中过拟合从而降低方法的普适性，使模型只有在特定场景中的准确度较高。

（3）数据选择问题

社交媒体数据量巨大，内容和形式多样，包含了非常多的冗余信息，不同群体表达的形式和方式也存在差异，选择和提炼出有用的信息是保证数据分析质量的关键。只有通过深入理解和运用社交媒体的规则，才能高效地提取和分析所需要的信息，从而提高数据驱动的决策质量。

1.3.4　社交媒体数据研究的三个准则

在开展社交媒体数据研究的过程中，按照优先级和重要程度，通常遵循三个准则：方法合理性、常识一致性和间接可验证性（Norjihan，2019）。

（1）方法合理性

社交媒体数据的分析需要采用合理的方法。社交媒体数据的分析涉及使用来自不同领域的建模和分析技术，如文本挖掘、情感分析和社会网络分析。在社交媒体数据分析中，文本挖掘以自然语言处理为基础，用于从文本、图像和多媒体等多种非结构化内容中提取信息、识别主题，能够进行舆情热点分析、智能问答、虚假评论识别、科技文献分析等。情感分析，也被称为意见挖掘，包括对消费者的态度、情感和对公司产品、品牌或服务的意见进行分类。情感分析能够识别营销和客户服务部门消费者的感受，从而揭示消费者对产品的满意度。社会网络分析基于使用节点和链接的网络理论，从社交媒体数据中发现不同用户之间的社会关系，了解用户网络结构，提升产品推荐、话题推荐效果，掌握信息扩散规律。

（2）常识一致性

基于社交媒体数据得到的结论若与常识保持一致，且能够结合专业知识进行解释，这样才能用于决策。例如，通过酒店用户画像能够了解酒店用户的特征以及用户对酒店的评价，通过评价发现商务出差的用户最关心的是酒店的位置，这与现实中用户的特征相符，因此可以为商务用户推荐交通位置便利的酒店。但是，如果在某项分析中得到与常识完全相反的结论，就需要重新检查数据的表达性是否有偏、方法是否合理等，以验证这个结论在决策支持中的可用性。

（3）间接可验证性

基于社交媒体数据的研究，往往由于缺少真值而难以直接验证，例如，在研究股票价格时提出假设，投资者情绪能够反映股票价格的变动趋势，为了验证这个假设，通过采集股票论坛中的数据提取投资者情绪进行股票价格的预测，结果准确率较高，间接地验证了研究结论（Jing，2021）。

为了同时满足上述三个准则，往往采用多源数据融合的方法，从多个视角来观测和分析对象，从而缓解单一数据源带来的表达有偏性问题，多源数据之间也可以形成交互验证。此外，还可以采取访谈、调查问卷等方法获取数据作为社交媒体数据的有力补充，实现对研究对象更加准确的表达，从而建立更加精细和稳定的模型。

1.4　社交媒体数据在决策支持中的应用回顾

人们经常使用社交媒体平台，如 Twitter、Instagram 和微博发布和分享他们的观点、经历和情感。随着时间的推移，社交媒体平台上形成了丰富的社交媒体数据。与传统数据相比，社交媒体数据具有两个方面的优势。一方面，人们可以在社交媒体平台上自由地表达感受，这些数据的获取和提炼比传统数据更具成本效益。另一方面，用户生成的内容是对用户实际行为的反映和描绘，由于不受传统调查内容和范围的限制，这些数据被认为能更准确地代表用户的意见，因此社交媒体数据能够为传统决策提供新的见解、变量和信息，从而为以新的方式进行决策提供了可能。在公共决策、网络舆情决策、电子商务决策等许多决策情景中，社交媒体数据已被用于支持决策者的决策（Yue，2019）。

1.4.1　社交媒体数据在公共决策中的应用

大数据技术的引入，使决策者能够运用充分的信息，更精准及时地回应公众的政策需求和关注。相较于传统技术手段下议程设置依赖少数宏观性、迟滞性的指标，大数据技术基于对社交媒体和新闻平台的文本分析、情感挖掘以及趋势预测，为决策者在议程设置信息化、备选方案讨论全民化、决策执行自动化、决策评估实时化以及全过程跨领域综合集成化方面提供了支持（陈一帆，2019）。Leetaru（2011）利用 1945～2005 年的《纽约时报》、以开放信息中心和世界新闻监视小组为主的新闻平台大数据进行情感挖掘和文本挖掘，成功预测了"阿拉伯之春"的发生；Morente-Molinera 等（2020）将使用推文的情感分析作为公众对英国—欧盟脱欧谈判结果情绪的实时晴雨表，支持决策制定，推断出有利于政府和组织的群体意见。

1.4.2 社交媒体数据在网络舆情治理决策中的应用

社交媒体的流行使舆情的形成和传播更加快速和广泛，往往成为突发公共事件网络舆情的主要传播渠道和发酵地点。为了掌握舆情演化规律、舆情反转特征，识别舆情风险，社交媒体数据成为舆情治理决策的主要情报源之一。黄微等（2022）基于微博舆情传播理论，通过微博用户主题演变中主体间的关联关系，在构建微博主题识别知识图谱以及微博主题演变知识图谱的基础上，发现微博主题演变路径，对微博主题演变动态过程进行了揭示。李仁德等（2024）通过从海量文本流中提取主要衍生事件，构建衍生事件链图反映舆情演化特征，为舆情事件的事后复盘、同类舆情事件的预判和介入、衍生事件的科学研判提供决策支持。杨洋洋（2023）选取历史网络舆情事件，基于压力—状态—响应的视角，探究舆论聚合、传播渠道、权威媒体、公众关注、事件热度、时间跨度、危害程度七个前因条件的要素组态对重大突发事件中网络舆情触发的影响机制，发现重大突发事件中网络舆情触发机制的事件驱动型、权威主导型、公众诉求型 3 种驱动模式，可以提高政府对重大突发事件网络舆情引导决策的精度和效率。

1.4.3 社交媒体数据在电子商务决策中的应用

在电子商务决策方面，碎片化的营销信息不断吸引和转移着人们的注意力，多样化的商品和各类产品评价信息对用户心理和行为都产生了深层影响，用户受个人购买能力和信息判断能力的制约，购买决策过程更加复杂化、多样化（李旭，2022）。尤其是注重"以人为链接"的社会化电商平台，商家的内容营销方式、用户分享推荐组团购买的消费模式使用户在信息沟通方式和消费行为方面与以往的传统电商相比都发生了很大变化。借助社交媒体数据的关联性、异质性、持续性、交互性特点，可以有效研究用户消费模式、用户需求、购买意愿和用户满意度，为用户推荐合适的产品和服务。单晓红等（2018）以在线评论数据为基础，从用户信息属性、酒店信息属性和用户评价信息属性三个维度构建用户画像的概念模型，并采用 Protégé 工具建立本体，实现用户画像属性之间的关联，实现了对酒店用户特征的完整刻画，从而为酒店了解用户需求、开展精准营销提供决策依据。单晓红等（2019）在产品在线评论的基础上，抽取用户对产品的倾向性意见，根据用户评分和在线评论构建用户偏好模型与产品特征模型，以协同过滤算法为框架，构建了基于用户偏好与产品特征的混合推荐算法。Çalı 等（2019）利用一套产品标准和网站上发布的与这些标准相关的客户评论，对替代产品进行排名，提出了一种结合多准则决策和属性级情感分析技术的产品排序问题决策支持系统，向潜在客户推荐最合适的替代产品。赵宇晴等（2020）使用基于模糊理论的 Kano 模型，对在线评论中提取的用户需求进行分类，并与情感分析结合构建需求—满意度量化模型，实现了用户满意度定量评价。Nie 等（2020）开发了一个基于多准则决策模型和情感分析技术的酒店选择模型，通过使用在线文本评论作为信息来源确定决策标准，帮助游客选择满意的酒店，指导酒店经营者在电子旅游时代获得竞争优势。

1.4.4　社交媒体数据在企业管理决策中的应用

随着社交媒体的发展，社交媒体数据已经成为企业管理决策中必不可少的开源情报，不仅能够通过社交媒体中的竞争对手研发、生产和销售数据辅助企业决策的制定、预测公司股价的波动，还可以利用创新社区中的知识掌握用户需求、优化产品设计、改善产品运营。多项研究表明，投资者情绪、媒体关注与公司股价具有较强的关联性（关筱谨，2022；单晓红，2023；王丹阳，2023）。单晓红等（2020）从创新需求、创新方案和创新主体三个维度构建知识网络模型，采用本体对创新社区中的用户生成内容进行挖掘及可视化，实现开放式创新社区用户知识的多维发现，帮助企业识别关键用户、创新用户需求和关键技术问题的解决方案，从而有效缓解开放式创新社区中知识发现复杂性的难题，为企业创新提供决策支持。董睿等（2022）采用文本挖掘对开放式创新社区知识进行动态分析，探索了用户知识协同创新演化规律，为优化产品设计、有效提高产品运营效果提供决策支持。

1.4.5 社交媒体数据在应急决策中的应用

在应急决策方面，由于应急决策与公众利益密切相关，因此公众不仅是应急决策的保障对象，还能够为应急决策提供意见和情报。随着互联网时代的到来和社交媒体的普及，突发事件新闻的传播更加便捷，公众可以快速了解事件的发展并发表意见（Zhou，2022；Zhao，2022）。一些调查表明，借助大数据分析技术，从突发事件产生的数据中提取信息，基于公众需求进行应急决策能够有效提高决策的科学化水平，是公众参与和辅助应急决策的新途径（Schwarz，2012；Villodre，2020；Bateman，2021；Hiltz，2020）。研究者还将公共大数据分析结果与大群体应急决策模型相结合，提出了新的应急决策方法。如 Xu 等（2019）根据类似突发事件的历史数据，采用文本挖掘和潜在语义分析建立属性关键词词典，应用模糊关联规则挖掘模糊认知图获取关于属性的民意信息，并提出了基于公众属性偏好数据挖掘的大群体应急风险决策方法。Chen 等（2022）通过情感分析将公众在社交媒体上发布的可靠信息融入专家决策过程，拓宽了公众参与应急决策的渠道，推动了公众参与模式和方式的创新。来自社交媒体的实时信息还可以在公共参与、民意监测、社会凝聚力创建、干预评估和协同治理等方面支持应急管理（Alexander，2014；Vayansky，2019；Xu，2020）。

1.4.6 社交媒体数据在城市管理决策中的应用

在城市管理决策方面，社交媒体是一个重要的数据来源。社交媒体数据用时间、地点、标签、文本、图像和其他资料信息记录了城市中的人类活动，使研究人员能够探索城市管理的许多方面（Niu，2020）。资源管理是政府或灾害管理机构在自然灾害期间需要执行的一项基本任务。在这些关键情况下，人们大多依赖社交媒体平台来分享和收集有关受影响地区的信息。海量的实时数据可用于灾害评估、响应和救援等活动。Bhoi 等（2022）提出了一个决策系统，通过分析自然灾害期间的推文，并根据一般或医疗资源的可用性或需求以及推文中提到的位置信息对其进行分类。近年来，社交媒体数据被广泛应用于公园研究。多项研究表明，社交媒体数据可以反映公园的实际游览量（Chen，2018；Fisher，2018），能够用于分析游客的时空行为特征（Liu，2020）、游客偏好（Wan，2021）和影响公园使用的因素（Donahue，2018）。例如，Zhang 等（2018）量化并比较了不同类型公园的游览人数，并调查得出影响公园游览的因素包括公园大小、门票费用和到市中心的距离。Song 等（2020a，2020b）分析了不同类型公园游客的景观偏好特征，并证明社交媒体数据在评估公园受欢迎程度方面相当有效。Park 等（2020）、Zhu 等（2021）量化了公众对城市绿地的情绪反应，并通过使用从社交媒体平台收集的数据，可视化了游客情绪的空间模式。学者们还应用图像识别技术，从社交媒体上传的照片中提取视觉内容数据，以分析游客的娱乐体验（Richards，2018；Gosal，2019）。

1.5　社交媒体数据在决策支持中的价值

越来越多的组织意识到社交媒体及其数据的巨大优势，并在决策中开始探索使用社交媒体数据为组织决策提供支持。

1.5.1　社交媒体数据带来了决策思维的变革

英国科学家开尔文勋爵提出：当你能够量化你谈论的事物，并且能用数字描述它时，你对它就确实有了深入了解。但如果你不能用数字描述，那么你的头脑根本就没有提升到科学思考的状态。随着大智移云物时代的到来，社交媒体数据体量呈爆发式增长，成为一种具有重要价值的决策资源，特别是在电子商务、舆情治理、企业创新、应急管理等领域，掀起了决策思维的变革。要有效利用社交媒体数据的知识关联，助推组织进入"数据驱动决策支持"的新时代。

1.5.2 社交媒体数据提供了完备和及时的信息

与过去的决策相比，目前决策具有环境多变、时效性强、动态性、风险高等特征，单纯的企业历史数据和事务数据难以支持复杂的决策问题。社交媒体已经渗透到社会的各个层面，通过选择收集全面完整的用户基本信息数据、用户行为数据、用户社交数据和用户内容数据等，克服了传统抽样缺少细节和无法深入研究的缺陷（顾肃，2021），满足了决策对信息的完备性、及时性和高依赖性需求。

1.5.3 社交媒体数据促进决策范式的转变

从数据获取和分析能力的视角来分类，决策模型可以分为"经验型"决策、"科学型"决策和"人—机"智能决策，这三种决策模型在"小"数据时代驱动了决策范式的发展，但是由于决策者自身理解能力和判断能力的局限，以及数据获取和分析能力的局限，仍然属于"有限理性"的决策范式（邱国栋，2018）。在社交媒体时代，决策思维的转变、数据量的爆发式增长、数据分析方法和技术的发展都突破了决策模型"有限理性"的局限，作为当今"最热门的数据工程化应用技术新实践"，社交媒体数据为决策支持研究提供了新的可能，促进决策支持由"业务驱动"转变为"数据驱动"，带来了"数据—智慧"决策范式的形成。周芳检（2021）将其应用到城市公共危机治理决策中，推动了危机治理决策的智能化、快捷化和精准化。社交媒体将进一步促进"数据—智慧"决策范式在商业、金融、医疗、教育等领域的应用，从而降低决策过程中"有限理性"的局限性，提高决策结果的合理程度。

第 2 章
社交媒体数据驱动的决策支持理论

社交媒体数据作为大数据的重要组成部分，能够从多个来源、不同角度记录个人、企业、政府在网络上的行为，从而对社会管理与国家战略决策、企业管理决策、个人决策的方式给出了新的定义。本书通过分析社交媒体数据对传统决策支持理论的需求和挑战，提出了社交媒体数据驱动的决策支持理论，具体包括社交媒体数据驱动的决策支持内涵、社交媒体数据驱动的决策支持理论分析框架、社交媒体数据驱动的决策支持模型，为决策支持理论在大数据时代的变革提供了崭新的思路。

2.1 社交媒体数据对传统决策支持理论的挑战

社交媒体数据驱动的决策支持，本质上是以社交媒体数据为依据进行决策制定，并通过验证和分析数据来实现关键业务目标。但是传统的决策支持过程难以满足社交媒体数据驱动决策支持目标的实现，它不仅要求对现有决策支持理论体系进行重构，还要求现有决策支持方法论的创新，并促使决策支持的焦点发生转变。

2.1.1 社交媒体数据推动决策支持理论体系的重构

传统的决策支持理论体系对环境的要求比较苛刻，抗干扰能力差，适用于处理有规律的日常事务。随着环境的变化和信息技术的迅速发展，现代决策涉及众多领域、多方主体、多源数据，决策信息的采集与分析、决策方案的制定与选择都会受到错综复杂的环境因素影响，传统的决策支持理论体系已经难以适应当前复杂多变的决策环境。

社交媒体数据极大提高了人类行为的可预测性，推动了决策从被动响应到主动预见的转变，为决策支持理论体系的科学转型与重构提供了动力。因此，从宏观和体系层面全面认识社交媒体数据驱动的主体、客体、方式、路径和手段，以及各要素之间的关联关系和作用原理（李晓松，2020），重新构建社交媒体数据驱动的决策支持理论体系和框架，指导社交媒体数据驱动决策模式的实践应用，是当前决策支持理论所面临的重要挑战。

2.1.2　社交媒体数据要求决策支持方法论的创新

受限于数据的可得性和数据处理能力，传统的决策分析往往通过抽样调查等方式获得结构化数据，进行定量分析，数据抽样成为辅助决策的有力工具，但是分析结果在一定程度上与"抽样的科学性"相关（周阳，2021）。社交媒体在数据体量、数据复杂性和产生速度等方面均超出现有技术手段的处理能力，无论信息技术层面，还是数据和统计模型层面都要求决策支持方法由基于抽样数据的定性定量决策分析向基于完备数据的大数据分析转变。

首先，在信息技术层面，社交媒体数据的实时、海量、非结构化特点，决定了其需要发展大数据的实时感知和高效存储、索引、检索、归档和恢复方法，结构化和非结构化社交媒体数据的表示与分析方法，多源异构社交媒体数据的融合、可视化分析方法，社交媒体数据分析和理解的分布式协同并行、近似和在线算法与体系结构设计方法，解决社交媒体数据保密、隐私和安全及面向社交媒体数据处理的程序设计语言、抽象模式和数据结构等问题的方法。

其次，在数据和统计模型层面，社交媒体数据的稀疏性、超高维特性、噪声大和异质性要求重新审视经典统计模型得以建立的假设基础，迫切需要发展针对高维社交媒体数据的特征度量与抽样方法、面向异构社交媒体数据的新一代统计推断体系，以及适用于噪声社交媒体数据的因果性挖掘方法等（徐宗本，2014）。

因此，从方法论实现由小数据时代的"数据抽样"向"大数据分析"转变，由信息"不完全"的假设向"完全信息"转变，是实现社交媒体数据驱动决策的关键。

2.1.3 社交媒体数据促使决策支持焦点转变

传统决策的前提是先感知或关注问题的存在，后有决策行为。社交媒体时代，数据决策的核心在于数据分析，遵循"数据资源→数据分析→决策能力"的转换路径，即将"数据问题"先转换为"计算问题"，再提升为"决策问题"。

决策核心的转变，促使社交媒体数据驱动决策支持的焦点从注重"决策程序"转向"预测研判"。这个焦点的转变，无论是对决策过程还是对决策顺序都提出了新的思路和要求。对实时、海量社交媒体数据的采集，快速、高效、准确的数据处理与分析，及时、有效地诊断决策问题，给出适时、可行的解决方案，塑造了决策的动态性和前瞻性。

2.2 社交媒体数据驱动的决策支持内涵变革

互联网时代，社交媒体数据全面渗透和融入管理决策的各个领域、各个流程和各个要素。一方面，科学层面的可测性、程式化和可重复性等要素正在越来越多地被数据和算法表达；另一方面，艺术层面的情感、心理以及认知等要素也开始被不断"量化"。因此，社交媒体数据驱动的决策支持研究和实践应用，是当前和今后一段时间需要关注的热点。

2.2.1 社交媒体数据驱动决策支持的概念变革

社交媒体数据驱动的决策支持是一种新型的决策支持概念，是指管理决策和过程由社交媒体数据决定或者根据社交媒体数据分析结果作出，通过对社交媒体数据的抽丝剥茧、去伪存真，而非依赖直觉或者决策者经验。社交媒体数据驱动是区别于传统经验判断的新的决策模式，是在相互关联机制的作用下，社交媒体数据分析和决策支持理论的有机耦合的结果。然而，目前无论是理论研究还是决策实践，如何进行"数据驱动"都存在争议。在决策实践中，社交媒体数据并不是决策的唯一依据，企业内部数据、公开数据、决策者的经验和判断仍然在决策中发挥重要作用，社交媒体数据驱动的决策支持弥补了决策者主观经验的不足，拓展了决策的信息来源，形成了"社交媒体数据+传统数据+决策者经验"的新型决策模式。

2.2.2　社交媒体数据驱动决策支持的决策范式变革

传统的管理决策侧重于分析数据资源的因果关系，往往过度关注细节，缺乏对大局的整体把握和理解，已经不足以应对社交媒体数据环境下的新需求。社交媒体数据大大拓展了决策者的信息边界，带来了数据驱动新的思维方式，为决策者提高管理与决策的效率和水平提供了强大的技术支持。多源异构社交媒体数据的采集、存储和分析为决策支持提供了新的途径，数据驱动决策支持成为新的决策范式。

与传统经验判断的决策范式不同，社交媒体数据驱动的决策支持分析，从过程上就与传统决策有所不同：传统决策是目标导向的，先有目标，再有方案，最后是决策；而社交媒体数据驱动的决策，一开始目的性不强，目标并不一定明确，甚至是在大量表面上看似关系并不紧密的数据中发掘问题本质，给出决策方案。它包括由过程、情景和价值共同构成的多个分析维度，通过数据采集、多源异构数据融合与存储、社交媒体数据分析、决策方案生成与评估、决策支持服务与反馈的决策过程，实现了将数据转化为决策有用的信息。

社交媒体数据驱动的决策支持以多源异构数据为中心，由数据仓库和云存储作为数据平台管理大量的数据，社交媒体数据分析平台则进行强有力的数据分析，输入数据，输出决策辅助信息，支持决策者作出决策。这种全新的决策支持使人们的设计理念由模型驱动转变为数据驱动，能够帮助决策者利用外部社交媒体数据，对数据进行原先没有计划的或者特别的分析，识别某种数据模式或发展趋势的事实真相，支持决策者作出正确的决策。

2.2.3　社交媒体数据驱动决策支持的驱动力变革

传统决策支持的驱动力是模型。在决策过程中，根据决策目标设计指标和变量并构建模型，之后根据模型的需要收集数据、求解模型，并为决策者提供决策方案，支持决策者作出决策。模型驱动的决策支持对数据的要求比较苛刻，所收集的数据是为了满足特定的决策模型需要。

社交媒体数据驱动的决策支持的驱动力是数据。在社交媒体时代，数据来自用户，决策者需要了解并掌握反映内外部情况的综合数据，对社交媒体数据进行处理，获得综合性、分析性、决策性的数据，这样才能对决策者提供有效的支持。社交媒体数据分析并不提供所谓"最优解"，而是让用户自行决断，支持但不是代替管理者制定决策。在管理者的决策过程中，依据全样本数据建立模型进行数据分析，数据是决策支持的原动力，为决策支持提供综合性、分析性的数据支持。数据驱动的决策支持存在的问题是，很多深度学习模型缺乏对结果的解释，难以帮助决策者理解决策过程和因果关系，需要相关领域知识的支撑才能在决策情景中得到有效应用。

2.3　社交媒体数据驱动的决策支持理论分析框架

社交媒体数据驱动的决策支持主要通过对多源异构数据资源进行采集、存储、融合、处理和分析等相关技术环节，得到信息和知识，最终替代决策者的有限理性，提升决策过程的科学性（李书宁，2018）。决策支持的过程、情景和价值都对社交媒体数据驱动的决策效率和效果产生影响。过程是决策支持的核心，情景是决策支持的驱动力，价值是决策支持的目标。不同情景的因素制约社交媒体数据的使用，通过数据采集、数据融合与存储、数据分析、决策方案生成与评估、决策支持服务与反馈的过程，实现社交媒体数据驱动的决策支持价值，形成崭新的、实时的、智能决策支持理论框架。因此，过程、情景和价值共同构成了社交媒体数据驱动决策支持的分析维度，如图 2-1 所示。

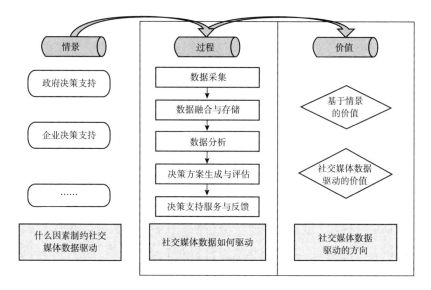

图 2-1　社交媒体数据驱动决策支持的维度

社交媒体数据驱动的决策过程包括数据采集、多源异构数据融合与存储、社交媒体数据分析、决策方案生成与评估、决策支持服务与反馈。这是一个数据转化为决策有用的信息的过程，其特征决定了社交媒体数据驱动的决策流程，并回答了社交媒体数据如何驱动的问题。

社交媒体数据驱动的情景是指社交媒体数据驱动的决策支持的应用或者服务的场景，是社交媒体数据应用的载体。不同情景的决策目标和内容具有较大的差异，采用的技术方法和基于的数据也有所不同。根据实际应用情景的决策目标，从社交媒体数据中寻找对管理有用的信息，从而作出预测、决策或者执行管理任务，是发挥社交媒体数据的价值、产生数据智能的主要途径。情景特征决定是否适用于社交媒体数据驱动的决策支持模型，是实施社交媒体数据驱动的前提和基础，表明了影响社交媒体数据驱动的制约因素。

社交媒体数据驱动的价值特征是社交媒体数据驱动决策支持的目标，体现了数据治理的理念，决定着数据驱动的可持续性，回答了社交媒体数据驱动的方向问题。一方面，社交媒体数据决策支持的价值体现为基于情景的价值，实践性是管理的本质属性，管理需面向具体现实情景才能开展并产生价值（王秉，2023）。社交媒体数据驱动的决策支持必须依赖某一应用情景，与现实问题相互联系和对应，解决现实情景中决策者面对的实际问题，这样才能在现实管理中应用落地和发挥核心价值。另一方面，社交媒体数据决策支持的价值体现为社交媒体数据驱动的价值，从海量、结构类型多样的数据中采集、挖掘、分析与提取真实且有价值的辅助管理活动的信息，是一个不断挖掘数据辅助决策的价值创造过程。

2.4　社交媒体数据驱动的决策支持模型

社交媒体数据已成为企业决策的关键因素，定期收集数据并经过适当处理后供制定决策时使用。当有关的数据收集工作基本结束时，应该对所发现的问题或机会进行分析，通常借助决策模型来完成这些工作。模型的输出结果为决策者提供有效的决策支持，包括直接用于制定决策，对决策的制定提出建议，估计决策实施后可能产生的各种后果。建立"用数据说话、用数据决策、用数据管理、用数据创新"的管理机制，实现基于数据的科学决策。

在提出社交媒体数据驱动的决策支持模型之前，需要明确两个重要研究假设：一是社交媒体数据的价值非中性，即所有数据都隐含着特定情景下对决策的建构意义；二是社交媒体数据价值具有二重性。社交媒体数据不仅通过技术赋能体现了传统的工具性，而且还表现了多元主体参与决策的价值性，因此社交媒体数据不仅作为一种工具嵌入决策支持的模型，而且还作为决策价值隐藏在决策行动中。

社交媒体数据驱动的决策支持模型包括多源异构数据采集、数据融合与存储、社交媒体数据分析与决策方案生成、决策方案选择、决策支持服务与反馈，其目的是回答社交媒体数据驱动过程中的两个基本问题：第一，面向不同情景的决策问题决策过程中的基本要素及其定位；第二，如何将社交媒体数据进行转化并嵌入具体的决策过程（见图2-2）。

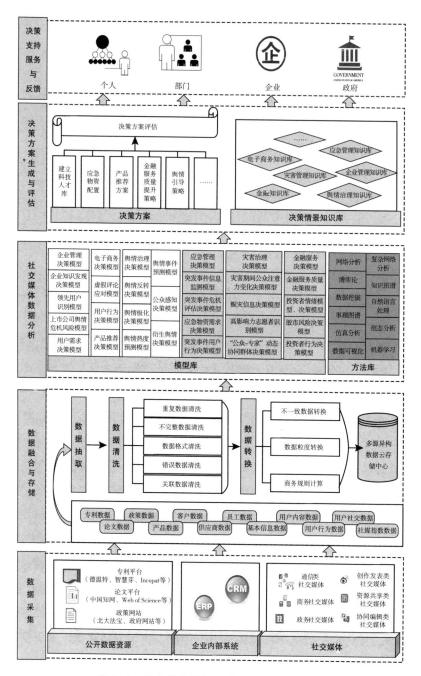

图 2-2　社交媒体数据驱动的决策支持模型

2.4.1　社交媒体数据驱动的决策支持模型的构成要素

社交媒体数据驱动的决策支持模型以驱动要素、需求要素和支持要素为结构基础，社交媒体数据是驱动决策方案生成、选择和反馈的基础要素，不同决策的目标和情景对社交媒体数据驱动的决策过程有着不同的需求，帮助管理者、数据分析人员和技术支持决策价值的顺利实现。

（1）驱动要素

数据作为一种技术战略性资源，积累和蕴藏了巨大价值，是数据驱动决策过程的基础和关键要素。社交媒体数据驱动的决策支持过程不仅包含企业内部系统中的数据和外部的公开数据，更重要的是包括社交媒体产生的大量能够支持决策的替代计量数据（余厚强，2022），形成了更为广泛和完整的决策支持数据基础。为保证数据驱动决策的质量，需要建立系统性的数据采集和融合机制，实现数据的准确性和集成统一。结合决策情景，通过使用数据挖掘、网络分析、机器学习、自然语言处理等技术对数据进行分析，使数据真正成为驱动决策、支持决策制定的重要因素。

（2）需求要素

决策情景及目标是社交媒体数据驱动的决策支持模型的需求要素，根据决策的性质，将决策需求要素分为两大类：常规的、反复执行的程序化决策和非常规的、突发的非程序化决策（牟冬梅，2022）。在程序化决策情况下，数据处理流程较为固定，通过自动化的数据分析解决常态化问题，如企业产品推荐决策，企业根据用户的互动获取用户对产品和服务的偏好与需求，结合企业个性化推荐系统能够有效提高推荐的准确性。在此过程中，管理者的参与较少，问题的解决效果取决于数据的准确性和模型方法的正确性。在非程序化决策情况下，通常问题较为复杂，管理者的经验和配合较为重要，如突发公共事件的决策，不仅需要通过数据处理给出决策方案，还需要决策情景知识库的经验支撑，因此对社交媒体数据的要求会更加严格。

（3）支持要素

数据驱动并不意味着决策完全依赖于数据，管理者的经验、数据分析人员的能力、技术的先进性及适应性都影响了决策价值的实现。管理者具有实际的决策权，是决策支持服务的终端用户，管理者提出数据分析需求、制定数据分析的指标，进行决策方案的选择和实施，因此管理者的洞察力和经验将直接影响社交媒体数据决策的实际价值（于洋，2021）。数据分析人员在决策支持过程中负责明确决策任务，提供数据采集、融合、存储、分析等建议，并能够理解特定决策情景中的业务，形成对不同决策情景中相关数据的认识，从而具备深入探究特定决策情景的分析能力。社交媒体数据包括结构化、半结构化和非结构化的数据，这些海量数据是传统技术难以采集、管理和分析的大数据，采集、存储、分析和有效利用这些数据是数据驱动决策价值实现的途径。目前，大数据技术生态系统中已经建立起了涵盖基础层（传感器、服务器、高性能芯片等基础设施与技术）、技术层（更高级别的基础设施驱动中形成的数据资源库）、应用层（大数据监管平台、数据共享中心、移动 App、手持终端等通用技术平台）的系统（刘建义，2019），从而能够嵌入不同决策情景的分析，根据用户需求，完成特定的决策支持任务。

社交媒体数据驱动的决策不是"唯数据论"，也不能提供"唯一"最优方案，而是通过对现有资源的分析规划，减少信息的不确定性，帮助管理者实现前瞻性判断（于洋，2021）。在决策过程中，社交媒体数据是决策的驱动力，不同情景的决策是数据利用的需求和目标，管理者的经验、数据分析人员的能力、技术的先进性及适应性为决策过程提供支持，3 个要素之间相辅相成，共同帮助决策者制定决策方案、衡量方案可行性、预测方案效果。

2.4.2　社交媒体数据驱动的决策过程

社交媒体数据驱动的决策过程包括数据采集、多源异构数据融合与存储、社交媒体数据分析、决策方案生成与评估、决策支持服务与反馈。决策过程是数据转化为决策的关键路径。社交媒体数据驱动的决策起点是多源异构的数据，核心问题就是如何采集和融合数据，并通过分析数据，把数据转化为支持决策的知识。

（1）数据采集

与传统决策过程不同，社交媒体数据驱动的决策不再是数据对决策管理体系的过程嵌入，而是以源头性嵌入方式触发整个决策支持体系的结构嬗变，进而引发社交媒体数据驱动的决策支持全过程转变（王超，2020）。

大数据环境下社会生活中数据信息无处不在，所涉及的资料信息量规模巨大、种类纷繁且变化不断（于洋，2021）。在社交媒体时代，要想更好地为决策支持服务，就需要收集多源异构数据，这些数据不仅包括公开数据资源、企业内部系统数据和社交媒体数据，还应该具备可用性和可靠性，这是决策的基础，因此，选择和采集数据是数据驱动决策过程中最重要的部分，甚至比算法选择更重要。

公开数据资源主要包括论文、专利和政策等信息。论文来源于论文数据库；专利数据来源较多，常见的如中国国家知识产权局、Incopat 专利数据库、德温特专利数据库等；政策主要来源于北大法宝数据库和中央或地方政府网站。公开数据源通常可以通过相应的数据库下载工具或者网络爬虫技术进行采集。社交媒体数据包括从各种社交媒体上采集的基本信息数据、用户行为数据、用户社交数据、用户内容数据和社媒指数数据。主要利用编程接口 API、网络信息采集工具和网络爬虫技术进行动态信息采集。常见的网络信息采集工具包括八爪鱼、后羿采集器等，网络爬虫技术则往往通过 Python 或者 R 等实现。

社交媒体数据驱动决策的基础是完整、准确和极速的数据获取。为此，决策者必须要对所涉及的不同层面社交媒体的数据架构进行精细的顶层规划、设计、部署，通过强有力措施打破"信息孤岛"，借助大数据技术实现全覆盖数据的抓取，为决策者提供未经修改和篡改的一手数据。实际采集时，为保障数据的时效性、减轻服务器的负荷，可将全网扫描和重点区域扫描相结合。此外，为保证数据的长效性，必须加大对数据安全和隐私保护力度，制定相应的保障规则。

（2）多源异构数据融合与存储

数据采集层得到的海量数据是嘈杂的、非格式化的，包含大量无用的信息。在分析处理前，必须对其进行预处理，以保证决策分析的质量和效率。没有高质量的真实数据，任何数据汇聚和分析都没有实际价值，也无法得出高质量的决策，甚至产生错误的决策。数据抽取、清洗和转换是数据进一步分析使用的必要过程。通过对采集的社交媒体数据进行自动清洗、过滤、排重、分类及转换，去除重复数据，删除无效数据，核实缺项数据，实现数据的预处理。采集自多个数据源的数据具有异构的特点，为了进一步进行大数据分析，需要对多源数据进行检测、结合、关联、估计和组合等一系列操作，进行特征提取和融合计算，常用的经典数据融合算法有粗糙集、神经网络、D-S证据理论等，具体算法的选取要根据实际应用中的具体需求来决定（贺雅琪，2018）。

云存储中心是适用于任何规模、多种模型的数据库服务，能够支持海量数据的低成本存储处理和弹性按需付费，提供宽表、时序、搜索、文件等多种数据模型，兼容 HBase、Cassandra、Phoenix、OpenTSDB、Solr、SQL 等多种开源标准接口，是适合社交媒体数据的存储方式。阿里、腾讯等目前都提供了云存储的解决方案。

（3）社交媒体数据分析

数据驱动决策支持模型的特点是模型适应数据。因此，社交媒体数据分析模型是与社交媒体数据特点和决策情景相关的。决策情景不同，需要的数据不同，采用的模型也不同。例如，在舆情事件预测支持中，首先，需要通过自然语言处理的方法从社交媒体数据中提取事件，并通过抽取事件之间的因果关系构建事理图谱。其次，为了实现对事件的预测，需要通过聚类的方法构建抽象事理图谱，从而发现事件之间普遍存在的因果关系，所采用的模型和方法均是以社交媒体数据驱动，再根据数据的特点进行选择，从而获取特定决策的支持。总而言之，根据决策情景不同，模型库中基于数据的特殊性进行模型的构建，这包括企业管理决策模型、电子商务决策模型、舆情治理决策模型、应急管理决策模型、灾害治理决策模型和金融服务决策模型等。

正如本书前面所提到的，社交媒体数据分析是整个社交媒体数据驱动的决策支持框架的关键，决定社交媒体数据的价值和应用的有效性。这一步骤的实现需要通过构建方法库，结合诸多数据挖掘方法和数据模型，如关联规则、时序模式、频繁序列等，并按照决策要求，从多个维度实现社交媒体数据的自动抽取、自动聚类、热词分析、倾向性分析、趋势分析等功能，发掘隐藏于数据内部和数据之间的重要价值，为决策者提供科学可靠的决策依据。此外，方法库中还提供了自然语言处理、机器学习、网络分析、知识图谱、仿真分析等方法，实现特定决策情景下的社交媒体数据分析。近年来，为满足以人的认知规律为主体的决策支持需求，通过数据可视化手段完成人机协同分析的任务，受到了越来越多决策者的关注。数据可视化是通过可视化技术将海量的数据转换为静态或动态图像，并允许决策者通过交互手段控制数据的抽取和画面的显示，或以数据的不同属性作为维度，或以不同视角观察数据，使隐含于基本数据之间的高阶数据可见，为决策者分析理解数据、形成概念、洞察规律、探寻趋势、引导决策提供强有力的支持。数据可视化可以快速方便地驱动社交媒体数据形成有意义的决策报告，供决策者参考使用。

（4）决策方案生成与评估

社交媒体数据驱动的决策支持，借助于强大的分析与计算能力，实现实时海量数据分析，提前设置预警信息，并且当预置条件被触发时，就能够自动为决策者提供即时决策方案；此外，利用人机智能接口，实现由决策者、数据分析师、领域专家构成的多元决策主体协同决策，从而达到对特定情景决策，并以可视化的形式呈现，最终提升决策的智能化和科学化水平。

选择合适的决策方案，需要依赖于决策情景知识库的知识对决策方案进行及时评估。由于大数据处理数据具有显著的实时反馈优势，因此决策方案的生成、评估也近似同步地实时生成，从而大大缩短决策从初步制定、持续修改、动态调整、自动实施和成效检验的时间。决策评估是一个自调整、自学习、自适应的持续改进过程，决策模型在每次决策后的及时更新，可以为今后的决策提供更加全面的数据样本（周芳检，2021）。

（5）决策支持服务与反馈

社交媒体数据驱动的决策支持遵循"数据资源→数据分析→决策能力"的转换路径，依托强大的数据处理和分析能力，以"智慧模式"取代"经验决策"，助推个人、部门、企业和政府的智能化决策支持服务。

社交媒体数据驱动的决策支持服务与反馈包括两个层级：一是通过各个情景的业务数据指标溯源分析，进行目标与实际对比，找到差距后反馈给决策方案生成阶段，从而辅助管理者更科学地决策，提升决策精准度；二是通过每一个情景的决策服务形成可复用的管理模型，沉淀存储在策略库，并对策略进行标签化分类，从而实现更加智能的决策支持，提高决策效率。

2.5　社交媒体数据驱动决策支持的应用情景

社交媒体数据驱动决策支持的应用领域非常广泛。在公共决策、舆情治理、应急管理、电子商务和灾害管理等领域，社交媒体数据已经帮助组织作出敏捷化、精准化和智慧化的决策，发现组织的战略机遇，产生了巨大的社会价值。这些价值的实现也正是通过多种应用情景体现出来的。

（1）社交媒体数据驱动的电子商务决策支持

社交媒体时代，大数据等互联网新技术的发展加速了移动端大数据的形成，驱使存在于平台的活跃用户自发形成数以万计的用户生成内容，对产品购买选择和购买行为决策产生重要影响（蒋良骏，2021）。传统研究手段对于准确发现核心消费者和潜在消费者、洞察消费者的偏好、实现精准营销和产品推荐、产品设计、广告投放、产品定价等电子商务决策问题的研究，在适用性和有效性方面都受到了挑战。

社交媒体数据驱动的电子商务决策支持包括虚假评论应对决策、产品推荐决策和用户行为决策等。社交媒体数据中的产品评论数据，既包括对产品满意度、物流效率、客户服务质量等方面的建设性改进意见，也有客户对产品的外观、功能、性能等方面的体验和期望，有效采集和分析客户评价数据，有助于企业优化产品、运营和服务，有助于企业建立以客户为中心的产品创新，是企业改进产品设计、优化产品定价、提高运营效率、优化客户服务等的一个很好的数据渠道，也是实现产品创新的重要方式之一。

虚假评论不仅影响客户对产品质量的判断，也为企业获取用户真实意见从而优化产品和服务造成了障碍，应对虚假评论的决策有助于了解虚假评论如何影响用户购买意愿，为消费者正确判断提供决策依据；微博等社交软件产生的用户社交数据和用户内容数据，蕴藏了用户的兴趣、关注、爱好和观点等数据，通过为客户推荐他本人喜欢的或者是他的圈子流行的或推荐给他朋友的相关产品，产品推荐将更加精准化、个性化；依托产品或服务的评论数据，刻画用户行为特点，有助于精准分析用户行为，为营销决策提供科学依据。

（2）社交媒体数据驱动的电子政务决策支持

随着互联网的发展，政府不断进行"两微一端"平台建设，提高社会治理社会化、法治化、智能化、专业化水平，增强政府和公民之间的沟通与协作，从而实现社会治理中"共治"的目标。社交媒体的发展为电子政务的建设和发展提供了新的途径和思路，也为电子政务决策提供了丰富的数据。

政府网站、政务微信微博等电子政务服务带来了海量的社交媒体数据，对海量社交媒体信息进行深度挖掘与多维分析，不仅能够反映社会治理过程中存在的问题，而且能够通过各种类型的感应终端从各方面获取社会公众生产生活进行中的数据化信息，从而实现"防患于未然"的效果（段忠贤，2018），为政府决策分析提供支持。

（3）社交媒体数据驱动的网络舆情治理决策支持

在信息量极速增长的时代，社交媒体越来越成为政府与民众交流的主流媒介，社交媒体的"公共性"使不同舆论大量出现。很多研究问题能够通过分析海量的评论和回应来进行解答，越来越多的机构或研究人员需要利用网络中的大数据进行舆情分析，从而为政府舆情治理决策提供支撑服务（王曰芬，2016）。

社交媒体数据驱动体现在网络舆情的整个生命周期中。在舆情酝酿期，存储层、融合层对网络舆情进行实时跟踪监测，对收集到的多源异构数据进行解构与重构，充分整合网络舆情数据资源，并存储在云存储中心；舆情爆发期和演化期，利用大数据分析技术，对快速发酵的网络舆情进行识别、分析和风险预警，对舆情的受众、内容和影响程度进行聚合分析，研判舆情发展态势，生成舆情治理决策方案，启动控制机制和疏导机制；舆情转折期，政府各部门有针对性深度介入，根据决策方案进行精准持续引导，推动舆情逐渐衰减；舆情终结期，对舆情处置方式进行回溯和总结，对舆情数据建档，为今后的舆情引导提供参考（李华勇，2020）。

（4）社交媒体数据驱动的自然灾害治理决策支持

自然灾害频发，使全世界人民生命和财产受到严重损失，灾害治理成为各国高度重视的核心问题。发生灾害时，每一位用户都可以在社交媒上随时随地发布有关自然灾害的状态信息。这些"志愿者地理信息"为及时掌握居民对自然灾害相应的时空特征提供了可能，不仅满足了公众信息搜集和情感交流的需求，还能作为交流救援信息和组织救灾资源的媒介，提高救灾过程的效率。因此，有必要对社交媒体数据进行一定的处理和分析，在灾害应急响应中发挥作用。

社交媒体促使灾害治理理念、思维模式与应对方式发生深刻变革。无处不在的微信、微博、脸书与推特等社交媒体为政府和民众提供了实时图像、语音、视频、文本与数字等巨量信息，通过大数据技术对信息进行抓取与分析，有利于决策者在时间有限和压力巨大的非常态情景中作出正确决策。就灾害"管理—治理"发展趋势而言，由于社交媒体的迅速兴起，政府不再是唯一的治理主体，社会与民间力量等各种力量迅速参与其中，从而形成了多元与多中心合作治理格局，政府、社会与学界对社交媒体数据驱动的自然灾害治理决策也越来越重视。

（5）社交媒体数据驱动的应急管理决策支持

应急决策具有决策环境复杂多变、决策任务分散、涉及领域广泛、时间压力大和消息传播高效便捷等特征，公众能够迅速了解事件发展态势并发表自己的观点和看法（Zhou，2022；Liu，2022）。引入社交媒体数据和数据思维、方法与技术，提取突发事件下公众生成的社交媒体内容中的信息用于辅助应急决策，成为公众参与应急决策的一种新途径，能够有效提高应急决策的效率和质量（Villodre，2020）。通过社交媒体平台获得公众对应急决策方案的偏好值，能够计算公众的风险效用（徐选华，2019），能够对大群体应急决策质量进行科学系统的评价，有效地反映决策的公众认可度和实施效果，并为后续的决策方案调整提供参考（徐选华，2023）。

（6）社交媒体数据驱动的城市交通事故决策支持

在城市化推进过程中，车辆快速增长使交通路网运行压力日趋增大，交通事故的发生影响城市居民正常出行，严重的还会带来人员伤亡以及经济财产损失。在交通领域，用户发布在社交媒体上的信息，记录了空间、时间和情感等信息，为城市交通研究奠定了数据基础（Zheng，2016）。社交媒体数据能够提取交通信息（郑治豪，2018）、检测交通事件（D'Andrea，2015）、预警交通流量和事故，为城市交通决策提供有效的决策支持。

（7）社交媒体数据驱动的金融服务决策支持

数据分析和人工智能技术在金融服务中一直都有着广泛的应用场景。投资者在金融市场作出的交易决策受到市场波动和其他突发事件的影响，这些波动和突发事件会通过社交媒体公开在网上，因此投资者能够方便地获取上市公司的信息，并且通过社交媒体接收和分享投资观点，从而产生海量的数据。有效整合和分析这些社交媒体数据，能够在金融投资服务、客户管理和维护、精准营销、业务创新和风险管理等方面显著地提升金融服务决策水平。

（8）社交媒体数据驱动的医疗健康决策支持

根据 CDW Healthcare 报告，社交媒体上医院、医生和患者的行为都越来越活跃。社交媒体推动了"在线社会支持"的形成，并集中应用于心理健康、个人保健和医疗护理三大领域（常李艳，2019）。患者利用社交媒体来搜索医疗信息，能更多地了解关于自身护理的情况，为医疗服务供应商提供护理质量评分，并从同伴那里寻求医疗建议。医生与同行在社交网络上进行医疗研究和讨论，并利用它获取患者护理信息，建立职业发展规划和网络。因此，通过医疗健康相关社交媒体收集和分析海量的医疗健康数据，不仅能够为医学研究和临床决策提供支持，而且能够发布教育信息、纠偏失真健康信息，为患者健康决策提供帮助。

2.6　本书解决的几个关键问题

社交媒体数据驱动的决策支持模型能够在众多情景中发挥重要作用，限于篇幅和研究领域，本书在社交媒体数据驱动的决策支持理论和方法的基础上，按照决策层次从低到高，重点研究了企业决策支持和政府决策支持两大应用情景。

2.6.1　社交媒体数据驱动的企业决策支持

（1）社交媒体数据在企业创新决策中的价值及解决的问题

随着信息化时代的到来，信息的获取日益简单，产品的功能、使用体验差异化越来越小，企业越来越难以通过自身资源进行创新活动以优化产品或降低生产成本，原有的封闭式创新模式受到严峻的挑战（王海花，2013），传统的创新结构体系已经难以适应企业对多变需求的快速反应。知识的高流动性和无边界特征，促进了企业由封闭式创新到开放式创新的演变，内外部知识相结合的方式成为企业创新创意产生的重要来源，一方面通过自身研发投入获得一定的研发基础，另一方面通过同行业其他相关伙伴合作取得核心技术，在产品和服务领域与全球化的企业和人才合作，共享互补，通过开放式创新的模式实现商业价值的最大化，在新的环境中，实现内外部创新活动的有效协同是企业创新决策的关键问题。

随着社交媒体的发展和种类的增多，虚拟的用户生成内容越来越丰富，其中包含很多有价值、有创意的知识资源和用户资源，很多企业建立围绕企业产品或服务探讨的知识交流或知识创造平台，充分适应了"大众创新"的时代特征，为企业提供了大量稳定优质的外部创新力量，开放式创新社区正是在这一背景下应运而生的。目前部分社区在互联网上已形成足够的影响力，国外如星巴克、礼来制药、福特，国内如华为、小米、海尔 HOPE 等均依靠相关平台获取了大量优质创新资源，推动企业创新决策的发展。开放式创新社区是企业面向外部用户和资源的窗口，具有门槛低、超时空性、匿名性、弱关系和冗余信息多等特征，能够有效衔接内外部创新团队，促进相关技术人员的协同互动，产生丰富的知识创新资源，挖掘用户产品需求，收集产品解决方案，邀请包括领先用户在内的广大消费者协同参与下一代产品的设计研发，提高资源配置效率，从而获得竞争优势。

然而，当前开放式创新社区都存在创意吸收不良、用户参与度低、用户贡献值低等问题，并没有给企业带来预期的投资回报（Gangi，2010）。社区内渐增的海量信息和用户正在加重企业的资源获取负担，企业往往需要花费大量时间和精力去寻找和筛选符合企业创新需求的有价值的信息，大量的无效内容和游客用户阻碍了企业对知识资源和领先用户的获取和创造（张喜征，2019）。有效运用开放式创新社区的数据资源，能够帮助企业同时利用内外部两方面创新资源实现创新，为企业提供决策支持。

与一般在线虚拟社区不同，在开放式创新社区中，用户会根据自己感兴趣的问题以及自己的专业方向进行探讨和交流，这些用户内容数据能够反映用户的创新需求、创新方案，为企业提供创新主体，有利于企业发现多个维度的用户创新知识。社区中聚集了大量的用户，他们的社会地位、交际圈子、贡献行为、知识存量等各不相同，导致个体间的经验、知识和能力存在差异。用户作为企业的创新主体和知识来源，是企业开展开放式创新最为关注的内容，用户社交和行为数据能够帮助企业识别出不同领域的领先用户，为企业提供外部人才资源，提高创新效率。因此，运用社交媒体数据能够帮助企业解决以下创新决策问题。

首先，用户知识的多维度发现问题。在开放式创新社区中，用户以发布创意和想法的形式参与创新活动，通过用户生成内容挖掘用户创新知识和产品需求。用户生成内容是用户创新想法的载体，通过用户生成内容数据驱动的用户知识发现能够帮助企业从社区大量的信息中获得企业创新所需的创新主体、创新需求和创新方案等多维度的信息，是企业开放式创新的基础。

其次，领域领先用户的识别问题。知识基础观认为，创新的本质是知识创新，企业创新的实质是企业获取、管理和创造知识的过程。擅长多个研究领域的领先用户能够有效拓展企业的知识广度，专注于特定领域的领先用户能够有效拓展企业的知识深度。通过社交数据驱动的领先用户识别，能够有效补充企业的知识基础，为企业利用外部知识资源进行开放式创新提供了一种崭新的研究角度。

（2）社交媒体数据在企业危机预警决策中的价值及解决的问题

互联网和社交媒体对信息扩散速度的影响，使公司面临重大或者突发事件时更易引发网络舆情危机，不仅影响企业的日常生产运营，而且会威胁到企业的生存与发展，网络舆情危机预警正在成为企业决策的重要组成部分。面临舆情危机时，企业往往通过增强危机管理团队的应急决策能力、改变官方沟通渠道和内部程序等手段来改变外部沟通策略，在动态和不可预测的环境中尽量有效地进行危机局势管理（Vassileios，2019），是被动的事后应对策略。通过社交媒体数据分析，掌握企业舆情危机的形成路径，能够使企业的舆情危机决策更加智能、及时，变被动应对为主动管理。

企业网络舆情危机的发生是由政府、公众、媒体和公司的行为和舆情事件引发的网络话题交互形成的，舆情危机在形成过程中受多重因素的并发作用影响。用户内容数据形成的话题及其模糊性、热度和传播速度能够反映话题是否会引起公众的兴趣和关注，公众、媒体、公司和政府在社交媒体上的行为数据则反映了不同主体对舆情危机的态度，这些数据共同为舆情危机的预警奠定了基础。因此，收集和整理企业舆情危机案例的社交媒体数据信息，有助于解决企业网络舆情危机的形成路径问题，能够为企业准确预警舆情危机提供决策支持。

（3）社交媒体数据在企业电子商务决策中的作用及解决的问题

"社交媒体+电子商务"新模式的发展，使消费者的购物模式逐渐从主动搜索型购物转变为被动发现式购物，挖掘用户需求、精准用户画像、正确推荐产品、优化评论机制都是电子商务决策的重要部分。挖掘和获取用户需求能够帮助企业洞察用户购买动机，了解用户对产品和服务的评价，从而制定产品和服务质量改进决策，提升用户满意度；通过从海量用户中总结用户共同特征，能够刻画用户的认知、购买、使用等行为，辅助洞察垂直领域、用户关系、用户喜好等，挖掘商业价值，从而为精准营销等决策提供支持；正确推荐产品能够帮助企业为用户推荐个性化产品，提高产品销售额，降低人工成本；优化评论机制能够避免虚假评论对消费者购买意愿的负面影响，在为用户带来更好消费体验的同时提升用户的购买意愿。

全球海量的用户在互联网上所创建的包括文字、图片或音频及视频等的用户原创内容为企业带来巨大的收益，其中有很大一部分是用户对产品或服务的在线评论。在线评论是电子商务或者第三方网站用户发表的产品评价，主要包括星级打分和开放式评论文本两种形式。作为口碑的在线表达，在线评论广泛存在于各大电商平台，是重要的用户内容数据。由于在线评论能够对通过互联网搜索产品与服务信息的其他潜在用户的决策过程产生重要影响，所以企业不断寻求能综合挖掘各种产品评论信息的决策支持方法，实现企业全面应对产品评论的决策方法，提高企业电子商务实时响应市场需求变化的能力。因此，运用社交媒体数据能够帮助企业电子商务决策解决如下问题。

首先，电子商务评价系统改进决策问题。在线评价系统解决了 C2C 电子商务中的信息不对称问题，其中在线评论对用户判断商品质量和卖家的诚信行为起着非常重要的作用。然而虚假评论的存在严重影响了 C2C 电子商务的良性发展，尤其是"好评返现"和"差评威胁"现象的大量出现导致在线评论更加偏离真实性。通过在线评论数据驱动的用户购买决策影响分析，能够为电子商务评价系统改进决策提供依据。

其次，用户行为画像问题。在线评论数据驱动的用户画像构建方法，有助于准确刻画用户特征，了解用户需求，为改进产品和服务提供决策依据。

最后，产品推荐问题。在线评论数据驱动的用户偏好与产品特征的混合推荐方法，有助于提高个性化推荐的精准度，解决了冷启动用户和冷启动产品的推荐决策问题。

2.6.2　社交媒体数据驱动的政府决策支持

（1）政府舆情治理决策

近年来，舆情事件对社会生活的影响日益增强，直接关系民意走向和社会稳定，一些重大的舆情事件如果处理不当会诱发民众的不良情绪，进而引起重大群体事件的发生，严重危害社会的稳定，极大地考验了政府的决策管理能力。党和政府不断加大对网络舆情监管和决策的重视程度，明确表示要听取民众内心的声音，努力畅通民意表达渠道，积极加强网络舆情治理。在社交媒体环境下，将被动的舆情管理决策方式转换为主动的数据驱动的舆情治理决策方式，能够有效地解决网络舆情问题，不仅有助于政府和民众之间的良好沟通，而且有利于塑造良好的政府公信力。

网络舆情治理过程是典型的决策活动过程，其始终以数据的形式存在并发挥作用。在社交媒体环境下，对社会舆情涉及的公众观点、情绪、态度等变化与规律的海量数据信息进行深入挖掘，将舆情数据分析的决策作为基础来提供决策支持服务。通过对数据采集平台、数据融合和存储平台、社交媒体数据分析平台的创建，对社交媒体数据进行分析，形成决策知识，产生决策智慧，进而形成舆情治理的相应策略。

（2）社交媒体数据在政府舆情治理决策中的作用

社交媒体用户扮演信息生产者、传播者、接受者三种角色，社交媒体可以双向或者多向传播信息或进行信息沟通，形成一个立体多维网状信息传播模式，是用户之间进行交流的媒介，是网民彼此分享见解、经验、意见和观点的平台，并为网络用户提供信息交换的服务，支持网民用户自主创造和交换内容（王晰巍，2017）。

①用户社交数据和用户内容数据的作用。新浪微博是国内出现较早、知名度较高的社交网络平台之一，以篇幅精炼、传播速度快著称，并受到大众欢迎。人们在微博平台浏览信息、发表评论、转发信息，形成了大量的用户社交数据和用户内容数据，成为舆论信息传播的主要力量。

舆情评论的行为本质上是公众就舆情事件进行的沟通，是人们社交的一种方式。在个体决策时尽管拥有最初的想法，但当观察到其他个人、群体的行为和决策后，个体会改变初始想法而作出和他人相似的决策，这就是社会影响的结果。因此对用户社交数据和用户内容数据的研究有助于理解网络舆情的本质，更好地为舆情治理提供决策支持。

用户社交数据和用户内容数据的量化对舆情治理提出了新的挑战，特别是加大了迅速准确把握社交媒体数据主旨要义的难度，因此从用户社交数据和用户内容数据中准确抽取公众观点以支持舆论焦点的实时把握，成为当前普遍关注的热点问题。用户社交数据和用户内容数据中包含大量的非正式文法、口语化表达和缩写、不规范写法和噪声、表情符号等，导致其结构松散、数据稀疏且特征空间高维等性，为浏览和抽取社交媒体数据的内涵带来更多困难。准确把握社交媒体数据中所反映的公众观点并总结舆论焦点，有助于及时获取和引导社会舆情态势，对政府公信力、快速响应能力及执行力提升具有支持作用。

②社媒指数数据的作用。网络舆情的开放性、虚拟性、及时性、互动性、偏差性、多变性等特性决定了舆情监测和分析的复杂性。社媒指数数据是各大社交平台通过大数据分析得到的，具有一定的可信度和可靠性，对于分析网络舆情的热度、关注度、情感走势等具有不可替代的作用。网络舆情分析中最常使用的社媒指数包括百度指数、头条指数等。

百度指数包括搜索指数、资讯指数和媒体指数。其中，搜索指数是以网民在百度的搜索量为数据基础，以关键词为统计对象，科学分析并计算出各个关键词在百度网页搜索中搜索频次的加权求和。根据使用百度搜索来源，搜索指数分为 PC 搜索指数和移动搜索指数。资讯指数以百度智能分发和推荐内容数据为基础，将网民的阅读、评论、转发、点赞、不喜欢等行为的数量加权求和、指数化处理后得出，全面衡量网民对智能分发和推荐内容的被动关注程度。资讯指数连同搜索指数形成闭环，从被动到主动，从信息触达到主动搜索，用"主动搜索+内容关注"来表达和诠释网民对某一话题的关注程度。媒体指数是以各大互联网媒体报道的新闻中与关键词相关的、被百度新闻频道收录的数量，采用新闻标题包含关键词的统计标准。头条指数基于今日头条智能分发和机器推荐所产生的海量内容数据，在舆情监控下，为用户提供关键词的挖掘、热点事件分析等服务。

社媒指数通过收集和分析搜索引擎上关键词的搜索数据和用户行为监测舆情信息，能够反映互联网用户关注度，借助于谷歌趋势、百度指数等社媒指数数据，结合用户社交数据和内容数据，可以更加全面地进行舆情分析，为舆情治理提供支持。

（3）解决的主要问题

首先，舆情反转风险决策支持问题。提出微博评论数据驱动的舆情反转风险推断方法，采用贝叶斯网络的方法探究舆情反转风险的影响因素；基于自我归类理论社会规则，改进和完善 DW 模型，提出新的面向群体极化的舆情演化模型，采用仿真的方法得到群体极化现象的关键因素，为舆情反转风险提前预警，从而减少舆情反转的危害和降低舆情反转事件的发生频率。

其次，舆情热度预测问题。针对舆情发生初期可利用社交媒体数据贫乏的特点，提出社媒指数数据驱动的热度预测和事件分级方法，为政府构建舆情预测和分级管理决策体系提供新的思路。

再次，舆情事件预测问题。舆情事件预测是指预测网络舆情事件或衍生舆情事件是否发生，这是目前网络舆情治理中的薄弱环节。借助于事理图谱的优势，提出微博评论数据驱动的舆情事件预测方法，通过舆情事理图谱的因果链对舆情演化规律进行分析，并构建抽象事理图谱进行舆情事件预测，从而有力地补充了舆情治理决策的手段，提升了舆情治理的效果。

最后，舆情公众感知决策问题。微博平台上的话题从社会事件到民生事件、从娱乐圈到学术圈，覆盖了绝大多数的公众参与面。这些用户在微博平台发表大量网络评论的同时，也产生了巨量的评论文本数据。公众对热点话题的看法与评价以微博评论的形式展开，分析这些用户产生的海量评论文本，有利于深入了解公众的态度和事件的发酵情况，为政府治理提供决策支持。

技术方法篇

　　社交媒体数据驱动的决策支持方法主要包括知识图谱、网络分析和自然语言处理。 知识图谱作为一种拥有极强的表达能力和建模灵活性的语义网络，通过知识业务问题定义、数据的收集和预处理、知识图谱设计、知识图谱存储，对社交媒体数据进行分析，在电子商务决策方面具有广泛的应用；以图论为基础的网络分析方法，在解决以社交媒体数据为基础的网络舆情、创新社区、个性化推荐等决策问题上具有得天独厚的优势；自然语言处理中的网络爬虫、分词、词性标注、情感分析等方法是社交媒体数据分析的基础，是将社交媒体数据中的非结构化数据转化为信息的重要方法。

第 3 章

知识图谱

近年来，机器学习的发展为知识图谱的研究带来了新的机遇。随着社交媒体的普及，社交网络为知识图谱研究提供了大量的数据资源，知识图谱对实体和关系的处理及可视化呈现，为社交媒体的数据分析提供了便利，面向社交媒体数据的知识图谱构建技术成为知识图谱相关研究热点。本书主要介绍知识图谱、本体、事理图谱的有关概念和方法。

3.1 社交媒体与知识图谱

近年来，网络社交媒体飞速发展，用户参与数也在迅速增加，导致社交媒体上的信息量不断增加。社交媒体上发布的内容专业领域分布广泛，数据的文本简短、不规范、冗余度高、规模庞大等特点使社交媒体数据分析具有较大的难度，知识图谱的提出为解决社交媒体数据分析问题带来了契机。社交媒体与知识图谱的数据各具特点，相互之间的数据互通具有较大的现实意义。例如，针对社交媒体和知识图谱的特点，刘家祝等（2020）通过子图相交方法实现社交账号和知识图谱的实体对齐，在预测实体方面获得了较高的准确率，且可以应用到其他社交媒体的实体链接、社群分析、话题识别等多个方面。基于知识图谱的社交媒体数据分析主要包括融合用户特征的产品、话题推荐和社交媒体平台的舆情治理两个方面，社交媒体的知识图谱在情报探索、社交电商等领域也有较大的应用价值。

借助知识图谱对信息和信息间关系刻画的技术，不仅可以较好地分析社交媒体用户属性，刻画目标用户的特征；还可以更准确地发现用户偏好。知识图谱作为一种大范围的图像表示方法，可以准确定位社交媒体网络中用户的多维度属性特征，实现基于知识图谱的多粒度社交网络用户画像（黎才茂，2022），解决社交媒体中用户属性信息划分不明确的问题。微博社区知识图谱利用三元组将实体、属性以及实体属性之间的关系以图的方式展现出来，这些联系能够帮助用户找到可能被忽略掉的信息或者最有价值的信息，并不断对知识图谱进行扩展。杜亚军等（2015）基于微博社交平台，进行微博社区的概念提取、关系提取、构建方法、社区知识图谱构建等研究，并将其运用到社交朋友推荐、信息检索、舆情监测、广告推荐等领域。张晓璐等（2022）借助知识图谱对微博文本进行分析及可视化展示，通过依存语法分析抽取三元组，构建微博话题知识图谱并进行数据分析，从而提炼出微博中的有用信息，使微博文本中的内容便于读者理解。运用知识图谱的能力挖掘语义关系，通过分析语义关系能够更准确地发现用户兴趣，提高推荐的准确性。张彬等（2021）从兴趣之间的关联视角出发，进行兴趣建模、知识获取和知识融合，整合兴趣间的语义关联和社交网络关联，构建兴趣知识图谱，利用知识图谱融合多源兴趣知识，提高用户兴趣的全面性和准确性。从用户历史偏好兴趣角度进行推荐，忽略了社交关系数据的稀疏性，知识图谱通过整合多种信息，为提高用户满意度和接受度提供支撑。基于此，高仰等（2023）提出一种融合社交关系和知识图谱的推荐算法，通过图卷积神经网络获取用户的社交关系，采用注意力机制获取相似用户，根据用户兴趣偏好和物品向量特征为用户进行综合推荐，有效地提高了推荐的准确性。

社交媒体能够产生大量的数据。例如，突发事件发生时，产生了用户对事件的讨论及用户之间的交互等社交媒体数据，其中蕴含丰富的文本、图像及时空等不同类型的信息，这些海量和全面的实时数据成为越来越多的学者进行舆情治理研究的数据源。孙斌（2019）利用知识图谱进行社交网络分析，实现了社交话题的演化和预测。李萌萌（2020）通过共现关系网络挖掘突发事件的主题，基于社交媒体数据构建事件知识图谱，结合命名实体识别技术获取事件发生时间、地点、参与人物等实体，以知识图谱的形式对事件及事件对应的信息进行可视化，实现突发事件的探测，从而提高事件的可理解性及可追溯性。社交媒体平台治理需要关注社交媒体舆情的演化和监管,王晰巍等(2019)运用知识图谱可视化方法分析社交媒体环境下的网络舆情,在理论和实践方面为大数据驱动的社交网络舆情主题图谱提供研究思路和方向,以便政府更好地进行舆情监管。黄微等(2022)结合微博运行机制,通过爬取微博数据,应用知识图谱的理论与方法,构建微博主题识别知识图谱以及微博主题演变知识图谱,发现微博主题演变路径,揭示了微博舆情传播中的主题演变情况以及发生演变的动态变化过程。张思龙等(2021)在知识图谱的基础上融合舆情发展路径,提出了网络舆情研判系统模型,有利于对网络舆情事件进行精准研判和决策支持。为更准确地对社交媒体上的突发舆情事件实现捕捉,舆情内容监管是不可忽视的研究内容。马哲坤等(2019)基于知识图谱理论,通过突发词项识别、构建突发话题图、语义补充与完善三个步骤,构建包含语义关系的突发话题图,实现对网络舆情突发话题的内容精准检测。熊建英等(2020)构建了基于知识图谱的网络大数据信息组织方式,利用知识一致性对社交媒体内容的可信性进行了自动审查。研究发现,通过知识图谱方式组织社交媒体文本内容,不仅可以更好地理解文本,还能提高审查的可解释性。情感分析也是网络时代社会舆情监测的重要研究内容,许多(2020)从情感实体、属性、关系三个方面给出情感知识图谱的定义,并分析了构建情感知识图谱的两项关键技术,即命名实体识别和关系抽取。杨浩然(2020)提出了一种基于知识图谱的细粒度情感分析算法,在情感分析算法中引入知识图谱的先验知识,更好地理解社交媒体内容,深度挖掘社交媒体文本中包含的实体和情感要素之间的关联,提高社交媒体情感分析的精度。

3.2　知识图谱相关技术

3.2.1　知识图谱的概念

知识图谱最早是由 Google 公司于 2012 年提出的。知识图谱是一种特殊的语义网络,它利用实体、关系、属性这些基本单位,以符号的形式描述物理世界中不同的概念和概念之间的相互关系。将碎片化数据有机地组织起来，让数据更加容易地被人和机器理解和处理，并为搜索、挖掘、分析等提供便利，为人工智能的实现提供知识库基础。

知识图谱以图结构的形式直观呈现实体间的关系信息，知识图谱，可以帮助用户找到之前忽略掉的有价值信息，这也为研究社交媒体用户行为信息提供了新思路。目前，自然语言处理、数据挖掘、机器学习、强化学习等技术与知识图谱的融合发展促进了推荐系统的发展（陈悦，2005；何亮，2018）。建立知识图谱的关键是能够充分挖掘实体内部信息和实体之间的关系（党洪莉，2020），借助知识图谱对相互关联的事物及其关系进行组织和可视化展示，从而提高用户获取信息的效率。

3.2.2　知识图谱的表示

本体是指人为生成的、机器能够识别的、对知识的描述，是大数据时代实现科学数据管理的关键工具。根据本体描述语言，客观世界的任何一种关系都可以用（实体1—关系—实体2）和（实体—属性—属性值）这样的三元组主谓宾形式进行描述。知识图谱通过这两种方式将知识表达为图谱结构，利用图的形式对知识进行直观展现，便于维护、检索和推理。

本体是一种特殊类型的术语集，具有结构化的特点，实际上就是对特定领域中某个概念及其相互之间关系的形式化表达。本体结构是知识图谱的模式层，体现知识图谱的整体逻辑关系。本体结构设计存在复用和自建两种方式，采取复用的方式可通过抽取并改造现有的本体结构来实现（于彤，2017），而采用自建的方式可根据领域核心术语、概念等梳理本体结构。基于本体的知识图谱构建包括四个步骤：定义类、定义对象属性、定义数据属性、设置约束条件。

①类的定义及其约束：在 Protégé 的 Classes 标签下创建需要的类，设置类名并对类进行约束条件的设置。

②对象属性的定义及其约束：在 Protégé 的 Object Properties 标签下设置对象属性，包括对象属性的定义域和值域。

③数据属性的定义及其约束：在 Protégé 的 Data Properties 标签下完成对数据属性的配置，包括数据属性的定义域及值域。

④本体实例化：主要包括创建类的对象和对属性进行赋值，可以采用 Protégé 和 OWL 的人工与半自动化结合的方式来实现本体实例化，提高本体实例创建的效率。

本体作为一种知识重用、共享和建模的技术，在智能信息处理、知识工程领域已经得到广泛的应用。例如，Tao 等（2011）通过医药局全局知识库和个体知识库发现用户本体的用户需求，进而建立个性化本体知识库；郑建兴等（2013）基于百度百科建立本体分类关系，利用本体的部分结构表示用户模型；杜嘉忠等（2014）、郑丽娟等（2017）以在线评论为基础构建了情感本体，对产品整体以及具体特征的情感倾向进行了分析。

深度学习具有强大的表征学习能力，能够有效地提取出实体之间的语义信息和特定信息，已经成为知识图谱表示的流行工具，有相当多的研究提出使用神经网络表示知识图谱的三元组（Dai，2020）。从早期的分段语言模型（Segement Language Model，SLM）（Socher，2013）和多层感知器（Multi Layer Perception，MLP）（Dong，2014）开始，越来越多的神经网络模型逐渐被用于知识图谱表示，其中应用最广泛的是卷积神经网络（Convolution Neural Network，CNN），它可以在不同的尺度上提取出实体的不同特征。

3.2.3 知识图谱的构建

从原始的数据到形成知识图谱，需要经历知识建模、知识抽取、知识融合、知识推理等步骤。

（1）知识建模

知识建模是指对知识和数据进行抽象建模，一般利用自上向下、自下向上的方式进行构建，主要包括确定节点、确定节点属性及标签、图设计、实现节点链接和动态事件描述五个步骤。其中，自上向下的建模方式是指先为知识图谱定义好要抽取的实体以及关系的类别，同时规范好可能出现的概念、属性类别和数据模式，再去搜集相应的数据进行所需知识的抽取，这种建模方式适用于知识信息较为明确、用户之间关系较为清晰的领域；自下向上的建模方式需要对实体进行归纳，并进一步对其抽象，形成分层的概念，向上抽取形成上层概念，并构建顶层的本体概念模式，形成知识库，这种建模方式适用于涉及数据范围较大的公共领域。随着知识图谱的发展，两种建模方式往往会结合使用。对于自上向下的建模方式，随着数据量的不断积累，可能会发现原来的数据模型并不完善，有很多数据可能没有包含在数据模型的体系中，这时需要根据数据的特点修订和完善数据模型。自下向上的建模方式所形成的数据模型对后期的数据收集有一定的指导作用。按照形成的数据模型，可以快速准确地收集相关数据。总之，根据数据的特点，完善数据模型，选择相应的知识建模方式。

（2）知识抽取

知识抽取是指从不同的来源、不同结构的数据中以自动化或半自动化的方式抽取信息，形成知识存入知识图谱。知识抽取的数据按照结构特点可分为三种：结构化数据、半结构化数据和非结构化数据。其中。结构化数据用二维表示，主要是采用 D2R 技术，包括 D2R Server、D2R Q Engine 和 D2R RQ Mapping 语言，将关系数据库中的数据映射到 RDF（资源描述框架）中；半结构化数据主要采用包装器进行知识抽取。包装器可以从网页中提取数据，并将数据“包装”成结构化数据，经过包装器的处理，使用者能够得到自己所需要的知识信息，包装器基于有监督学习，从训练集中学习抽取规则，从其他网页中抽取目标数据。非结构化数据的知识抽取主要分三个方面：实体抽取、属性抽取和关系抽取。实体作为知识图谱中最基本的元素，是指客观存在并能够相互区别的事物，可以是具体的人、事、物，也可以是抽象的概念或联系。实体抽取也称为命名实体识别，指从文本数据中识别出命名实体（Saito，2009）。属性抽取指获取实体的属性信息，包括属性名和属性值，主要是用到一些机器学习的方法。实体抽取只能得到离散的命名实体，为了获得各个实体间的联系，需要进一步进行实体间关系的抽取。关系抽取是指从文本中获取实体之间的关联关系，包括基于模板的方法、基于监督学习的方法和基于弱监督学习的方法。例如，唐琳等（2020）通过构建通用领域的细粒度框架，提出了一种基于规则推理的本体概念层次关系抽取算法，进行半自动化层次概念关系抽取。通过边关系链接不同实体，以构成网状的知识结构。实体之间的关联关系是知识图谱的关键内容，不同实体之间的关联关系有助于挖掘用户特征，得到更全面的用户特征与行为之间的关系（朱焱，2021）。

近年来，知识抽取方法已经从传统的基于规则、基于字典的方法向基于机器学习、深度学习的方法升级，利用实体之间的相关性及其关系来提高知识抽取模型的准确性，主要包括流水线式抽取和联合抽取两种方法。流水线式抽取就是把关系抽取的任务分为两个步骤，首先做实体识别，其次再抽取出两个实体的关系；而联合抽取的方式就是一步到位，同时做好了实体和关系的抽取。流水线式抽取会导致误差在各流程中传递和累加，而联合抽取的方式虽然准确性较高但是实现难度更大。深度学习方法提高了知识抽取的能力，例如，通过卷积神经网络（CNN）可以对实体进行分类、信息抽取和关系建模等操作；循环神经网络（RNN）能够更好地表示实体之间的依赖关系和时间序列信息，可以用于实体和事件之间的关系建模，以及事实和证据之间的推理分析等任务。

（3）知识融合

知识图谱中的数据可能来自不同结构的数据源，知识抽取可以从不同的数据源中把不同结构的数据提取成知识，但是其中存在一些冗余信息，需要进行整合，即知识融合。通过知识融合，使用者可以获得实体的完整性描述，融合不同知识库各个层面的知识，主要包括实体链接和知识合并两个方面。

实体链接是指将从文本中抽取的实体链接到知识库中对应的正确实体的操作，包含识别实体指标、实体消歧、共指消歧三个步骤。识别实体指标通常利用实体抽取技术和词典匹配技术来实现，主要采用聚类法进行实体消歧，需要评估实体与实体指标的相似度。其中，实体为聚类中心，聚类指标对应的实体为歧义实体。常用的消歧方法包括四种：根据实体上下文进行消歧的空间向量模型，根据实体的上下文语义进行消歧的语义模型，利用关联实体的关系构建指标网络进行消歧的社会网络模型，根据网站超链接进行消歧的百科知识模型。共指消歧主要的算法包括 Hobbs、向心理论、消解算法。除了将共指消歧视为分类问题，还可以把共指消歧问题抽象成聚类问题，这时，解决问题的关键在于评估实体之间的相似度。

知识合并包括外部数据库合并和关系数据库合并两种。外部数据库合并主要解决的是数据层面和模式层面的合并问题。企业本身或者外部机构的关系型数据库是高质量结构化数据的重要来源，可以采用资源描述框架（Resource Description Framework，RDF）作为数据模型，将结构化的数据转换成 RDF 的三元组数据，融入知识图谱，从而实现关系数据库的合并。

（4）知识推理

知识推理，是根据自己所知道的推理规则，通过已有的数据模型和数据，经推理得到的新的知识或结论。知识推理的任务包括数据的可满足性（检验实体）、分类（计算新概念和关系）、实例化（概念和关系的集合）。知识推理可以分为基于规则、基于图结构、基于本体、基于分布式表示的推理四类（赵宇博，2023）。其中，基于规则的推理通过人工指定的推理规则实现知识的补全和纠错，准确性较高，但是需要人工制定规则，费时费力；基于图结构的推理将整个知识图谱视为一个有向图，利用相关算法实现知识推理；基于本体的推理将本体中蕴含的语义信息和逻辑提取出来，从而实现知识图谱的补全；基于分布式表示的推理将知识图谱中的知识三元组映射到低维空间，利用语义表达式实现知识推理。

3.2.4　知识图谱的存储与可视化

知识图谱的存储方式主要有关系型存储和原生图存储两种。关系型存储方法适用于存储大规模知识图谱，且便于对知识进行更新，但当知识图谱查询的选择性较大时，查询性能较低；原生图存储方法能够高效处理复杂的知识图谱查询，但是有限的存储容量不适合应用于大规模知识图谱。

知识图谱以图结构的形式对知识进行建模和表示，所以常将知识图谱中的知识作为图数据进行存储和可视化。图数据库与其他传统关系型数据库相比，具有较好的可扩展性，其用节点表示知识实体，用边表示不同实体间的关系，更注重实体对象间的关联，且其可视化技术可以将数据间复杂关系更加直观地呈现出来。当前常见的图数据库有 Neo4j、gStore、TigerGraph 等。其中，Neo4j 图数据库是一种非关系型数据库，使用非结构化查询语言，支持多种数据模型，使用 Java 语言作为操作脚本，同时也可以使用 python 语言进行数据的添加、删除、修改、查询等基本操作；

gStore 是一个面向 RDF 知识图谱的图数据库系统，它将 RDF 数据图中每个资源的所有属性和属性值映射到一个二进制位串上。gStore 图数据模型，维持了原始 RDF 知识图谱的图结构，其数据模型是有标签、有向的多边图，每个顶点对应着一个实体。gStore 系统将 RDF 和 SPARQL 分别表示成图的形式，利用子图匹配的方法来实现 SPARQL 查询，并且利用基于图结构的索引来提高查询的性能。TigerGraph 可以在互联网规模数据上进行实时分析，支持实时图更新并实现内置并行计算。TigerGraph 的类 SQL 图查询语言（GSQL）为大数据的即时浏览和交互式分析提供支持。借助 GSQL 的表达能力和原生并行图的运行速度，进行深度链接分析，能够揭示以往因其他系统性能问题或表达能力限制而无法获得的数据价值。

3.2.5　大型语言模型与知识图谱

大型语言模型（Large Language Model，LLM）是一种参数化的概率知识库，具备强大的语义理解和泛化能力。LLM 的出现，标志着从明确的知识表示向对明确知识和参数知识两者的混合表示的重新关注的范式转变。将知识图谱与大型语言模型结合，可以充分利用两者的优势，弥补各自的不足之处。一方面，在 LLM 的预训练和推理阶段引入知识图谱，为 LLM 带来更强大的知识表示和推理能力，同时辅助其在信息检索和生成任务中表现更出色，并提供更可信的知识验证，从而拓展 LLM 在各种实际应用场景中的应用范围，提高性能。另一方面，LLM 可以用于从原始数据中抽取实体、关系并构建知识图谱，利用 LLM 的语义理解和泛化能力提升知识图谱的构建、补全和问答等方面的能力，从而解决知识图谱构建过程中的一些难题（Jovanovic，2023）。

3.3　事理图谱相关技术

3.3.1　事理图谱的概念

事理图谱是一个事理逻辑知识库，以事件为节点，以事件关系为边，通过图谱的方式将事件的演化路径、演化规律等特点展示出来，反映了事理关系中的规则和模式。在理论上，事理图谱中的事件既可以是语义完备的谓词性短语或句子，也可以表示包含一个事件词的结构化（主体、事件词、客体）多元组。在结构上，事理图谱是一个有向有环图，节点代表事件，边代表事件关系，如因果关系、顺承关系、条件关系、上下位关系。在结构和理论的基础上，构建事理图谱的难点及核心工作是事件抽取和事件关系抽取。

2017 年 10 月，刘挺教授在中国计算机大会上正式提出事理图谱的概念，并带领其团队展开了深入的研究。Zhao 等（2017）给出了抽象因果网络的建立方法，并以新闻数据为例，使用事件的向量表示方法实现了事件驱动的股票预测。Li 等（2018）采用知乎数据作为语料，通过关系识别、事件提取、权重计算等过程构建出行领域的事理图谱，实现了脚本事件的预测，实验结果显示，基于事理图谱的事件预测方法显著优于所选择的基准。

其他学者如周京艳等（2018）开始研究事理图谱在情报领域的作用，通过对比概念地图、知识图谱和事理图谱的概念，对事理图谱的价值内涵做了深入分析，表明事理图谱在情报判读方面具有重要意义。单晓红等（2019，2020）探索了事理图谱在网络舆情治理中的应用，通过构建事理图谱进行舆情演化路径分析以及舆情事件的预测，揭示了事理图谱在网络舆情治理领域的重要作用。

3.3.2　事理图谱的构建

事理图谱的节点为事件、边为关系，构建事理图谱的关键在于事件关系的识别，以及事件的提取和泛化。

（1）关系识别

目前，学者对关系识别的研究主要有以下三种方法：基于规则模板的关系识别方法、基于特征的关系识别方法和基于机器学习的关系识别方法。基于规则模板的关系识别方法是利用提示词构造规则模板，通过规则模板来判断文本的关系；基于特征的关系识别方法是通过构造文本的特征，借助语义关系，完成句子之间的关系识别；基于机器学习的关系识别方法，则是利用机器学习等方法，通过训练分类器完成句子关系的识别。

基于规则模板的关系识别。基于规则模板的关系识别方法由国外学者首先提出，国内学者通过借鉴外文文本规则模板形成方法，总结中文文本的特点，形成规则模板识别句子关系。Ittoo 等（2011）提出了一种基于词性、句法分析和因果关系模板的因果关系对提取方法。首先利用明确含有因果关系的句子抽取一些表达因果关系的句子模板，然后利用这个模板去提取其他句子中的因果关系。Kozareva（2012）使用因果关系触发词抽取文本中的名词因果关系对，并利用这种因果关系对来判断一个句子是否为描述因果逻辑的句子。其他学者如 Sorgente 等（2013）、Zhao 等（2017）均使用了规则模板的方法识别因果关系。国内学者如 Qiu 等（2008）利用汉语文本的结构特点，将因果句分为明确和模糊两种，利用总结的因果句规则提取因果关系对，并使用贝叶斯分类器判断模糊因果句，实验取得了良好的效果。李悦群等（2010）针对安全领域的开源中文文本的特点，基于局部句法特征、结合规则，自动识别句中的原因部分和结果部分。

基于特征的关系识别。国内学者通过大量分析中文文本的特征，多通过依存句法分析句子之间的语义关系，进而完成句子关系的识别。例如，李丽双等（2012）指出可以通过组合核方法提取实体间的关系，组合核包括基于特征向量的平面核、基于句法分析树的结构核，提高了关系抽取的整体性。郭喜悦等（2014）从句法特征、语义特征两个方面出发，识别实体之间的关系，使用新闻文本进行实验，结果表明 F1 值明显提升。甘丽新等（2016）将两个实体各自的依存句法关系组合和最近句法依赖特征加入关系提取，有效提高关系识别的性能。张琴等（2017）为了解决已有方法中单词特征不具有语义信息这一问题，考虑词嵌入级别、词汇级别和语法级别三种类型特征，并进行了对比实验，证明词嵌入级别特征在实体关系抽取问题上可以发挥重要作用。Zhao 等（2016）除了利用一些常用的特征，还加入由包含链接词的句子的树核相似度的因果链接词特征，以此来识别事件的因果关系。

基于机器学习的关系识别。使用机器学习实现关系识别时，一般都是通过与规则模板方法或者是基于特征的方法结合使用，在形成规则模板或者在生成特征后，使用分类器识别句子关系。Riaz 等（2010）提出了无监督的学习模型来自动识别网络新闻文章中特定事件之间的关系。

Radinsky 等 （2012） 通过使用规则模板的方法，将因果链接词分为三个分类器，构造关系识别规则，通过有监督地训练大量的数据，对约 150 年的新闻标题提取因果关系。Ittoo 等 （2013） 通过最小监督算法实现了部分—整体关系的识别。Sorgente 等 （2013） 利用人工构建的依存句法规则抽取可能的因果关系对，并利用贝叶斯分类器过滤掉不是因果关系对的噪声词。

（2）事件泛化

经过泛化的事件能够更有代表性地表示一类事件，从更高层次展示事件之间的联系。事件泛化的前提是事件表示，即从非结构化的文本中提取结构化数据表示事件。

事件表示：从非结构化的文本中提取结构化的事件有利于后续的事件处理及事件呈现。多数学者通过提取句子中的主语、谓语和宾语以及间接宾语 （Girju，2010；Pichotta，2016） 进行事件表示。由于新闻文本可以较完整地提取句子成分，因此使用主谓宾来表示事件的方法多是以新闻文本等结构化较好的文本为数据源。但是有些文本如新闻标题，并不具有完整的主谓宾结构，使用主谓宾提取方法不能很好地表示事件，那么则采用动词和名词词组来表示事件 （Zhao，2016）。具体使用哪种事件表示方法，主要看使用的数据源适合用哪种方法来提取主要成分。

事件泛化：经过泛化后的事件能够表示事理层面本身的演化规律和逻辑关系，是构建事理图谱的关键步骤。Radinsky 等 （2012） 提出利用VerbNet，通过动词的类进行泛化，名词则使用 wiki 中概念性的词来进行泛化，并经过计算新闻文章正文和与该概念相关的文章主体之间的余弦相似度来进行消歧。使用层次聚类的方法，将语义相近的事件聚类到一起。基于相同的思想，Zhao 等 （2017） 指出动词可以使用 VerbNet 找到动词的类，而名词则可以使用 WordNet 找到其上位词，事件转换为用动词类和上位词表示的事件，从而实现事件的泛化。

3.4　知识图谱在决策支持中的应用

知识图谱作为近几年的研究热点，不仅在学术界取得了关键突破，在工业界也得到了广泛的应用。传统决策支持知识图谱能够提供所有可用数据和实体之间关系的综合视图，帮助组织作出明智决策，广泛应用于智能搜索、智能问答等领域，使决策更加客观化、智能化和个性化。基于传统决策支持的局限性和知识图谱的应用场景，魏瑾等（2020）构建了提供基础平台能力的基础层、提供数据源的数据层、提供知识关联分析和图谱索引的决策分析层以及开放决策能力的应用层的四层决策支持模型，知识图谱将多源异构数据整合在一起，有效地提升了决策分析的质量、效率和应用效果。

在医学决策支持方面，目前，医学知识图谱在临床诊疗决策支持（王昊奋，2013）、药物研发决策支持（Park，2020）和医疗应急响应决策支持（陈延雪，2022）方面均有应用。知识图谱能够实现对各类医学知识的关联与整合，通过一定规则的逻辑推理从已有的知识中得出一些新的结论，为用户制定决策提供支持。例如，于彤等（2013）开发的一个大型语义搜索平台 TCMSearch，该平台融入了语义视图和基于领域本体的语义索引，能够为领域专家提供更智能的信息检索服务。

在网络舆情决策支持方面，知识图谱能够辅助实现网络舆情的预测，提升社交网络的舆情分析管控能力（陈旭，2022）。张思龙等（2021）研究发现，知识图谱能够为网络舆情大数据的精准获取和智能化计算提供支持，能够统一网络舆情信息资源和加强语义分析，准确分析研判网络舆情的风险点、矛盾点，有利于舆情自动编报、精准推荐和决策支持。知识图谱还可以用于网络舆情事件研判。例如，Gottschalk 等（2018）提出了一种以事件为中心的多语言时序知识图谱，从现有大型知识图谱中抽取事件、关系并进行融合，有利于实现对网络、新闻和社交媒体上关于当代和历史事件的信息的语义分析；彭立发（2019）以事件类型的实体为例，提出并构建了一个以事件为中心、通过事件要素进行关联扩展的网络社区知识图谱。网络舆情治理在很大程度上依赖于用户内容数据的语义分析，采用知识图谱的知识表示方式，构建多媒体网络舆情语义识别案例库，能够为用户提供在多媒体网络舆情语义识别过程中所涉及的知识，大大节约数据应用所需要的成本，提高了知识存储和知识获取的效率，为语义分析提供支持（肖维泽，2019）。

在学术研究决策支持方面，知识图谱是一种有效的文献统计评估方法，其针对科学研究的结构和动态，利用可视化的图谱形象地展示学科的核心结构、发展历史、前沿领域以及整体知识架构，在学术研究中起到了越来越重要的作用，为学者探索研究方向提供了强有力的决策支持。王玉等（2018）利用 Web of Science（WoS）数据库中与企业网络相关的 563 篇文献，梳理企业网络研究的研究热点和知识基础，通过构建包括网络治理、网络资源、创新网络和网络结构四个维度的研究框架，为企业网络研究提供了决策支持。罗洪云等（2019）利用 CiteSpace 工具绘制知识图谱，分析发现未来研究主要是从多元主体协同视角探索基于大数据的网络舆情治理的理论和方法。吕爽等（2020）通过知识图谱研究创新与企业间信任的关系，辅助科研人员更好地开展未来集群企业的创新研究。张卓等（2020）构建集群企业及创新机构合作知识图谱，探究集群企业未来创新研究的影响因素和融合机制。鞠彬等（2023）构建数字贸易领域研究知识图谱，揭示了数字贸易的研究历程，并基于聚类分析和战略坐标分析探究了该领域的研究热点和未来研究态势，为推动数字贸易的研究提供了决策支持。

在企业创新决策支持方面，钱玲飞等（2022）基于非结构化专利信息，结合深度学习技术，提出了知识图谱自动构建方法，能够有效提升企业知识的可重用性，为企业创新知识管理和竞争情报获取提供决策支持。何喜军等（2023）基于专利信息，构建面向供需信息挖掘的专利知识图谱，能够广泛应用于技术供需热点识别、技术交易网络分析和供需信息检索，为企业技术供需匹配提供决策支持。

在电子商务决策支持方面，陈华钧等（2021）通过设计大型知识图谱预训练模型，在不直接访问商品三元组数据的情况下，以知识向量的方式为下游任务提供知识图谱服务，提高了商品分类、同款商品识别和商品推荐的性能。电子商务领域语义数据较多，问答系统能够更好地为用户提供智能服务，在此基础上，杜泽宇等（2017）提出了一套中文知识图谱自动问答系统，较好地解决了电子商务领域商品咨询以及统计推理等问题，有效提升了用户体验度，并且协助缓解了人工客服的压力。岳昆等（2020）融合电子商务领域知识和用户行为，构建商品间关联关系的贝叶斯网络，为商品分类、用户定向和个性化推荐提供可行的解决方案。汤伟韬等（2020）通过知识图谱对用户评论进行商品特征和情感词提取，充分利用商品评论间的关联关系，融合商品特征集合和商品向量进行商品推荐。陆倩平等（2022）融入注意力机制区分邻居商品节点的重要性，并将其嵌入用户实体，提高商品推荐决策的准确性和可解释性。

综上所述，知识图谱能够为决策支持提供深层关系和推理能力，通过描述行业专业知识，进行关联分析和知识推理，知识图谱能够辅助解决医学、网络舆情、学术研究、企业创新和电子商务等多个领域的决策问题。

第 4 章

网络分析

随着新媒体的发展、5G 时代的来临，社交媒体越来越普及，人们在工作和生活中也已经习惯于用社交媒体来交流思想、分享信息和传递知识，网络分析能够对社交媒体生成的内容进行检测、分析和诊断，挖掘人与内容之间的兴趣关系。本书主要介绍网络分析基本概念、统计网络模型以及指数随机图模型中的有关信息。

4.1 社交媒体与复杂网络

社交媒体的出现，标志着一个以用户为主导进行内容生成的互联网新模式已经诞生（卢章平，2016），其快速、深度的发展使用户寻找与分享信息的方式发生改变，打破了传统社交媒体在信息传播过程中存在的限制，同时也催生新的社会链接及传播机制。复杂网络是一个涵盖庞大个体及其作用关系的系统。复杂网络分析通过将现实网络中的个体与个体间关系抽象为节点与连边，综合利用多种算法，对行动者个体及其所属网络成员间关系链接基本情况进行分析，并对个体成员间的互动模式进行可视化建模。

社交媒体是社会化媒体与社交网络的结合体，用户在不同社交媒体中进行信息交流，使多元信息在多个社交网络中快速传播，因此，社交媒体的影响力通常来自用户在用户群或社会网络中进行的信息发散、传递与延伸过程。在对社交媒体的研究中，社会网络分析方法因其结构化视角及客观的量化分析特点而被研究者广泛使用，以此来解释虚拟世界中模糊不清的信息传播与扩散机制，研究要素主要包括用户、内容与关系三个方面（杜治娟，2017）。

从用户层面看，用户作为信息生产者与传播者，是社交网络中关系形成与内容扩散的行为主体，通过分析不同特征用户在社交网络中扮演的角色、所处的结构位置以及发挥的作用，能够综合评价用户影响力，从而识别网络中关键核心节点。如王晓光等（2011）通过构建用户交流网络，结合核心—边缘分析、整体网络分析、中心性分析与子群分析方法，界定了社区交流网络的核心区域与边缘区域，进而识别出网络权利节点。巴志超等（2017）通过构建微信群内部的交流网络，在考虑节点强度、结构信息及邻节点影响力的成员位置测度指标基础上设计了用户影响力计算模型，并对群成员行为网络的结构特征与群内、群间交流行为进行了深入分析。杨奕等（2021）通过绘制话题意见领袖网络图谱，结合网络中心性相关指标，测度了关键影响者在网络中的地位。社群是社交网络中具有一致行为特征和统一意识形态的用户节点在互动过程中形成的一种稳定群体结构。通过研究用户群体特征，能够系统解析其行为规律，进而宏观把握社交媒体的社会网络结构。例如，陈卓群（2015）通过应用 Louvain 算法对动态共词网络进行社群划分，用社群来表示社交媒体的讨论话题。李大鹏等（2018）基于水军的群体行为，提出可针对社会网络中成员交互特点进行社区发现及社团划分，进而识别水军并分析其特征。

从内容层面看，用户交互信息涵盖范围广、变化时效高，且各种不同文化背景的多种思维在交互中互相碰撞，使原本碎片化信息以话题方式吸引用户集中讨论，进而汇聚为思想流。因此，用户关注话题存在海量性、多元性与动态性特征。在提取用户关注话题、分析用户关注内容的基础上，通过网络结构指标量化关注话题或内容关键词的重要性，有利于及时整体把握社会网络中用户的兴趣变化、预测事件舆论走向。例如，吉亚力等（2015）在对文献关键词进行分析的基础上，结合网络中心性分析与凝聚子群分析，识别出我国智库相关学术研究的热点问题。陈农（2015）通过共词分析构建了关键词共现网络，结合网络中心性分析与凝聚子群分析算法，识别出在线评论研究领域的七个主题，进而分析了用户关注主题的分布与结构。

从关系层面看，包括用户间关系、内容间关系和用户—内容关系3种类型。用户间关系包括由粉丝行为引发的关注关系，由评论、回复行为引发的互惠关系，由转发行为引发的传播关系等。内容间关系包括由关键词共现引发的信息关联关系、由转发行为引发的话题衍生关系、由信息聚类得到的内容—主题隶属关系等。用户—内容关系包括由参与讨论行为引发的话题关注关系等。在社会网络分析中，可对边赋予权重来表征节点间关系强度，通过对网络结构进行统计分析，捕捉信息传播规律，分析信息传播机制。田占伟等（2012）基于微博用户间关注关系构建信息传播网络，结合度、路径统计相关指标分析网络传播效率。丁晟春等（2018）通过关键词共现网络分析对微博内容进行细粒度主题挖掘，并运用社区发现算法实现主题识别，构建帖子—主题二模网络，结合用户影响力与传播影响力来确定主题热度，实现热点主题的检测。黄月琴等（2021）基于用户间转发关系构建信息传播网络，结合密度距离、网络中心性以及凝聚子群相关方法，对话题扩散传播过程中的行动主体类型、关系特征和传播网络结构进行了深入探讨分析。单晓红等（2021）通过构建用户—知识二分网络来反映用户主要研究领域及知识结构分布情况，结合用户特征对不同领域领先用户进行识别。张亚茹等（2021）通过运用Louvain算法，将顶级用户网络划分为四个主要社区，进而得到具有不同话题偏好的用户群，并基于发帖回复关系构建二部图，对其进行分析研究发现，重要回复者回复偏重性明显，且易将用户负面情绪放大，从而提供了网络舆情管理的新视角，即识别重要回复者并适时加以制约。肖亚龙等（2023）以微博信息为节点、信息转发关系为边构建信息扩散网络，结合网络中心性指标分析了不同类型信息在网络传播过程中发挥的作用。

应用复杂网络理论及算法对社交媒体数据进行分析，不仅能检验社交媒体背景下社会网络特征的作用机制，并且能从参与用户、传播内容与交互关系三个方面，对关键用户的影响力量化、用户关注兴趣内容演化及信息在用户社交网络中的传播机制等研究内容进行深入探究。因此，复杂网络理论对社交媒体数据来说具有天然的适用性。

4.2　复杂网络理论及分析方法

4.2.1　复杂网络理论基础

复杂网络分析方法以图论作为量化分析基础，通常利用统计方法研究网络的整体结构特性，并探讨这些网络结构的形成机制，其兴起与大型数据库的出现密切相关，主要研究领域包括 Internet、社交网、生态链等。

4.2.1.1　复杂网络特征

网络复杂性特征主要表现在节点、关系和结构三个方面的复杂性。

节点复杂性。复杂网络的节点数量通常达到一定程度才能产生涌现效应，因此其节点数量通常在成千上万级别。

关系复杂性。复杂网络中节点间的互动、联系关系具有多元性、方向性与差异性特点。在实际建模过程中，需确定关系类型、判断关系链接方向并赋予关系权重，增加了实际建模难度。

结构复杂性。组成复杂网络的节点间结构关系既非规则的也非随机的，而是按照自组织原则进行链接交互，并且这种结构关系会随时间的推移而变化，从而导致网络结构的动态性特征，进而影响网络整体所显现出的功能行为。

4.2.1.2　复杂网络拓扑结构测度指标

运用复杂网络理论分析问题时，通常需要从问题中抽象出要素与要素间的关系，并用节点与连边加以表示，在构建网络拓扑结构的基础上，应用统计指标对网络特征进行描述分析。主要的网络结构测度指标如下。

（1）节点度与度分布

节点度与度分布可用来描述复杂网络的连通性。与节点 i 链接的边的数量即为节点 i 的度，用 k_i 表示。在有向网络中可细化为节点出度与节点入度，其中节点出度是指由该节点指向其他节点的边数目，节点入度是指由其他节点指向该节点的边数目，节点出度与节点入度之和在数值上与节点度数相等。度指标通常用来衡量网络中节点的影响力大小，度数越大，表示该节点影响力越大。

　　度分布是指在网络中随机选择一个节点，其度为 k 的概率，通常用概率分布函数 $P(k)$ 表示，以此来衡量网络中各节点度的弥散程度。从统计意义上来说，可用网络中度值为 k 的节点个数与网络节点总数的比值来进行计算，如公式（4-1）所示。

$$P(k) = \frac{n_k}{N} \qquad (4-1)$$

其中，N 表示网络规模，即网络中的节点总数。n_k 表示度为 k 的节点数量。

　　度分布是刻画网络特性的重要指标，可以根据不同的度分布区分不同的网络类型。由于多数网络的节点度均高度右偏，为测度其尾部特征，通常用累积度分布对网络特性进行描述，累积度分布是对节点度大于等于 k 的概率进行统计的分布项，如公式（4-2）所示。

$$P_k = \sum_{x=k}^{\infty} P(x) \qquad (4-2)$$

（2）平均路径长度

　　平均路径长度，是对网络信息在节点间传播效率的度量，可通过计算节点间平均最短距离进行衡量，如公式（4-3）所示。

$$L = \frac{2}{N(N-1)} \sum_{i \geqslant j} d_{ij} \qquad (4-3)$$

其中，N 为网络规模，d_{ij} 表示网络中节点 i、j 之间的距离，即两节点间最短路径所包含的边数。$\text{Max}(d_{ij})$ 记为网络直径 D。当网络不连通时，平均路径长度为无穷大，此时可通过计算任意两节点间的"调和平均"距离来衡量网络平均路径长度，如公式（4-4）所示。

$$L = \left[\frac{2}{N(N-1)} \sum_{i \geqslant j} d_{ij}^{-1} \right]^{-1} \qquad (4-4)$$

（3）聚类系数

　　聚类系数，也可称为簇系数，是描述节点间聚集程度、衡量网络集团化程度的重要测度指标，可以有效地反映"你朋友的朋友也是你的朋友"这种现象。聚类系数主要包括两种计算方式。

　　第一种计算方式是由 Watts 和 Strogatz（1998）提出的，通过计算节点的聚类系数衡量网络中相邻节点聚集为社团的程度，如公式（4-5）所示。在此基础上计算网络中所有节点聚类系数的均值来反映整个网络的聚类系数，如公式（4-6）所示。

$$C_i = \frac{2e_i}{k_i(k_i - 1)} \tag{4-5}$$

$$C = \frac{1}{N} \sum_{i=1}^{N} C_i \tag{4-6}$$

其中，C_i 为节点 i 的聚类系数，k_i 表示节点 i 的度数，e_i 表示节点 i 的邻居节点间实际存在的边数。

第二种是由 Barrat 和 Weigt（2000）提出的，如公式（4-7）所示。

$$C = \frac{3 \times N_\Delta}{N_s} \tag{4-7}$$

其中，N_Δ 表示网络中的三角形总数，N_s 表示网络中连通三元组的总数，分子中的因子 3 是指每个三角形分别对应三个不同的连通三元组。

（4）介数

介数通常用于衡量节点或边在整个网络中的综合影响力，更侧重于描述其全局重要性。介数可分为点介数与边介数。点介数表示通过该节点的最短路径数与网络中所有最短路径数的比例，如公式（4-8）所示。与之相似，边介数表示通过该边的最短路径数与网络中所有最短路径数的比例，如公式（4-9）所示。

$$g(i) = \sum_{s \neq t \neq i} \frac{\sigma_{st}(i)}{\sigma_{st}} \tag{4-8}$$

$$g(e) = \sum_{|i,j| \neq |s,t|} \frac{\sigma_{st}(e_{ij})}{\sigma_{st}} \tag{4-9}$$

其中，σ_{st} 表示节点 s 与节点 t 间的所有最短路径总数，$\sigma_{st}(i)$ 表示经过节点 i 的最短路径数目，$\sigma_{st}(e_{ij})$ 表示经过边 e_{ij} 的最短路径数目。

4.2.1.3　典型复杂网络模型

根据网络拓扑结构，复杂网络大致可以分为规则网络、随机网络、小世界网络和无标度网络四种。

（1）规则网络

规则网络是指在拓扑结构上具有一定规律的网络，常见的规则网络模型包括全局耦合网络、最近邻耦合网络与星型耦合网络三种。全局耦合网络中任意两节点间均存在连边，该网络也被称为全连通网络。与其他网络相比，其拥有最小的平均路径长度与最大的聚类系数，二者的值均为 1。最近邻耦合网络中节点只能与其周围的 k 个相邻节点相连，k 值大小直接影响网络的稀疏程度，是一种具有环形结构和周期性边界条件的网络模型。星型耦合网络中所有节点均只与一个中心节点进行链接，中心节点之外的其余节点间不存在连边，因此，对于该网络来说，只有中心节点度数为 $N-1$，其余节点度数均为 1。

（2）随机网络

随机网络模型，简称 ER 模型（Erdös-Rényi Model），最早将随机性引入网络研究的学者是 Erdös 和 Rényi（1960）。生成随机网络的方法主要有两种。第一种是给定 N 个节点，从 $N（N-1）/2$ 条边中随机建立 E 条边，忽略重边情况。第二种是给定 N 个节点，节点间以概率 p 进行链接。链接概率 p 值较小时，网络会较为稀疏，随着 p 值的增加，网络也会变得稠密。在连通性方面，p 值存在临界值：当 p 大于临界值时，将会生成连通网络；当 p 小于临界值时，生成的网络基本上均为非连通网络。随机网络具有较小的平均路径长度与聚类系数，且节点度服从泊松分布的基本特性。

（3）小世界网络

规则网络和随机网络是复杂网络中的两种极端情况下的网络，是理想化的网络，与现实网络存在较大差距。通过对现实网络进行大量统计分析发现，很多真实网络均具有小世界网络的特性，即较大的聚类系数与较小的平均路径长度。小世界网络模型是由 Watts 和 Strogatz（1998）首次提出的，因此将其记为 WS 网络。WS 网络实际上是在规则网络的基础上，保证无自环和重边产生情况下以概率 p 随机重连网络中的每条边进行构建的，当 $p=0$ 时构建出的网络是规则网络，当 $p=1$ 时构建出的网络是随机网络。小世界网络模型是从规则网络向随机网络过渡的一种网络模型。

由于 WS 网络是通过规则网络的边重连操作进行构建的，因此其边数与平均度均保持不变，但随着重连概率 p 的增大，网络中会出现部分孤立簇，使网络不连通。为弥补 WS 网络的这项不足，Newman（2003）用"随机加边"代替"随机化重连"操作对模型进行改进，进而提出了 NW 小世界网络模型。综合来看，两种小世界网络模型均具有较大的聚类系数与较小的平均路径长度，符合部分现实网络表现出来的小世界效应。

（4）无标度网络

过去，学者们认为网络中的节点分布服从泊松分布规律，但后续许多实证研究发现，实际中不少网络的度分布均服从幂律分布特征。在该类网络中，大部分节点的度数较低，只有少部分节点的度数较高，这部分节点被称为 Hub 节点。正是 Hub 节点的存在，才使网络中的节点分布存在不均匀特征、节点度没有显著的特征标度，故称此类网络为无标度网络。针对无标度网络特性，Barabási 和 Albert（1999）提出了无标度网络模型，即 BA 模型。

BA 模型主要依据增长性与优先链接性两个基本假设进行构建。增长性是指网络规模在不断增加，优先链接性是指新加入的节点更倾向于与度数较高的节点进行链接，"马太效应"就是这种特点的一个具体表现。对于无标度网络的度分布可通过平均场理论、主方程法与速率方程法进行求解，这三种方法所求结果相同。

截至目前，WS 小世界网络、NW 小世界网络与 BA 无标度网络这三大网络模型始终是在研究复杂网络及其动力学中使用最为普遍的复杂网络模型。

4.2.2　社会网络分析

社会网络是一种由社会行动者及其互动关系组成的社会结构。社会网络分析是从节点与节点间关系的理论角度进行研究的，其起源标志是 Moreno（1933）提出的"社群图"概念。他认为通过社群图能够区分社会行动者在网络中的角色与位置，以图的方式揭示节点间的互惠性与不对称性。社会网络分析方法通常包含三种最基本的分析单位——行动者、关系与链接。其中，行动者是关系主体，在网络中用节点表示；关系包含行动者之间的互动及各种社会关系，在网络中体现为节点间的连线；链接是关系的集合，包含关系强度及范围等属性。有关社会网络的基本概念介绍如下。

（1）节点性质

度中心性（Degree Centrality）：表示一个节点链接另一个节点的个数。例如，在社交网络中，一个节点的度中心性越大，表示它与其他用户的链接越紧密，即它是这个社交网络中的关键用户。

紧密中心性（Closeness Centrality）：表示一个节点到其他所有节点的最短距离之和，紧密中心性的值在0~1。紧密中心性越大则说明这个节点到其他所有节点的距离越近，反之则越远。例如，在社交网络中，一个节点的紧密中心性越大，说明他可以联系到的用户越多，人们可以通过他找到其他用户。

中介中心性（Betweenness Centrality）：表示一个节点位于网络中多少个两两连通节点的最短路径上。中介中心性刻画了一个节点掌握的资源多少。例如，在社交网络中，一个人的中介中心性越大，说明这个人掌握的资源越多而且不可替代，用户想获得资源，必须要经过他。

（2）网络性质

网络规模（Size）：网络中节点的个数。针对不同的研究对象，网络大小的差别很大。例如，在一个班级的社交网络中，节点的个数就很少，而如果研究网页之间的联系，以网页为节点，那么网络就会非常大。

连通性（Connectivity）：如果网络中任意一个点都能到达网络中所有的其他点，那么网络是连通的。通常来说，我们研究的网络都是连通的。

测量距离（Geodesic distance）：任意两个节点之间的最短距离叫作测量距离。如果是一个不连通的图，那么两个无法相互到达的节点的测量距离是无穷大。测量距离可以用来表示一个组织的紧密程度。例如，在一个班级中，同学之间互相认识，平均测量距离就会短，网络紧密性就大，但是在大型企业中，结果正好相反。

图的直径（Diameter of graph）：在一个连通的图中，最大的测量距离叫作图的直径。图的直径也表明了这个网络中节点之间的紧密程度。

图的密度（Density）：图中实际存在的边的数量除以所有可能存在的边的数量。存在的边的数量也可以理解为图的大小。

平均度（Average Degree）：也就是平均度中心性，用所有节点的度中心性除以节点的数量得到的就是网络的平均度。

互惠指数：用来刻画有向网络的无向化程度，定义为网络中相互关联的节点对的数量与至少具有一条有向边的节点对数量的比值。

凝聚子群分析：凝聚子群是行动者的一个子集合，在此集合中的行动者之间具有相对较强的、直接的、紧密的或积极的关系。社会网络分析中的凝聚子群分析是一种量化的社会结构研究方法，其通过划分关系网络中的群体来洞察网络结构。主要的凝聚子群研究方法包括基于互惠性的派系分析、基于可达性的 n-派系分析、基于度数的 K 核分析与基于子群内外关系的块模型分析等。

4.2.3　统计网络模型

现实世界的诸多关系均以复杂网络的形式存在，对复杂网络的研究具有重要的理论意义和应用价值。统计网络模型作为复杂网络和机器学习等领域的重要研究内容之一，有助于人们了解网络的结构特性、生成机制及发展演化，有助于人们探索隐含在网络背后的本质规律。近年来，随机块模型与随机游走模型吸引了学者的广泛关注，成为当前复杂网络领域的研究热点，众多研究成果表明两类模型具有诸多优点，在结构模式发现、链路预测、节点排序等方面表现出优秀的性能。然而，由于复杂网络和复杂系统的复杂性，两类统计模型面临着一些挑战与难题。

有很多传统的建模技术或者方法可以用来刻画网络的密度、传递性、聚类性等。这些技术和方法描述与理解特定问题领域的网络结构特征效果很好，如随机网络模型能够实现任意度分布的网络，统计网络模型中的无标度网络模型能够实现满足部分领域问题的小世界网络。社会网络涉及相互依赖的个体之间的关系数据处理，常规网络模型就受到局限。统计网络模型为社会网络的研究提供了新的机遇。

第一，社交网络中的社会行为涉及用户特征，如用户基本特征（年龄、性别等）、用户地理位置以及情感特征。需要综合考虑这些复杂特征进行社交网络建模，但是很难有一个合适的网络模型既可以综合考虑社交网络各个复杂方面又可以保证模型正常运行，例如，我们常用的无标度网络模型，只能考虑幂律特性和密度两个特征，但不能很好地反映网络的层次性。随机网络模型既可以帮助我们发现社交网络中的规律性，同时也考虑到建模存在的不确定性，因此，在常规网络分析建模中，需要引入随机性，从而使得到的随机模型可以帮助我们理解和预测网络所带来的不确定性。

第二，社会网络中的用户行为涉及用户以及用户所获得的信息等。节点与节点之间存在约束，节点属性之间也会有联系，所以社交网络的整体结构也会不同。研究者可以根据研究目的选择合适的统计网络模型，例如，指数随机图可以考虑多个层次的结构变量，选择需要的一个或多个参数，推断某种网络构型是否有可能存在于网络。

第三，对于网络结构特征的形成，可能需要几个过程，不同的网络模型会表现出不同的网络特征，需要不同的变量对网络结构的定性特征进行描述和分析。比如，网络结构中的聚集性，可能是通过网络结构内生组织产生的，也可能是通过节点的特征，即外生效应产生的，需要构建模型来评估如何区别这两种效应。

第四，越是复杂的网络数据结构，好的模型形式就越重要。目前有很多描述网络结构的模型，但是大都比较复杂，且难以理解，不适合人工社会中社会网络的描述。

第五，使用统计模型能够尽可能地描述局部网络结构是如何影响整体网络结构以及解释全局网络结构，实现从微观到宏观的跨越。

4.2.4　指数随机图模型

指数随机图模型（Exponential Random Graph Models，ERGM）是统计网络模型中应用非常广泛的一种，对于理解社会结构和网络过程具有重要作用。ERGM 最早由 Wasserman 等（1994）引入研究。ERGM 通过生成模型提供了一个完全随机形成的网络，并依赖网络关系数据对真实网络结构进行拟合，采用马尔科夫-蒙特卡洛最大似然估计算法对模型进行估计检验，通过仿真及参数估计步骤来推断对网络结构形成产生影响的内部结构与外部属性。ERGM 具有多样化的解释变量，一般包括网络结构变量、个体属性变量与网络协变量三种，使该模型能够从多角度充分解释目标网络的形成机制。

ERGM 多应用于网络观测数据的分析中，能够将每条网络连边视为随机变量，并将整个网络表示为各种局部网络结构的集合结果。相关结构表示与基本概念如下（Morris，2008）。

（1）二元组（dyad）

二元组由两个节点及其关系组成。二元组是社会网络中最简单和最基本的单位，是分析各种社会网络结构的基础。

（2）三元组（triad）

三元组由三个节点及其关系组成。三元组是分析社会网络传递性、连通性的基础，如表 4-1 所示。无向简单网络中有 8 种不同的三元组结构。

表 4-1　无向网络构型

边数量（条）	无向网络构型
0	
1	
2	
3	

（3）子图（subgraph）

子图由网络中一部分节点及其关系组成，是研究网络中社团结构特征的基础。

（4）构型（configuration）

构型是指由相互链接的节点和连边构成的子图，网络可以被看作是由一些构型之间的相互作用形成的。构型中不包括单一节点，常见网络构型如表 4-2 所示。

表 4-2 常见网络构型

| Edge/1-star | 2-star | 3-star | Triangle |

构型在统计网络模型中应用非常广泛。如果仅仅统计网络中的节点和边的数量，只能够了解到网络的平均密度等有限信息，但是如果统计网络的构型，则能够知道大量的信息，对于网络建模和分析的作用都非常重要。网络中三角形的数量反映了网络的传递性，边的数量反映了网络的度分布，等等。

（5）观测网络（observed network）

观测网络是由研究者从现实网络中采用一定方法收集的数据。观测网络通常是实际网络的一个子集，但是能够反映实际网络的统计特征。

（6）同构假设（homogeneous assumption）

如果每一个构型对应一个参数，那么模型中的参数将非常多，因此很有必要引入同构假设。合理的同构假设对网络建模准确性影响不大，但是对于减少参数却非常有效。值得注意的是，同构假设只是基于网络结构而言的，对于节点本身来说可以有其特定属性，可以是异构的。

（7）内生结构依赖（endogenous structural dependency）

内生结构依赖是指网络中的链接依赖关系与拓扑结构相关的部分，与节点属性无关，通过假设不同的内生结构依赖，形成了不同的指数随机图模型。

（8）外生属性（exogenous attribute）

网络中任意两个节点之间是否有链接通常由网络的内生结构依赖和外生属性决定。例如，一个学校中如果节点与节点的某个属性相同，假定其班级属性相同，则它们之间有链接的概率很大，即"物以类聚"，这就是由外生属性决定的网络链接。当然，绝大多数社会网络之间的链接由内生结构依赖和外生属性共同决定，因此在网络生成过程中需要综合考虑。这也是 ERGM 的一大优势，既能够很好地综合网络生成和演化过程中内生结构依赖和外生属性对网络链接的影响，同时也考虑网络拓扑结构和节点属性对网络形成的作用。

（9）网络参量（specification）

网络参量是指 ERGM 中针对某个具体网络中某个网络构型对应的统计量。比如，2-star 的数量、Triangle 的数量，或者是某类节点的属性。

（10）参数（parameter）

ERGM 模型中，每个网络参量对应一个具体数值的参数，最佳参数值可以通过最大似然估计得到。参量和参数的不同组合形式，构成不同的 ERGM。

4.3　网络分析在决策支持中的应用

由于社交媒体更多地建立在社会网络基础之上，因此，其通常以复杂网络为载体、以各种社会热点问题为讨论核心，对用户发表的情感、态度及观点进行表达传播，进而形成一定影响力（霍朝光，2016）。社交媒体上的用户行为数据是决策事件的重要信息来源，决策成员可以通过这些数据信息更新对决策事件的感知，进而作出对自身最有益的决策。同时，社会公众也是决策结果的直接影响主体，参考社会公众意见有助于减少决策偏差（徐选华，2019）。复杂网络技术有助于研究社交网络中的信息传播过程，并识别其中的重要参与者，从而为社会各界决策人员提供决策支持。

政府决策支持方面，主要包括政策设计与舆情治理两大应用情景。政策设计上，于洋等（2022）在构建集体土地租赁住房开发利益相关者关系网络的基础上，进行了社会网络密度、可达性与中心度分析，通过深入刻画集体土地开发中的利益相关者网络及各网络主体作用，为政府优化政策设计、提高城市治理水平提供了相关决策支持。舆情治理上，温海涤等（2022）以用户为节点、以用户间转发关系为边构建了网络舆情传播云图，通过拟合节点度分布推测网络无标度特征，利用网络中心性指标，将用户划分为不同类型的节点，并基于网络特征与用户属性为政府提出了应对突发公共危机事件网络舆情的治理建议。Cai 等（2023）基于中国微博数据，在主题识别、情感分析的基础上，以用户为节点、以转发关系为边构建有向加权信息讨论网络，通过计算网络中心性指标，反映社交机器人在讨论网络中的总体相对重要性，揭示了社交机器人对各种情绪传播的影响，探索其在社交网络中的行为模式与信息传播机制，从而为相关管理人员建立有效舆论应急机制提供了新颖的视角。

企业决策支持方面，主要包括企业成长、品牌宣传两大应用情景。在企业成长方面，Jiang 等（2022）基于推特数据构建企业与利益相关者的通信网络，通过计算网络中心性指标衡量企业地位，探究企业地位在企业社会责任传播过程中的关键作用，并分析了企业社交媒体行为与企业—公众互动行为对企业网络位置形成的影响，为企业保持有利网络地位、获得利益相关者支持、培育社会资本提供路径参考。在品牌宣传方面，Bello-Orgaz 等（2014）通过应用聚类与分类技术对推特内容进行主题提取与情感分析，得到相应的推特标签，接着以用户为节点、以转发提及关系为边、以推特标签为用户节点着色依据构建信息传播网，根据关系特征划分社区以研究其信息传播机制，通过计算各社区内用户节点的 PageRank 值，识别社区中的关键用户，为企业制定营销策略、传播品牌信息提供决策支持。Watanabe 等（2021）选择国际、国内两个同行业品牌，以推特用户为节点、以用户间通信关系（@关系或#话题参与关系）为边分别构建信息传播网，通过计算网络密度检验不同网络模式的潜在共性和差异，计算网络中心性指标衡量不同属性用户在网络中的影响力差异，进而深入理解消费者的网络行为，为管理者制定复杂社交媒体营销策略提供决策支持。

管理人员决策支持方面，王雪秋（2021）以金融事件用户为节点、以转发评论关系为边，构建事件传播网络，通过计算平均路径长度、聚类系数与网络中心性指标来分析网络结构并识别网络关键节点，此外，构建高频词社会语义网络图对传播信息内容进行分析，由此从关键用户管控与信息内容管理两个方面为突发金融舆情事件的疏导提供决策依据。孙静（2021）通过深度剖析我国 PPP 项目实践过程中存在的问题，以项目治理机制核心要素为节点、以要素间互动关系为边构建关系网络，计算网络密度、凝聚子群、中心度与结构洞指标来探究整体网络层面的关系特性，有助于启发项目管理者优化治理决策、精准破解治理难题。Khan 等（2022）

基于推特数据构建投资者交流网络，通过分析网络结构、网络规模和个体社会关系对信息传播过程的影响，探讨了网络效应对社交媒体信息与投资者认知间关系的调节程度，从而帮助投资者获取决策相关信息。

　　大群体决策支持方面，由于决策成员意见的多样性，群体难以在保持决策质量的基础上短时间内达成一致见解。徐选华等（2019）通过挖掘公众关注主题将公众意见纳入群决策过程，在构建专家社会网络的基础上，计算各专家节点入度、出度与接近中心性指标来衡量专家重要性程度，充分考虑公众与专家意见，解决了针对大群体应急决策中参考信息不足和共识达成困难的问题。

　　上述研究表明，决策支持主体涵盖范围广泛，具体应用场景丰富，在社交媒体背景下，网络分析在决策支持方面的研究已较为成熟。

第 5 章

自然语言处理

社交媒体数据类型众多、内容多样，而文本是重要的社交媒体数据类型之一。为有效分析社交媒体数据，需要将其转换为可以分析的结构化形式。以语言为对象，自然语言处理能够利用计算机技术来分析、理解和处理社交媒体数据，帮助我们更好地建模和分析数据，洞察数据背后的价值。

5.1　社交媒体与自然语言处理

随着网络时代的到来和社交平台的更新换代，越来越多的人愿意将自己的所见所想发布在网络上与其他用户进行沟通、交流，同时也有许多新闻、公告等信息通过网络发布。社交媒体数据包含的内容丰富，可以在很大程度上反映现实社会中的实际情况，这也使研究人员更多地将其作为数据源，并结合不同领域的研究方法进行分析。

社交媒体数据形式多样，并且通常为半结构化和非结构化数据，人们无法使用传统方式对其进行信息提取。在半结构化和非结构化数据中，文本数据所提供的信息是最多的，提取也是最为困难的。随着计算技术的不断发展，自然语言处理技术应运而生，为分析半结构化和非结构化数据带来了极大的便利。目前，已有很多学者将自然语言处理技术应用到对社交媒体数据的研究中来。以网络舆情治理领域为例，安璐等（2019）借助 LDA 主题模型提取微博话题，利用话题的转发数、评论数、点赞数等指标分析同一话题下与不同话题间的行为规律。文宏（2019）利用自然语言处理技术，通过分词并去除停用词进行数据预处理，利用 TF-IDF 算法、LDA 主题模型等实现完整的主题挖掘，并通过基于朴素贝叶斯的机器学习分类法对所有评论进行情感计算，构建了网络群体性事件中网民对政府回应的反馈图谱。张谱等（2023）利用基于 BERT 微调模型的机器学习方法对微博数据进行了情感分析，探究了灾害舆情热度变化和情感强度变化。因而，借助自然语言处理技术对数据中的重点内容进行提取并转换为结构化数据，是后续进行社交媒体数据分析的基础。

5.2　自然语言处理的相关技术

5.2.1　文本预处理

（1）分词

中文分词指的是将一个汉字序列切分成一个一个单独的词。分词就是将连续的字序列按照一定的规范重新组合成词序列的过程。现有的分词方法可分为三大类：基于字符串匹配的分词方法、基于理解的分词方法和基于统计的分词方法。

基于字符串匹配的分词方法：通过扫描字符串，如果发现字符串与词相同，就说明两者相匹配，表明识别出了这个词。在进行分词时，需要加入一些启发式规则，比如"长词优先""最大匹配度"等。基于字符串匹配分词方法的优点是，速度快，时间复杂度是 O（n），实现简单，效果也比较好。缺点是对歧义和未登录词的处理结果不是很好。按照扫描方向的不同，字符串匹配分词方法可以分为正向匹配和逆向匹配；按照不同长度优先匹配的情况，可以分为最大（最长）匹配和最小（最短）匹配；按照是否与词性标注过程相结合，可以分为单纯分词方法和分词与词性标注相结合的一体化方法。

基于理解的分词方法：主要是让计算机通过对词、句子等的语义信息进行理解，达到识别词的效果，尽量处理歧义现象。它通常包括三个部分——分词子系统、句法语义子系统、总控部分，这类分词方法要求计算机拥有类似于人的理解能力，需要使用大量的语言知识和信息。但是中文语句具有难理解和复杂的特点，很难将各种语义信息转变成计算机可直接读取的形式，所以这类方法仍处于试验阶段。

基于统计的分词方法：基于人工标注的词性和统计特征，对给定的大量文本进行处理，即根据观测到的数据（标注好的语料）对模型参数进行训练。在分词阶段再通过模型计算各种分词出现的概率，将概率最大的分词结果作为最终结果，例如，最大概率分词法和最大熵分词法。常见的序列标注模型包括隐马尔可夫模型（Hidden Markov Model，HMM）和条件随机场（Conditional Random Field，CRF）。优点是能够更好地处理歧义词和未登录词问题，效果比基于字符串匹配效果好。缺点是需要大量的人工标注数据，分词速度较慢，如斯坦福中文分词器（Stanford Word Segmenter）。

Jieba 分词是国内使用人数最多的中文分词工具，Jieba 分词主要包括精确模式、全模式和搜索引擎模式三种，需要根据自己的分词目的进行选择。

精确模式：试图将句子最精确地切开，适合文本分析。

全模式：把句子中所有的可以成词的词语都扫描出来，速度非常快，但是不能解决歧义。

搜索引擎模式：在精确模式的基础上，对长词再次切分，提高召回率，适用于搜索引擎分词。

现有的中文分词也存在一些问题。首先，分词标准问题。在不同的分词工具中分词的标准是不同的，需要根据不同的需求选择不同的分词标准。其次，歧义问题。在处理同一个字符串时，分词结果有多个不同的含义而带来的歧义问题。最后，新词问题。新词就是未被词典收录的词，出现新词需要进一步考虑如何处理，必要时应该根据中文语言结构进行分词技术的改进。

（2）文本表示

文字是人类社会进行沟通、交流的工具，但是计算机并不能处理这些字符，所以需要通过向量化的方式将这些字符表示为数值。文本的向量表示是人工智能领域的一个重要研究方向。它是自然语言处理的开始环节，能够将文本这种非结构化数据处理成可以让计算机程序自动处理的向量化数据。文本表示主要分为离散表示和文本分布式表示两类。

离散表示方法包含热点表示、词袋表示、Bi-gram 和 N-gram、TF-IDF 四种方法。

热点表示：用到的方法是使用 N 位状态寄存器来对 N 个状态进行编码，每个状态都有它独立的寄存器位，并且在任意时候，只有其中一位有效。当语料库非常大时，需要建立一个很大的字典对所有单词进行索引编码。

词袋表示：文档的向量表示可以直接用单词的向量进行求和得到。横向来看，可以把每条文本表示成一个向量。纵向来看，不同文档中单词的个数又可以构成某个单词的词向量。具体实现可以采用 sklearn 中的 CountVectorizer。

Bi-gram 和 N-gram：与词袋模型原理类似，Bi-gram 将相邻两个单词编上索引，N-gram 将相邻 N 个单词编上索引。这种做法的优点是考虑了词的顺序，缺点是造成了词向量的急剧膨胀。

TF-IDF：代表了词语在当前文档和整个语料库中的相对重要性。TF-IDF 由两部分组成，第一部分是词语频率，第二部分是逆文档频率。其中，计算语料库中文档总数除以含有该词语的文档数量，然后再取对数就是逆文档频率。TF-IDF 算法的优点是简单快速，结果比较符合实际情况。缺点是单纯以"词频"衡量一个词的重要性不够全面，有时重要的词可能出现次数并不多。可以使用 sklearn 中的 TfidfVectorizer 生成 TF-IDF 特征。

文本分布式表示主要是指若干元素的连续表示形式，即每个词根据上下文从高维映射到一个低维且稠密的向量上，向量的维度需要人为设置。该方法考虑到了词与词之间存在的相似关系，每个词都可以利用周边词进行表示，大大减少了词向量的维度。文本分布式表示包括基于矩阵的分布表示、基于聚类的分布表示和基于神经网络的分布表示的三种方法。

基于矩阵的分布表示：通过构建一个"词—上下文"的矩阵，从矩阵中获取词的表示。在矩阵中，每行对应一个词，每列表示一种不同的上下文，矩阵中的每个元素对应相关词和上下文的共现次数。

基于聚类的分布表示：通过两个词语的公共类别计算这两个词的语义

相似度。最经典的方法是布朗聚类。布朗聚类是一种层次硬聚类方法，每个词都在且仅在唯一的类别中。

基于神经网络的分布表示：随着深度学习的不断发展，神经网络也被应用到文本向量表示当中。谷歌2013年提出的Word2Vec是目前最常用的词嵌入模型之一。Word2Vec实际上是一种浅层的神经网络模型，它有两种网络结构，分别是CBOW和Skip-gram。其特点是利用了激活函数中的非线性特点并且保留了语序信息。

（3）依存句法分析

依存句法指的是词与词之间的地位是不平等的，有处于支配者地位的，也有处于从属者地位的。依存句法通过这种依存关系来表达整个句子结构，句子中的所有词语根据依存关系构成一棵句法树，根节点为句子中的谓语（动词），其他成分与动词直接或间接地产生联系。依存句法分析可以分为基于规则的方法、基于统计的方法和基于深度学习的方法。

基于规则的方法：基于规则进行依存分析的基本思路是由人工组织语法规则，建立语法知识库，通过条件约束和检查来实现句法结构歧义的消除。早期的基于依存语法的句法分析方法主要包括类似CYK的动态规划算法、基于约束满足的方法和确定性分析策略等。

基于统计的方法：基于统计进行依存分析的方法主要包括生成式依存分析方法、判别式依存分析方法和确定性依存分析方法。生成式依存分析方法采用联合概率模型，生成一系列依存句法树并赋予其概率分值，然后借助相关算法将得分最高的结果作为最后输出。判别式依存分析方法采用条件概率模型，避免了联合概率模型所要求的独立性假设，寻找使目标函数最大的参数。确定性依存分析方法逐个取出候选词，且依照特定的方向移动，将其作为每次输入的词，并产生一个单一的分析结果，直至序列的最后一个词。

基于深度学习的方法：基于深度学习的依存句法分析将文本特征（词、词性、类别标签）通过词嵌入的方式进行向量化，并利用多层神经元网络提取特征。

5.2.2　语义分析

（1）主题模型

主题就是一个概念、一个方面。它表现为一系列相关的词语。例如，一篇文章如果涉及"医药"主题，那么与它有关的其他词，如"使用要求""注意事项"也会以较大的频率出现。如果用数学来描述一下的话，主题就是词汇表上词语的条件概率分布，与主题关系越密切的词语，它的条件概率越大，反之则越小。

在主题模型中，主题是以文本中所有字符为支撑集的概率分布，表示该字符在该主题中出现的频繁程度，即与该主题关联性高的字符有更大概率出现。在文本拥有多个主题时，每个主题的概率分布都包括所有字符，但一个字符在不同主题的概率分布中的取值是不同的。一个主题模型试图用数学框架来体现文档的这种特点。主题模型自动分析每个文档，统计文档内的词语，根据统计的信息来断定当前文档含有哪些主题，以及每个主题所占的比例。

隐含狄利克雷分布（Latent Dichlet Allocation，LDA）是一种具有概率分布主题性的文档排列模型。它能够将一个文档资料库中收集的每篇文档按照概率分布的形式给出。在训练时不需要手工标注训练集，需要的是每个训练项目文档集和指定主题的个数，是一种典型的词袋模型，即一篇文档由许多个词组成，词与词之间没有先后顺序。

（2）文本分类

随着信息的爆发式增长，人工进行数据标注的效率已经无法跟上使用数据的速度，质量也与个人主观意识相关联，最终导致标注的结果参差不齐。因此，利用计算机的快速计算实现对文本进行自动分类成为研究的热点。文本分类指的是按照一定的分类体系或标准，利用计算机自动对文本进行分类标记，这样可以大大提高分类效率，且计算机可以完全根除主观影响，提高了标注数据的质量和一致性。文本分类主要包括基于传统机器学习的文本分类和基于深度学习的文本分类。

基于传统机器学习的文本分类：结构较为简单，依赖于人工获取的文本特征，虽然模型参数相对较少，但是在复杂任务中往往能够表现出较好的效果，具有很好的领域适应性。此方法主要是先通过人工完成特征工程，完成文本预处理、特征提取、向量表示，再利用浅层分类模型进行文本分类。

基于深度学习的文本分类：深度学习模型结构相对复杂，不依赖于人工获取的文本特征，可以直接对文本内容进行学习、建模，避免了人工挑选特征的烦琐步骤，主要包括递归神经网络、多层感知机、循环神经网络等。

（3）情感分析

文本内容情感数据分析是一种利用数字自然语言处理和数字文本数据挖掘等技术，对那些带有强烈情感分析色彩的自然主观性语言文本内容进行情感分析、处理和数据抽取的技术过程。目前，文本数据情感挖掘分析学术研究已经涵盖了国内包括数学自然语言处理、文本情感挖掘、信息数据检索、信息数据抽取、机器语言学习和人文本体心理学等在内的多个研究领域，得到许多专家学者以及学术研究合作机构的高度关注，近几年已经发展成为数学自然语言处理和数学文本情感挖掘领域学术研究的热点问题之一。

情感信息分析研究任务按其处理分析的粒度大小可以划分为篇章级、句子级、词或词语级。现有的文本情感分析的途径可以分成四类：关键词识别、词汇关联、统计方法和概念级技术。关键词识别利用文本中出现的清楚定义的情感词进行分类，例如"喜欢""讨厌""开心""害怕""赞美"等。词汇关联除了识别影响词，还赋予词汇一个与某项情绪的"关联"值。统计方法通过调控机器学习中的元素，比如潜在语义分析、支持向量机（Support Vector Machine，SVM）、词袋等，进行情感分类。为了进一步探测情感持有者和情感目标，挖掘在某语境下的意见，需要深度解析文本，获取语法之间的关联性。概念级的算法思路权衡了知识表达的元素，比如知识本体、语义网络，从而识别到文字间比较微妙的情绪表达。

5.2.3　大型语言模型与自然语言处理

ChatGPT 和 GPT-4 等大型语言模型，不仅能高质量完成自然语言生成任务，生成流畅通顺、贴合人类需求的语言，而且具备以生成式框架完成各种开放域自然语言理解任务的能力。在少样本、零样本场景下，大型语言模型可获得接近乃至达到传统监督学习方法水平的性能，且具有较强的领域泛化性，对传统自然语言核心任务产生了巨大的冲击和影响（车万翔，2023）。

随着技术的发展和进步，深度学习能够帮助实现自然语言处理技术中的分词、词性标注、命名实体识别、语义理解等多项任务。循环神经网络、卷积神经网络、端到端记忆网络、双向编码器表示（Bidirectional Encoder Representation from Transformers，BERT）等方法均在自然语言处理任务中取得了较好的效果，并引领了大型语言模型的热潮。以 ChatGPT 为代表的大型语言模型，只需要将模型输出转换为任务特定的输出格式，无须针对特定任务标注大量的训练数据，就能够达到令人满意的性能，体现了大型语言模型在文本分类任务中强调语义理解能力和小样本学习能力的特点，也为社交媒体数据分析带来了显著的成本和性能优势。

5.3 自然语言处理在决策支持中的应用

随着社会信息的日趋复杂，大量信息为非结构化的文本，使决策者们对重要信息的提取能力不断弱化，从而导致无法快速地分析信息并及时作出决策。自然语言处理是计算机科学领域与人工智能领域中的一个重要方向，它的主要研究目标是人类如何能够使用自然语言与计算机进行沟通，其在许多领域中都展现出巨大的应用前景。借助自然语言处理将非结构化的社交媒体数据转化为结构化数据，从而利用计算机对大数据背后的隐性知识进行挖掘，辅助决策者完成高效率的信息获取、分析和有效决策。

在舆情治理决策方面，学者们利用自然语言处理分析社交媒体数据，研究网络舆情演化特征和规律，为政府有效引导舆情、解决公众问题提供有效依据。张琛等（2021）借助自然语言处理对文本语料进行热点话题的提取和情感倾向性的分析，并在时间和空间两个维度上分析用户的情绪状态，为重大公共卫生事件的舆情治理提供了新思路。卢国强等（2022）使用自然语言处理技术进行主题识别和主题相似度计算，综合主题自感系数、互感系数等指标，构建了微博主题影响力计算模型。卢国强等（2023）基于网络舆情的信息特征，采用自然语言处理技术将舆情信息客体与本体进行剥离，提出以舆情客体信息为参照基线的舆情本体演化强度来测度微博主题演化趋势的方法，提高了舆情主体分析的准确率。

在创新决策方面，学者们利用自然语言处理技术分析专利文本数据，提取专利结构和语义，发掘专利信息中的潜在知识，对企业创新决策、政府创新政策制定具有一定的借鉴价值。马铭等（2022）利用自然语言处理技术提取专利和科技论文中的语义信息完成技术主题识别，并借助机器学习与社会网络分析方法分析技术演化轨迹，成功解释了技术的发展历程，对技术演化趋势进行了预测。王康等（2022）通过构建专利融合的影响力、相似性和新颖性指标筛选出人工智能领域的重要专利对，并通过自然语言处理技术提取专利对及其施引专利的技术关键词，利用技术战略坐标识别颠覆性技术。周磊等（2023）借助文本相似性指标对照美国专利族与商品管制清单技术管制类别，实现了"卡脖子"技术识别，并利用机器学习算法挖掘"卡脖子"技术的关键属性，挖掘"卡脖子"技术主题及其演化规律。

在政府治理决策方面，采用自然语言处理技术和文献计量学等方法分析政策文件，有利于评价政策实施效果，掌握政策发展脉络，了解公众对政策的感知，从而为政府制定新政策提供科学依据。田沛霖等（2023）通过使用自然语言处理技术将政策文件进行分词和去除停用词的预处理，并根据高频词共现网络识别政策主题，从而完成各年份政策主题的脉络分析，探析我国乡村振兴的整体进程。段尧清等（2023）提取政策文本中的关键词并进行语义融合，进而构建数字乡村建设水平综合评价指标体系，并运用数据包络分析方法定量测度政策的有效性。金梦蕊等（2023）对数字乡村政策和数字政府政策的文本内容进行分词及主题词提取，将文本数据进行量化后对政策进行编码，利用灰色关联度模型，计算得到二者各维度的关联度，从而对数字政府和数字乡村的建设提出合理建议。

在电子商务决策中，自然语言处理技术也发挥了重大作用，通过分析产品评论，能够了解客户的态度和需求，进而为改进产品和服务决策提供支持。Agrawal 等（2020）通过自然语言处理技术，挖掘不同在线产品在YouTube 上的视频评论，对客户表达的情绪进行分析，以此预测潜在用户的购买意图，为网络零售企业改善营销策略提供决策依据。Zhuo（2022）基于产品的在线评论，构建 LDA 主题模型分析消费者需求，并采用模糊集方法构造一个新的消费者满意度模型，实现客户需求信息更准确和高效的提取。Wang 等（2022）通过 LDA 模型从在线视频的评论数据中识别主题，并使用双向长短期记忆网络（Bidirectional Long Short Term Memory Network，BLSTM）分析客户情绪，更好地帮助公司管理者和研究人员了解客户对产品的态度和看法，从而为产品的改进和更新决策提供支持。

　　自然语言处理技术往往不能直接应用于决策支持，然而通过自然语言处理技术对社交媒体数据进行预处理、文本挖掘、情感分析等操作往往是数据驱动的决策支持不可或缺的步骤，是后续决策模型建立和分析的基础。

社交媒体数据驱动的企业决策支持实践篇

　　社交媒体时代，信息呈现多渠道和知识分散化的特征，企业如何对待和处理这些信息，使这些有用信息转化为企业生产服务的创新源泉，成为企业亟待解决的问题。首先，企业由封闭式模式向开放式模式转变，通过开放式创新社区，聚集大量用户参与企业创新活动，能够获取有价值的知识资源和用户资源，为企业提供创意来源。其次，受信息扩散速度的影响，公司在面临重大或者突发事件时，往往更容易引发网络舆情危机。及时捕获并分析这些数据有助于企业危机的预警决策。最后，商务社交媒体是电子商务平台获取客户的重要平台之一，通过监测社交媒体数据，能够了解用户消费习惯、用户关注特征和用户需求，从而改进产品、实现产品精准推荐。

　　本书在社交媒体数据驱动的决策支持理论和方法的基础上，以企业决策支持情景为例，分别对企业创新决策、企业舆情危机预警决策和电子商务决策进行了探索研究。企业决策实践表明，社交媒体数据在企业决策支持变革方面具有重要的价值。不仅能够在知识发现和领先用户识别方面提供决策支持，改变企业的创新视角、创新模式及合作模式，增强企业使用外部数据开展创新的能力，而且能有效提升企业使用社交媒体数据进行危机预警的能力。此外，还能够在改进电子商务平台评价机制、用户需求获取和产品推荐方面提供决策支持，为精准定位用户和有效改善产品、服务带来有价值的帮助。

第 6 章

社交媒体数据驱动的知识发现决策支持

随着社区和用户的增多，信息超载导致企业无法有效全面获取用户创新知识。由于开放式创新社区用户和知识的独特性，如何挖掘用户生成内容为创新提供帮助成为企业面临的瓶颈问题。本书从知识类型角度出发，基于开放式创新社区的用户生成内容，提出了利用本体构建知识网络的方法，对创新需求、创新方案和创新主体知识进行多维分析和整合，帮助企业发现用户产品需求，突破解决方案瓶颈，筛选外部创新人才，助力企业开展开放式创新和知识管理。

6.1　开放式创新社区知识特征

与一般在线虚拟社区不同，开放式创新社区在知识和知识发现过程方面具有特殊性，对其知识发现和应用带来了挑战。

6.1.1　知识具有内隐性、原创性、专业性和多维性特征

内隐性：基于长期经验高度个人化的社区知识难以编码、储存和表达，造成知识发现困难。

原创性：用户进行独立思考后，通过公开方式真实地发布分享创新观点，故而社区知识具有较强的原创性。

专业性：用户拥有专业知识背景，在认知和技术层面拥有专业知识表达能力，因此社区知识具有专业性。

多维性：开放式创新社区中的信息能够从事实、技能和主体多个维度

反映创新知识。其中，创新需求反映了用户产品特征期望、产品偏好以及产品功能推荐等事实知识，是改善新产品设计和开发的主要依据；用户提出有价值的解决方案，涉及专业技能、技巧等方法，帮助企业突破创新各阶段技术瓶颈和障碍，所以创新方案从技能角度反映了创新知识；社区中用户是创新主体和知识的来源，拥有丰富的产品使用经验以及相关的专业知识，从事不同领域的工作，并且致力于分享、交流创意和想法，因此，用户从创新主体角度反映了创新知识。

6.1.2　知识发现具有复杂性

社区内用户数量剧增，涉及领域复杂多样，知识主体的知识储备不同，创新能力具有较大差距，使识别高价值有创新能力的用户的过程具有复杂性。社区中用户生成内容具有较强的随意性、模糊性和不确定性，从海量、碎片化、高度非结构化的用户生成内容中挖掘企业创新需求和解决方案，进一步增加了知识发现的难度。企业对创新主体、创新需求和创新方案的多方面需求导致企业从社区中进行知识发现的过程具有复杂性。

6.2　开放式创新社区用户特征

开放式创新社区用户具有外部化、类型多和知识难以获取三大特征，这些特征为了解和利用企业的知识资源提供了新的途径，同时也给分析和发现企业的知识资源带来了一定的难度。

6.2.1　企业外部用户是社区内创新主体

开放式创新社区存在以企业内部用户为代表的企业创新团队和平台管理者，以及以消费者用户为代表的领先用户、产品需求用户及资源用户。根据知识创造理论，在新产品开发过程中，开放式创新社区内的创新主体是企业外部用户，其中专家在社区内知识贡献度较大，他们以创新为理念，注重思考、实践和分享，自我满足感、社会认同感以及兴趣是其知识输出的主要动机。产品需求用户及资源用户，一般只为解决自身产品购买、使用的问题而参与社区知识互动过程，虽然较少参与知识创新过程，但他们的需求能够影响到企业产品研发、设计、销售等环节，能够了解到产品的不足及未来技术优化方向，在一定程度上引导知识创新的趋势。

6.2.2　用户类型多种多样，创新能力差异较大

开放式创新社区内用户类型繁多，将用户进行分类管理能够最大限度地发挥知识创新主体的集体智慧，以增加企业创新的预期收益。开放式创新社区主要包括核心用户、积极社交用户、魅力社交用户、积极创新用户、有效创新用户和边缘用户几种类型。其中，核心用户创意质量和积极性低，但互动的贡献度较高，是社区中的大多数；积极社交用户评论其他用户创意的积极性高，提交的评论数最多；魅力社交用户创新的贡献度偏低，但创意内容能获得较多其他用户的评论；积极创新用户发布创意积极主动，但能力受限，创意质量不高；有效创新用户创意质量很高，发布的创意能够吸引较多其他用户对其进行评论，但积极性不高；边缘用户创新的贡献度和社区互动贡献度都很低，创新价值不高。

6.2.3　用户知识多为隐性知识，难以获取

隐性知识是指存在于用户个体和企业内部各级组织中的难以言明、不易交流和共享的尚未编码化的知识。相比之下，企业隐性知识不易于被竞争者模仿和学习，对于企业的长远发展更为重要，它是企业核心竞争力的重要体现。开放式创新社区内隐性知识的主要载体是企业外部用户，尤其是价值较高的领先用户。隐性知识最明显的特点就是主观性、随意性和模糊性。因此，对社区隐性知识进行挖掘发现可以转化为对社区内领先用户的识别和获取。领先用户具有高水平专业认知，通过对产品进行选择、比较、权衡，对信息进行提取、过滤、加工，进行推断性的思维活动，产生对新产品功能、外形的创意想法，存储起来形成隐性知识。

6.3　社交媒体数据驱动的知识发现

为了有效利用开放式创新社区中的数据，必须充分考虑社区用户和知识的特征，充分面向社区中的不同类型用户，从知识的创新需求、创新方

案和创新主体三个维度开展社交媒体数据驱动的知识发现，为企业创新决策提供更高水平的知识发现决策服务。

6.3.1　知识网络概念图

开放式创新社区知识和用户特征决定了利用简单的词频、分类、聚类等挖掘方法不能有效地为企业提供具有创造性的知识。企业产品创新过程实际上就是新知识创造过程，新知识是隐性知识和显性知识交互的产物，同时也是各种类型知识整合的结果。根据开放式创新社区中用户和知识的特征，基于本体构建开放式创新社区知识网络，其概念如图 6-1 所示。知识网络由创新需求、创新方案和创新主体构成。从知识的内隐性、多维性角度来看，本体工具可以将异质性的创新主体、创新需求和创新方案进行结构化表达，使模糊知识清晰化，易于企业产品开发使用。

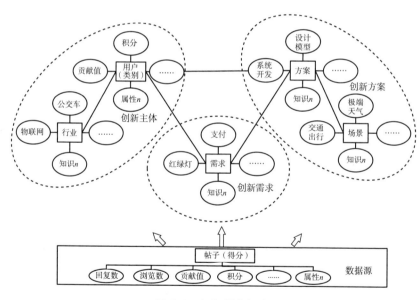

图 6-1　知识网络概念

本体可以通过定义类、定义对象和数据属性对知识进行编码，将难以呈现的内隐性知识转化为结构化显性知识，通过本体知识网络可视化呈现出来。本体知识网络可以将异质性的文本、个体和知识元整合关联起来，用户生成内容（帖子）可以看作是文本，创新主体看作是个体，创新需求和创新方案可以看作是知识元。其中，帖子具有浏览数、回复数、贡献值和积分等属性，根据浏览数和回复数等属性能够实现帖子知识质量的评估。

从知识多维性的角度来看，创新主体包括行业和用户，注重从不同行业的角度分析创新主体知识。其中，用户包含积分和贡献值等属性，由于用户行为数据可以量化创新能力，因此利用积分和贡献值等用户属性能够实现对创新主体的创新能力评估和用户分类。行业从用户生成内容中提取，体现了用户的领域特点和行业中的创新需求。创新需求真实地描述了目前存在的产品需求问题以及期待未来企业创新的产品和服务。创新方案由方案和场景组成，主要关注不同场景下创新方案的可行性以及适用性，是企业解决瓶颈问题、探索不同创新手段和方法的参考依据。

从知识间关联关系角度来看，创新需求来自创新主体，反映了知识的需求关系；创新主体为企业或其他用户提供创新方案，反映知识的供给关系；创新方案可以解决创新需求，反映知识的供需匹配关系。

6.3.2　知识发现流程

开放式创新社区知识发现流程主要包括社交媒体数据采集和处理（其中包括预处理、创新需求和创新方案提取、行业领域知识提取、帖子质量和创新主体能力评价）、知识网络构建和知识网络多维分析三个步骤。首先，用户通过开放式创新平台参与企业创新，产生的用户生成内容含有大量的内隐性知识，采集社区中用户发表的帖子，主要对帖子内容碎片化后再整合，对用户行为信息进行处理。其次，针对知识集合，利用本体建模方法构建知识网络，实现创新知识可视化分析。最后，通过对整体知识网络进行分析和从创新主体、创新需求和创新方案三个知识类型维度对企业知识进行发现、整合分析，为企业在创新过程中建立企业产品方案库、产品创新需求库和外部创新人才库完成新产品创新提供知识基础。详细步骤如图6-2所示。

6.3.3　社交媒体数据采集和处理

（1）社交媒体数据采集

通过Python编写爬虫，从开放式创新社区中获取用户内容数据和用户基本数据。具体采集的数据包括帖子内容、帖子评论数、帖子浏览数、

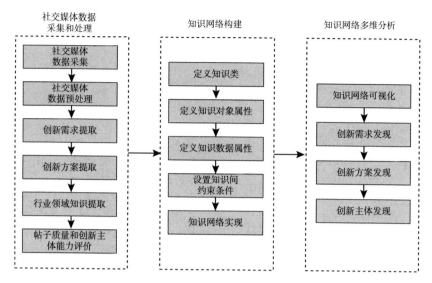

图 6-2　社交媒体数据驱动的开放式创新社区知识发现流程

用户贡献值、用户积分等。利用自然语言处理技术和机器学习等方法，完成用户内容数据和用户基本数据处理两个过程，将非结构化数据进行系列处理，为挖掘其中的潜在知识打好基础。

（2）社交媒体数据预处理

预处理主要包括删除无效帖子、分句、词库构建和应用场景属性处理等工作。

第一，删除无效帖子。将帖子进行去重处理，删除信息不完整的文本。

第二，分句。很多优秀的开放式创新社区对用户发帖有一定的格式要求，以华为产品自定义社区为例，"问鼎专家"帖子要求按照以下特征词的格式进行编辑：〈行业领域〉〈场景描述〉〈需求/困难/挑战〉〈解决方案〉。为了获取不同维度的知识，将用户的每个帖子按照行业、需求、场景和方案切分成不同的句子。文本分句目前主要通过正则表达式匹配进行分割，使用的分句标识是标点符号。但通过标点符号进行分句时，不能根据文本语义内容进行分割。需要进一步借助帖子的格式特征词作为分句标识根据内容进行分句。

第三，词库构建。帖子题目具有高度概括的特点，是整个帖子的精华，并且包含领域中的专业知识等词语。为提高知识提取的准确性，要利用 Jieba 分词工具将帖子题目进行分词作为自建词库。

第四，应用场景属性处理。目前，应用场景的定义和界定没有统一的标准。在社区中，包含场景的句子表达复杂多样，利用现有的自然语言处理技术无法有效地提取场景知识。在本体建模时，将场景作为帖子的属性处理，通过观察该属性可以更清晰地分析社区知识。

（3）创新需求提取

企业针对需求进行产品创新，但用户对同一需求的表达各不相同。为了识别相同含义的需求，使企业更快速地过滤模糊信息从而准确地获取创新需求，将包含需求/困难/挑战的文本进行聚类。利用 TF-IDF 算法和 TextRank 算法相结合的方式提取需求文本关键词，每个帖子分别利用两种算法提取 Top $K=N$ 个关键词，共 $2N$ 个词组成一个集合。然后对所有帖子的关键词集合聚类，采用 K-means 文本聚类算法，测试不同 K 值的聚类效果，并根据聚类效果评价函数来确定 K 值。由于需求同关键词一样有高频与低频之分，所以，与一般文本聚类不同的是需求聚类需要反复进行迭代聚类，每次迭代只留下聚类效果最好的数据，将剩余数据再次聚类，最终确定所有的需求类别。

（4）创新方案提取

数据分析显示，很多帖子题目包含建立、开发、建议等特征词，是解决方案相关知识点的高度总结概括，这就需要从两个方面对创新方案进行提取。一方面，通过开发、构建、系统、基于、建设、建立、研发等特征词对帖子题目进行处理，若题目中含有以上关键词，则将帖子题目进行去停用词后作为方案知识。另一方面，若不包含上述特征词，与"创新需求提取"方法类似，则对其包含解决方案的句子进行处理，可以有效地实现解决方案的语义表达。

（5）行业领域知识提取

包含行业领域的文本结构和简单表达，通常是以词组的形式存在，不需要进行分词处理，所以，对行业文本进行去重后，直接作为知识网络中行业领域知识。

（6）帖子质量和创新主体能力评价

社区用户发布的帖子知识含量与质量各不相同，可以用帖子评论数和浏览数进行质量评估，如公式（6-1）所示。

$$P_s = w_1 B + w_2 C \qquad (6-1)$$

其中，P_s 表示帖子得分，B 表示浏览数，C 表示评论数，w_1、w_2 分别表示对应的权重。由于评论所付出的人力成本更大，所以 $w_1 < w_2$。

通过统计帖子得分，取排名前30%的帖子得分作为阈值 A，得分超过阈值 A 的帖子确定为高质量帖子。通过这个方法能够帮助企业快速发现知识网络中高质量的帖子，方便企业对其进一步地挖掘和提取知识。

为了准确评价用户创新能力，根据用户行为信息，选择贡献值和积分作为用户评估指标，利用 K-means 算法对用户进行聚类分析，将创新主体分为核心创新用户、核心活跃用户、普通创新用户、普通活跃用户四类，使企业能够有针对性地挖掘社区创新知识，更好地对企业外部用户进行管理。

6.3.4　知识网络构建

知识网络构建是实现开放式创新社区知识发现和多维分析的基础。基于本体的知识网络构建包括四个步骤：定义知识类、定义知识对象属性、定义知识数据属性、设置知识间约束条件。根据数据信息和研究目的定义五种基本类和对象属性，为进一步体现知识的专业性，定义知识数据属性，设置知识间约束条件，部分如表6-1所示，具体说明如下。

表6-1　本体知识概念定义

类	说明	对象属性	说明	数据属性	说明	约束条件	说明
Post	帖子类	is_posted_by	被发布	comment	评论数	disjoint with	互斥
User	用户类	exist	存在	browse	浏览数	int	整型
Field	行业类	have	拥有	scene	场景描述		
Solution	方案类	solve	解决	contribution	贡献值		
Demand	需求类	related	关联	score	积分		

（1）定义知识类

根据数据信息和研究目的，定义五种基本知识类：帖子类（Post）、用户类（User）、行业类（Field）、方案类（Solution）、需求类（Demand）。

（2）定义知识对象属性

对象属性是链接知识类的一个桥梁，它可以描述不同知识之间的关系。设置帖子类为知识主类，其他知识类为辅类，利用帖子类将其他知识类链接起来从而形成知识网络。这里定义五种对象属性：被发布（is_posted_by：帖子被用户发布）、存在（exist：行业领域存在哪些需求）、拥有（have：行业拥有哪些用户）、解决（solve：解决方案可以解决哪些需求）、关联（related：行业领域、需求、解决方案与哪些帖子有关联）。

（3）定义知识数据属性

数据属性表示对知识的进一步解释，包括名称、数据类型、描述等方面。定义知识的两种数据属性：一种是帖子的数据属性，包括评论数（comment）、浏览数（browse）、发布时间（date）、场景（scene）；另一种是用户的数据属性，包括贡献值（contribution）、积分（score）、等级（level）、发帖数（post_sum）、回复数（reply）、好友数（friend）、签到数（sign）。

（4）设置知识间约束条件

设置知识类之间的约束关系，帖子类和其他知识类之间的约束关系是"disjoint with"，表示帖子类与其他知识类之间没有交集，是互斥关系。设置对象属性之间的约束关系，主要设置对象属性定义域与值域之间的关系，如 is_posted_by 的定义域是 Post 类，值域是 User 类；设置数据属性约束关系，主要是设置定义域与值域，定义域为某一种知识类，而值域则是某一种数据类型。如 comment 的定义域是 Post 类，而值域是 int 数据类型。

（5）知识网络实现

利用本体建模工具 Protégé 和 Eclipse 开发平台，通过 OWL 本体建模语言，人工批量导入知识实例，并且以帖子为核心关联其他知识实例完成整个知识网络的构建。

6.3.5　多维分析

基于构建的知识网络能够实现概括性和全局性的知识发现，较好地呈现创新社区的创新主体、创新需求、创新方案，以及创新知识的供给、需求和匹配关系，是企业全面准确把握社区知识特征、挖掘创新知识的基础，实现了全面刻画知识的原创性、专业性和多维性，帮助企业挖掘创新需求、提供产品研发方案和寻找领域专家的目的。

（1）创新需求发现

随着协同编辑社交媒体的发展，用户的需求呈现快速多变的特点，新产品创新的基本前提是在产品开发之前需要充分了解用户需求，根据用户需求才能开发用户满意、具有市场潜力、符合市场趋势的产品。

用户通过开放式创新社区参与企业创新活动，根据产品使用体验提出针对性改进意见，为了满足自身更高的产品使用体验提出新产品的创新需求，因而企业能够通过知识发现挖掘用户生成内容，发现用户创新需求。行业领域中需求数量越多，表明目前用户越关注该行业，该行业中亟待解决的问题越多，用户更有兴趣参与该领域的知识创造过程。同类需求提出的用户越多，表明该需求越迫切，该类需求则为企业产品研发指明了方向。企业应该注重从产品行业领域的角度增加更多创新活动，从而获取更多体现未来市场发展趋势的创新需求。

（2）创新方案发现

创新方案帮助企业解决迫切需要突破的瓶颈，可以为企业创新提供方向和思路。基于本体的知识网络建模方法可以将创新方案和创新需求联系起来，实现知识的供需匹配。

首先，通过搜索创新需求关键词，发现与特定创新需求有关的创新方案，一般一个创新需求会对应多个创新方案，问题的解决往往是多种创新方案知识间相互融合的结果。其次，创新方案知识可以为企业快速提供创新思路，减少了企业制定后备方案的时间成本，这是企业整合外部资源最直接的价值体现。最后，企业创新是一种持续性活动，需要对外部用户提出的创新方案知识加以总结归纳，形成企业创新方案知识库，缩短企业内部员工方案搜索的时间，是一种减少知识浪费的有效方法。

（3）创新主体发现

用户作为开放式创新社区的创新主体，是企业外部重要的创意来源。

用户作为社区内的知识主体,识别拥有丰富知识的创新主体有助于企业选择创新伙伴、储备创新人才。核心创新用户和核心活跃用户是两类高价值创新主体,核心创新用户是企业获取创新知识的关键用户,企业应该高度重视对他们创新知识的挖掘与管理。核心活跃用户具有较强的创新积极性,在社区中属于比较活跃的用户,企业可以将管理员或者版主的职务分派给核心活跃用户,让他们带领其他非活跃用户积极参与企业创新过程。通过知识网络可以获取相关行业领域的创新主体,并进一步分析不同创新主体的数量,以及该领域的创新主体特征。行业领域中的核心创新用户是该领域的领先用户,企业应该注重与核心创新用户的互动,实现产品创新的高效研发。

6.4 华为产品定义社区知识发现

6.4.1 华为产品定义社区数据采集与预处理

选取华为产品定义社区作为数据来源,采集社区中交通行业圈 2017 年 3 月至 2018 年 12 月所有帖子和用户信息共 6198 条。经过数据去重与字段筛选最终选取 2794 个问鼎专家帖子作为本书的实证数据。

利用公式(6-1)计算帖子质量,排名前 30% 的帖子分数为 6.95,据此设置高质量帖的阈值为 6.95。选取贡献值和积分这两个指标对创新主体进行分类,贡献值侧重于创新主体的创新能力,而积分更侧重于创新主体的创新参与积极性。利用自然语言处理技术对帖子依次经过分句、分词、去停用词提取关键词/句,挖掘需求、方案、场景、行业、用户多维知识,形成创新需求、创新方案和创新主体知识集合。

6.4.2 华为社区"交通行业圈"知识网络构建

利用本体工具 Protégé 定义知识类、知识对象属性和知识数据属性完成整个知识网络框架的搭建。分别设置类、对象属性和数据属性的约束条件,细化知识网络中各知识点之间的关联关系。利用 OWL 语言和 Eclipse 平台导入知识实例,最终整个华为产品定义社区的"交通行业圈"知识网络中共包含 2794 个创新方案、112 个创新主体、59 种创新需求。

相较以往研究通过关键词、高频词网络的表现方式，利用本体构建知识网络的方法更能全面展示社区创新知识。以帖子为知识主类，将用户、行业、需求和解决方案关联起来，形成整体知识网络。首先，在整体知识网络中可以发现产品创新所涉及的不同行业领域的知识，这些多学科领域交叉的知识是企业需要重点整合的知识资源。其次，知识网络可以体现出用户需求以及对应的解决方案，通过挖掘创意知识之间的关系建立企业创新知识库，提高企业内部人员对知识的使用效率。

6.4.3　华为社区"交通行业圈"知识发现分析

（1）创新需求

通过知识网络呈现的方式挖掘用户意见和创新需求，将华为社区中用户生成内容从知识的角度剖析出来，发现交通行业圈共包括 59 种创新需求，如图 6-3 所示。

图 6-3 分析表明，社区创新需求基本涵盖了日常生活中交通领域的所有产品需求，可以归纳为交通工具、支付方式、智能设备、交通安全四大类。华为社区交通领域中需求数量较多，表明目前用户在出行过程中遇到很多问题，存在较多的迫切需求。例如，刷卡支付仍然是目前主流的交通支付方式，然而手机支付渐渐取而代之。社区很多用户提出能否利用人脸识别技术实现交通支付，显然这是一个创新需求。从应用价值上来看，刷脸支付可以有效解决上下车拥堵问题，尤其可以大大减少乘坐地铁进出站时间，具有较高的应用价值。从技术层面上来看，人脸识别技术已经在很多领域实现应用，诸如高校图书馆，说明已经拥有核心研发技术基础。因此，华为可以抓住此类创新需求，研发适用于交通行业的人脸识别系统。在创新过程中，由于创新主体对此类产品的需求比较迫切，用户更有兴趣参与该领域的创新活动，企业应该注重从产品行业领域的角度发现创新需求，从而获取更多有价值的知识。

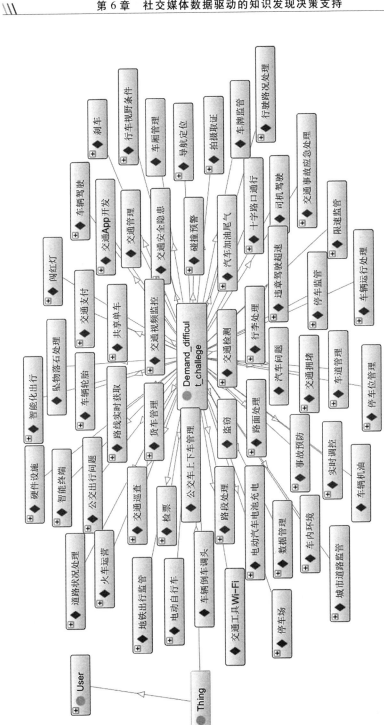

图 6-3 "交通行业圈"创新需求

（2）创新方案

选取提出创新方案较多的"闯红灯"问题，如图 6-4 所示。

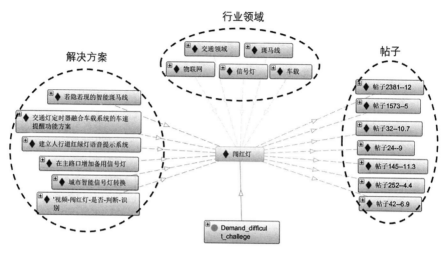

图 6-4　"闯红灯"创新方案（部分）

有较多用户提出如何解决闯红灯问题的创新需求，说明闯红灯问题已经在交通行业圈引起了广泛的关注，并且涉及多个行业领域，是华为亟待解决的问题。华为会针对此问题给出解决方案，此时最快捷的方式就是通过知识网络获取解决思路和方向。分析可知，用户给出了多种创新方案来解决闯红灯问题，如建立智能信号灯、设计智能斑马线、开发交通灯定时器融合系统、安装人行横道语音提示装置等，企业将这些创新方案知识进行归纳整理，制定企业创新方案，形成企业创新方案知识库，这些创新方案知识将是企业研发产品解决问题的理论基础，是突破创新瓶颈的有力保障。为了解决"中国式过马路"问题，目前上海已经在主要路口安装了类似语音提示的装置，行人过马路的时候通过语音提醒行人要遵守交通规则，这说明用户的创新方案有较高的参考价值，华为可以从中获取具有创新性的启发。同样地，同一个创新方案也可以解决其他相似的需求。随着技术的发展和知识的积累，华为可以通过不断创新实现创新主体所提出的创新方案。

（3）创新主体

高价值的创新主体可以从知识质量和用户行为两个角度分析。首先，分析可知核心创新主体知识质量呈现两极化分布，这是由于创新主体参与华为产品创新时侧重点不同，知识含量丰富的创新主体主要从知识输出的角度参与创新，而其他用户通过提高参与次数积累活跃度，因而忽略了创新知识的表达。其次，通过分析用户行为数据发现华为社区两类高价值创新主体——核心创新用户和核心活跃用户。核心创新用户主要从事人脸识别、手机 NFC、物联网等领域的创新活动，这些行业都需要较多的专业性知识，华为在进行有关产品开发时，可以增加与核心创新用户的互动次数，在提高创新效率的同时降低专家获取成本。核心活跃用户则主要从事交通等贴近生活的行业，他们的知识原创性和专业性不足，但从行为数据可知他们在参与企业活动过程中相当活跃。华为在建立圈子、总结归纳圈子信息、发布创新公告时，可以招募核心活跃用户作为管理员，辅助华为激发高价值用户的活力。

通过创新需求、创新方案、创新主体以及它们之间的关联关系针对华为社区中的用户生成内容构建创新知识网络，从而将社区碎片化知识进行整合，为华为提供全面和直观的用户知识分析，为华为有效利用开放式创新资源提供可靠的研究思路。

6.5　社交媒体数据驱动的知识发现决策服务

社交媒体数据驱动的企业知识发现方案，首先，通过获取开放式创新社区数据，进行数据预处理，利用自然语言处理方法挖掘不同类型的知识，形成本体构建所需要的源数据；其次，通过定义类、定义对象属性、定义数据属性、设置约束条件构建本体知识网络；最后，从创新需求、创新方案和创新主体多维度分析社区知识。该方法从企业创新迫切需要的外部用户、用户需求和解决方案角度，综合分析开放式创新社区知识，从而为企业创新提供更加全面和有效的支持。

开放式创新社区作为目前企业使用较多的虚拟创新社区，为企业创新提供了创新需求、创新方案和创新主体多维度的知识。为了有效利用这些知识，企业应制定社交媒体数据驱动的知识发现方案，及时监测企业不同技术领域的社区知识，通过知识网络的构建，有效地将创新需求、创新方案和创新主体三者结合起来，发现用户产品需求，把握市场趋势，将产品供需相结合。企业在创新过程中遇到问题时，可以在社区发布需求公告，寻求用户创新方案，激发企业创新灵感，帮助企业突破瓶颈；企业在寻找创新联盟时，可以增加创新活动和用户参与机会，引导和促进用户共享知识行为，将核心创新用户纳入人才库，形成基于共享知识的创新伙伴关系，持续为企业新产品开发创造新的知识。

第7章

社交媒体数据驱动的领先用户识别决策支持

知识基础观认为，知识已成为企业创新并维持竞争优势的关键性资源。企业建立开放式创新社区吸引外部用户参与创新，不同领域领先用户能够有效拓展企业知识基础的广度和深度。如何准确识别创新社区不同领域领先用户成为企业寻求外部知识资源进行开放式创新的关键问题。本书首先利用 LDA 主题模型提取用户主题构建用户知识二分网络，其次融合领先用户知识结构特征和传统个体属性特征，提出基于指数随机图模型（ERGM）的链路预测方法识别不同领域的领先用户。华为产品定义社区的实证研究结果表明，社交媒体数据驱动的领先用户识别决策支持方法，能够解决企业根据领域选择不同领先用户的需求，并且与传统链路预测方法相比，提高了识别精度。

7.1 基于 ERGM 的领先用户识别原理

7.1.1 用户与知识具有二分网络关系

相对于单分网络，二分网络不仅是复杂网络中重要的表现形式之一，而且在现实社会复杂网络中具有普遍性，已经成为复杂网络的重要研究对象。二分网络由两部分不同类型顶点构成，同一类型部分的两个顶点不相连。在现实社会中，许多复杂网络都自然地呈现二分结构。例如，作者与文章的发表网络、演员与影视作品的合作网络、投资者与股份制公司的投资网络、疾病与基因的作用网络、俱乐部成员与俱乐部举办活动的参与网络、观众与歌曲的喜好网络等。目前二分网络在学术圈的探测、推荐系统及链路预测等方面都有很多重要的应用。

开放式创新社区中用户与知识间关系就是一种典型的二分网络结构，用户在社区中参与企业创新，通过发帖回复、分享、沟通等多种贡献行为创造和吸收社区知识。已有研究表明，用户的知识能够反映其产品创新的能力，有必要研究社区用户与知识间关系，从而为企业识别高价值用户，帮助企业完成创新。为此，可以将用户和知识抽象为两种不同类型的节点集合，将用户与知识间关系抽象为边，构建用户—知识二分网络研究开放式创新社区内领先用户识别问题。而二分网络属于社会网络研究范畴，寻找合适的社会网络分析方法成为解决领先用户识别的关键。

7.1.2　基于 ERGM 研究社会网络的适用性

7.1.2.1　使用统计数学模型研究社会网络的优势

基于人或者组织的社会属性数据往往包括性别、年龄、收入、态度、观点、倾向、行为等，人或者组织被看作是各个孤立的点，其观测值之间是相互独立的，满足一般线性模型使用的前提条件，其处理方法是在个体水平上关注个体属性之间的关系，进而来进行推断研究。

对于涉及相互依赖的个体之间的关系，比如用户与知识间的关系，常规的线性处理模型无法满足其数据处理的需要。很多已知的研究方法虽然能够处理相互依赖的个体之间所组成的网络，包括网络属性的测量、节点属性的测量，以及子网络属性的测量，例如密度、中心度、邻近度等。这些方法和指标能够帮助很好地理解网络属性，但是还远远达不到刻画其复杂动态特性的目标，为了实现这个目标，人们探索通过统计学的方法来对其进行建模，并刻画特定的二分网络结构和属性。网络统计建模，能很好地解决开放式创新社区用户知识网络中的以下问题。

（1）结构参数化

由于社区内用户行为的复杂性与随机性，只有通过统计建模的方式，才能发现用户—知识二分网络中规则性的内涵，同时也容易理解其中的易变性。

（2）结构化推论

统计模型能够通过模型中的少量参数来推断用户—知识二分网络的某些特定结构，依据提出的假设，推导出结构的属性。通过社区内真实观测网络的统计建模来分析用户与知识间的结构，要比随机所看到的期望结果更有普遍性。

（3）结构同构性

在特殊情况下，不同的社会关系可能催生相似的网络结构，因此，研究用户与知识形成的网络结构时，要考虑是内在因素的结构影响还是全网节点范围的同构作用，只有通过详细的定量模型才能进一步刻画和评价用户—知识二分网络的特性。

（4）结构复杂性

良好的开放性导致整个社区中存在复杂的社会关系，用户—知识二分网络结构越复杂，越需要统计模型建模，通过这种模型，才能获得有效的网络特性表达。

（5）局部与全局的可表示性

传统的研究方法是通过调研和抽样的方式，研究局部处理过程与模式能否代表全局整体特性的问题，但面对社区海量数据，只有通过可计算、定量的仿真方法，才能很好地研究用户—知识二分网络中的局部模型，跨越宏观与微观的界限。

7.1.2.2　ERGM 是一种基于统计的社会网络研究方法

ERGM 从统计学的角度来进行网络属性测度，可用于社会网络的直接建模，其所测量的网络属性，可以理解为是驱动网络形成的假设，可以通过不同的典型指标来理解说明。例如，"传递性"用来解释三个节点彼此链接的状态，能够研究类似于"朋友的朋友是否更容易成为朋友"这样的问题。

相较于直接测量网络的属性，如网络密度，典型指标的测量是基于统计的指标，它所提供的结果为是否发生的概率，这样就可以加入其他因素的影响。同时，典型指标是驱动网络自身形成的核心概念，能够反映网络中的潜在特性，而这些潜在特性就是驱动网络形成的动力。在基于 ERGM 的关系网络研究中，首先要区分两个概念——社会选择模型和社会影响模型。

（1）社会选择模型和社会影响模型

社会选择模型：该模型中，特征参数是用来解释节点间的链接形式，用来解释网络链接的形成。通俗来讲就是节点选择它们的链接节点，即用户节点选择知识节点构成链接关系，该模型能够探究用户与知识间的选择过程，从微观的角度来看，主要研究网络拓扑结构的影响。

社会影响模型：该模型中，需要解释的参数是网络中一些节点的属性，这些属性是非独立的、相关的参数。因此，利用该模型能够研究用户—知识二分网络中基于链接和其他属性的分布，解释一些特殊的属性，如用户的贡献行为。从微观的角度来看，主要研究节点属性的影响。

社会选择模型将用户与知识间链接看作是非独立的参数，社会影响模型将节点属性看作是非独立的参数，两种 ERGM 模型的主要作用是能够评价链接的作用，还有节点及其邻近节点属性的作用。在对网络建模过程中，二者分别侧重于关系网络的不同方面，将社会选择模型中的链接关系和社会影响模型中的节点属性统一纳入 ERGM，综合考虑它们的影响作用在实际应用中更有意义。因此，基于上述两个模型，研究在网络拓扑结构和节点属性的共同作用下领先用户识别的相关问题。

（2）ERGM 应用于社会网络方法步骤

开放式创新社区中用户与知识形成的二分网络，被称为观测网络，在对观测网络建模后，观测网络可以被视为一系列具有相似特性网络的一个具体实现，是由随机过程产生的结果。构建模型的目的就是为这个随机过程提供一个合理、理论上的原则性假设。基于 ERGM 研究社会网络的步骤如下。

步骤一：把每一个网络链接看作是随机变量。通过假设用户与知识间的链接为随机变量，不考虑特定方式下形成的关系。

步骤二：定义相关性假设。一种相关性假设定义了一种网络变量中的偶发事件。假设包含了可以产生网络的局部社会化过程，即用户与知识间是否会形成链接是相互独立的，但这通常是存在问题的。例如，具有相同属性的用户可能拥有相同的知识，这个过程中就存在二元依赖关系，可能也会受到其他同构因素和节点属性的影响。相关性假设意味着模型的一种特殊形式。合适的相关性假设就是一类特殊的模型，每个参数对应一种网络构造，网络构造是指可能的网络链接的一个子集。这些构造能够描述用户—知识二分网络的结构特征。

步骤三：通过同构属性或者其他限制条件来简化参数。为了更清楚地定义模型，需要通过同构性假设减少参数的数量。

步骤四：模型参数的估计和解释。在特定用户与知识间关系的研究中，需要对模型参数进行估计和解释，目的是确定模型拟合的网络能否很好地表示观测网络，如果模型的效果是良好的，就能够进一步解释用户与知识间关系形成的内在机制。

7.1.3　基于 ERGM 的链路预测算法

网络中的链路预测是指如何通过已知的网络节点以及网络结构等信息预测网络中尚未产生连边的两个节点之间产生链接的可能性。这种预测既包含对未知链接的预测也包含对未来链接的预测。上述两个问题，都可以用 ERGM 的方法来预测。利用观测网络和一些相关的参数，可以很快地构建观测网络的模型，然后估计所有的网络结构和参数。根据模型，能够计算每条边链接变化的统计，利用推导后的条件概率公式，进一步得到链接产生的概率。另外，如果一个新的网络和观测网络具有相同的属性和内在层次结构，那么通过 ERGM 算法的仿真，还可以预测出新网络中的链接。由于 ERGM 是一个多层次的方法，模型可以同时包括节点属性的主要因素、节点属性间的类似因素、网络结构以及其他关系，从而使生成的模型更为合理。相比传统方法减少网络信息丢失，ERGM 能够较好地预测节点间未来链接的概率。

基于指数随机图模型进行领先用户识别的思想是：网络中所有的边和节点都会影响最终形成的真实网络，即真实网络中节点是否真的倾向于选择相互关系、相互链接的结构特征，是个体间相互选择的社会过程的结果，即所有用户、知识以及用户与知识间的关系都会影响社区内用户—知识二分网络的形成。可能形成的用户—知识二分网络，以及在一定的模型下它们形成的概率，可以通过节点构成的所有可能图集合的概率分布进行表达；而指数随机图模型是把真实用户—知识二分网络作为向导来获得最佳参数值，从而确定影响图集合概率分布参数的一种方法。如果真实用户—知识二分网络结构发生变化，那么概率也会发生变化，因此，可以通过人为地去掉边，构造出不完整数据集，计算用户与知识间的链接概率。链接概率能够反映用户的知识水平和创新能力，根据用户与知识的平均链接概率识别社区内领先用户。

7.2   社交媒体数据驱动的领域领先用户识别框架

用户在开放式创新社区参与企业创新，通过发帖回复、分享、沟通等多种贡献行为创造和吸收社区内知识，这些知识能够反映用户的主要研究领域。用户与知识间关系是一种典型的二分网络结构，由于用户从事不同的研究领域，具有不同的知识广度和知识深度，相应也具有不同的知识结构，因此可以将用户和知识抽象为两种不同类型的节点，将用户与知识间关系抽象为边，通过链路预测的方法研究用户与不同知识建立关系的可能性，以识别不同领域内领先用户。

基于上述思想，本书提出了一种社交媒体数据驱动的领域领先用户识别方法。具体思路为：第一，采集开放式创新社区数据，对用户内容和行为数据进行预处理，利用 LDA 主题模型抽取用户领域知识，构建社区真实二分网络；第二，基于知识基础观，融合用户知识结构和传统基于行为的个体属性特征，借助 ERGM 拟合用户—知识二分网络；第三，根据缺失链接思想，将 ERGM 拟合的结果应用于链路预测，根据链接概率识别不同领域中领先用户；第四，依据 AUC 和 ARC 验证识别结果的精度。具体研究步骤如图 7-1 所示。

7.2.1   真实二分网络构建

①利用 Python 编写爬虫程序，采集开放式创新社区内用户帖子文本内容和用户行为信息，筛选去重后作为数据源。

②用户领域知识抽取。选取目前常用的 LDA 主题模型提取用户主题，根据模型困惑度确定主题个数，将主题看作用户领域知识构建真实的用户—知识二分网络，作为后续网络拟合的参照基础。

③向量 $U = [u_i]$ ($i = 1, 2, \cdots, m$) 表示用户集合，向量 $K = [k_j]$ ($j =$

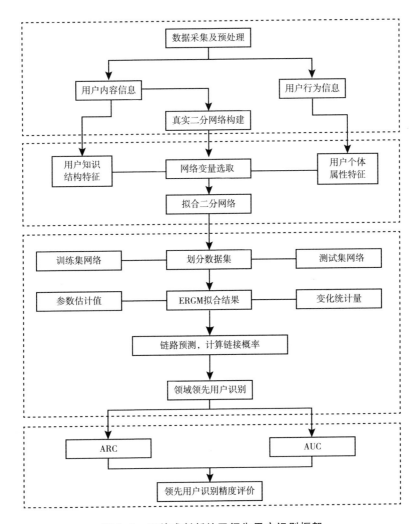

图 7-1　开放式创新社区领先用户识别框架

1，2，…，n）表示知识集合，邻接矩阵 $E=(u_i, k_j)$ 表示用户与知识间关系，若用户拥有该知识，则 $(u_i, k_j)=1$，否则为 0，构建社区用户——知识二分网络 $y=(U, K, E)$。

7.2.2　用户——知识二分网络拟合

网络中所有的边和节点都会影响最终形成的真实网络。真实网络中节点是否真地倾向于选择相互关系、相互链接的结构特征，是个体间相互选择的社会过程的结果，所有用户、知识以及用户与知识间的关系都会影响社区内用户—知识二分网络的形成，因而找到合适的拟合方法成为一个关键问题。

基于开放式创新社区内海量的社交媒体数据可能形成的用户—知识二分网络，可以通过节点构成的所有可能图集合的概率分布进行表达。ERGM 就是一种把社区真实二分网络作为向导，通过拟合网络确定影响图集合概率分布参数的一种方法。这种方法能够同时研究网络结构特征和节点属性特征对复杂网络中节点间关系形成的影响，因此利用 ERGM 拟合社区内二分网络。基于 ERGM 拟合二分网络的过程中可以对用户知识结构特征和个体属性特征进行测度，同时网络拟合的结果也为后续识别不同领域的领先用户奠定基础。

基于 ERGM 的思想，将用户—知识二分网络中节点间关系看作随机变量，每一种链接状态对应一个概率分布，使真实网络出现概率最大的模型则为最优模型，利用最优模型可以拟合出最优网络。ERGM 基本模型如公式（7-1）所示。

$$Pr(Y = y) = \left(\frac{1}{k}\right) \exp\left[\sum_A \theta_A g_A(y)\right] \qquad (7-1)$$

其中，Y 表示模型拟合的网络；y 表示真实的用户—知识二分网络，被称为观测网络；$\theta_A = \{\theta_1, \theta_2, \cdots, \theta_n\}$ 表示一个参数集，与模型变量对应；A 代表出现在观测网络中的变量集，即 $A = \{A_1, A_2, \cdots, A_n\}$；$g_A(y) = \{g_1(y), g_2(y), \cdots, g_n(y)\}$ 是观测网络 y 中网络统计量，与 θ_A 对应；如果 θ_A 在观测网络中被检测到，表示存在 A 变量，则 $g_A(y) = 1$，否则为 0；k 是一个归一化常数，它保证公式（7-1）是一个标准的概率分布，$Pr(Y=y)$ 表示整个拟合网络的生成概率。

网络模型拟合步骤如下。

（1）选取网络模型变量

网络结构和节点属性影响网络关系的形成，同时网络结构的稳定性也会影响链接概率，从而影响识别不同领域内领先用户的结果。在拟合网络过程中，网络结构方面选择用户知识深度和知识广度作为参数，节点属性方面选择等级、帖子、智豆等用户个体属性作为参数。

用户知识深度：表示其对某一特定技术或应用领域的熟悉程度，强调知识领域范围小，但是在特定领域的知识量大。相较于普通用户，领先用户在参与企业创新过程中往往更倾向于分享其熟悉和擅长领域的知识，这些知识被企业消化、吸收后，能够拓展企业的知识深度，促进企业在特定领域产生新知识，形成知识壁垒，实现核心领域产品创新。所以用户知识深度有助于企业识别在特定领域精通的领先用户。

用户知识广度：表示其掌握不同技术领域知识元素的数量，强调知识的多样性和多元化。知识广度较宽的用户有更多的机会接触不同的观点，使他们跨越不同的知识领域、从不同的角度看待问题，更倾向于分享多个领域知识参与企业创新。多领域知识增加了企业技术领域的差异化程度，在应对动荡的技术迭代和市场偏好变化方面具有更大的灵活性和适应性。同时，多样性和异质性的知识促进企业新颖性知识的积累，有利于企业在组合技术轨道中进行产品创新研发，降低了企业搜索式创新知识的学习和整合成本。因此，用户知识广度有助于企业识别在多个领域都有所涉猎的领先用户。

用户个体属性：根据亲社会行为理论可知，领先用户更加自愿在开放的、非正式的开放式创新社区主动作出贡献，他们积极分享、提供产品或服务使用经验，提出产品改进建议或解决方案。社区则通过帖子数、等级、智豆等个体属性测度用户的社会资本，同时反映用户的贡献度、活跃性和创新性。领先用户通过与其他普通用户频繁互动，探讨产品创新创意，逐渐强化彼此间的社会关系，确定网络核心地位，以此提高社区中社会资本，而社会资本影响用户在不同领域共享知识的能力。考虑用户个体属性对领域知识共享的影响，能够更全面地识别和分析不同领域内领先用户。

（2）仿真

将上述变量的不同组合形式代入公式（7-1）进行仿真。

（3）估计

采用马尔科夫-蒙特卡洛最大似然估计算法进行采样，利用最大似然估计方法对模型进行变量参数估计，确定最优参数。通过对比贝叶斯信息准则（BIC）和赤池信息准则（AIC）评估模型与真实网络的拟合度，两值越小表明模型越贴近观测网络。

（4）拟合优度（GOF）检验

检验观测数据所设定的模型是否很好地代表了特定网络结构和图的特征，从而对比观测网络和拟合网络的匹配性。

运用 R 语言中 Statnet 包对 ERGM 模型进行仿真、估计、拟合优度检验。

7.2.3　链路预测与领先用户识别

在开放式创新社区中，用户的研究领域可以通过其在社区分享的知识而确定。具体来说，在二分网络中，用户节点通过与知识节点形成链接从而建立用户与领域之间的关系，而链接形成的概率表明了用户选择领域知识的倾向性。可以通过链路预测的方式预测用户与知识间的链接概率，根据链接概率识别不同领域内领先用户。

如果观测网络中节点间关系发生变化，那么网络形成概率也会发生变化，即如果用户与知识间的对应关系发生改变，相应的链接概率也会变化，故而采用缺失链路预测原理，在 ERGM 拟合网络的基础上，预测用户知识节点对 (u_i, k_j) 之间的链接概率，以达到识别不同领域领先用户的目的，具体步骤如下。

①从观测网络中删除一条链接，即节点对 (u_i, k_j)，生成一个新网络 y^c。

②针对新网络 y^c 构建 ERGM 模型，利用 R 软件进行参数估计，得最优参数 θ^T，并且得到对应统计量，即 $g\,(y_{u_i k_j} = 0,\ y^c)$。

③将新网络 y^c 中删除的节点对 (u_i, k_j) 相连，利用 R 软件得到对应统计量，即 $g\,(y_{u_i k_j} = 1,\ y^c)$。

④计算统计量变化值：$\delta_{u_i k_j}\,(g, Y) = g\,(y_{u_i k_j} = 1,\ y^c) - g\,(y_{u_i k_j} = 0,\ y^c)$。

⑤链接概率：根据公式（7-1）模型的一般形式，对比前后概率变化，经过推导可得节点对 (u_i, k_j) 的链接概率如公式（7-2）所示。

$$P(Y = 1 \mid Y = y) = \frac{\exp[\theta \delta(g, Y)]}{1 + \exp[\theta \delta(g, Y)]} \qquad (7-2)$$

⑥根据公式（7-2）计算每位用户与知识的平均链接概率，依据概率识别并确定开放式创新社区领先用户。

7.2.4　领先用户识别精度评价

通过 AUC 和 ARC 评估领先用户识别精度，采用缺失链路预测中留一法（leave-one-out）训练模型，即每次选择观测网络中一条边作为测试集，并将该边设置为缺失链接，并预测其链接的概率。

AUC 侧重从整体上检测算法精度。随机从观测网络中选择一条测试边，链接概率为 $P_{u_i k_j}$，选择不存在链接的一对节点，预测链接概率为 $P_{u_l k_m}$，如果 $P_{u_i k_j}$ 大于 $P_{u_l k_m}$，就加 1 分；如果 $P_{u_i k_j}$ 等于 $P_{u_l k_m}$，就加 0.5 分。如公式（7-3）所示。

$$AUC = \frac{n' + 0.5n''}{n} \tag{7-3}$$

独立比较 n 次。其中，n' 表示 $P_{u_i k_j}$ 大于 $P_{u_l k_m}$ 的次数，n'' 表示 $P_{u_i k_j}$ 等于 $P_{u_l k_m}$ 的次数，AUC 越大，精度越高。

ARC 侧重考察所预测边的最终排序的位置，用 Rank Score 分数排序进行评价，如公式（7-4）所示。

$$RankS_{u_i k_j} = \frac{r_{u_i k_j}}{H} \tag{7-4}$$

其中，H 表示观测网络中所有未链接的边（包含测试边），$r_{u_i k_j}$ 表示测试边链路预测概率在 H 中所有未链接边中概率的排名。分数越小，表示测试边预测形成链接的可能性越大。假设网络中测试边有 N 条，重复上述操作 N 次，得到 N 个 $RankS_{u_i k_j}$ 值，计算 N 个 $RankS_{u_i k_j}$ 值的平均值作为预测精度 ARC，如公式（7-5）所示。ARC 值越小，表示精度越高。

$$ARC = \frac{\sum RankS_{u_i k_j}}{N} \tag{7-5}$$

7.3　华为产品定义社区领先用户识别

7.3.1　社交媒体数据获取与网络构建

企业通过开放式创新社区聚集全球的领先用户，国内比较有代表性的有小米社区、海尔 HOPE 社区和华为社区。其中，小米社区涉及多板块、多内容，用户参与门槛低，因此导致数据繁杂，领先用户筛选成本高；海尔 HOPE 社区专业性强，为内外部用户、各大企业及高校提供对接平台，但需求与技术方案较少，外部用户参与度低，数据较少；华为社区创新能力强、技术变化快、知识密集，社区内数据量大、参与人数多、数据易获取，专业性人才众多。经过对比分析，依据"典型性"特征，选取华为产品定义社区作为分析对象。

通过采集社区 18 个圈子的"问鼎专家"主题帖，共得到 3668 个帖子和 156 个用户，利用 LDA 主题模型提取 30 个知识主题，构建用户—知识二分网络。

7.3.2　华为社区用户—知识二分网络拟合

在已有研究的基础上提出以下变量：一是网络内生结构，包括用户知识深度和用户知识广度；二是用户个体属性，包括用户等级、发帖数以及智豆数。ERGM 网络拟合变量说明如表 7-1 所示。

表 7-1　变量说明

变量	符号	拓扑结构	解释说明
边	edges		圆圈表示用户，方形表示知识，下同；零模型，基准模型，表示用户有分享知识倾向
知识深度	b1star2		马尔可夫模型，用于拟合用户的知识深度
知识广度	gwb1deg. fixed. 2		高阶模型，用于拟合用户的知识广度
用户等级	b1cov. level	level	黑色圆圈表示用户个体属性，下同；主效应模型，表示等级对用户知识结构的影响

续表

变量	符号	拓扑结构	解释说明
帖子数量	b1cov. post	post ●——□	主效应模型,表示帖子数量对用户知识结构的影响
智豆数量	b1cov. wisdom	wisdom ●——□	主效应模型,表示智豆数对用户知识结构的影响

为了得到最优参数估计值,通过不同变量组合方式对网络模型进行拟合,ERGM 拟合效果及参数估计值如表 7-2 所示。

表 7-2　用户—知识二分网络 ERGM 拟合过程

变量	Model 1	Model 2	Model 3	Model 4	Model 5
edges	−1.08	−2.94	−3.03	−2.53	−2.34
b1star2		0.17	0.16	0.13	0.12
gwb1deg.fixed. 2		1.51	1.44	0.99	0.80
b1cov. level			0.01	−7.95e−03	−1.56e−02
b1cov. post				2.97e−04	3.06e−04
b1cov. wisdom					2.84e−06
AIC	8292	7190	6185	5168	5166
BIC	8298	7210	6211	5206	5204

通过表 7-2 可知,网络结构和个体属性显著影响模型拟合效果。具体来说,Model 2 考虑了用户知识深度和广度网络结构变量,与 Model 1 相比,AIC 和 BIC 都有所减小,说明用户知识深度和广度影响社区内网络关系的形成。个体属性对模型的影响存在差异,用户等级和帖子数显著影响拟合效果,而智豆数则表现出较弱的关联关系,这一发现与社区内贡献规则(智豆数能够在一定程度上反映帖子质量的高低)存在出入。主要原因是:智豆数与用户进入社区时间长短有关,由于模型中没有考虑时间因素,因此智豆数变量不显著。Model 5 的 AIC 和 BIC 最小,说明模型拟合效果较好。为了进一步检验 Model 5 的拟合效果,对模型进行 GOF 检验,选择 degree、minimum geodesic distance、triad census 和 model statistics 的拟合分布检验模型匹配性,如图 7-2 所示。

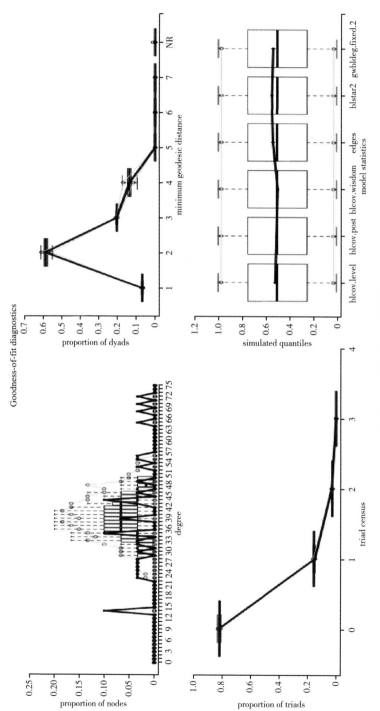

图 7-2　Model 5 拟合优度检验

图 7-2 中，黑色实线表示观测网络的统计值，箱形图表示 ERGM 模拟网络的统计值，包含最大值、最小值和中位数，中位数越接近黑色实线表明 ERGM 模型对观测网络的拟合效果越好。检验表明，Model 5 的拟合效果良好，这说明通过融合用户知识结构和个体属性特征能够较好地拟合出华为社区内真实的二分网络，故后续利用 Model 5 拟合的二分网络进行领先用户识别。

7.3.3　领先用户识别结果分析

根据链路预测方法与步骤，每次删除观测网络 1 条边作为测试集，将剩余 1181 条边作为训练集，并且通过比较实际不存在的 3498 条边的链接概率，计算 ARC 和 AUC。

由表 7-3 可知，基于局部信息的相似度指标共同邻居（CN）、Jaccard（JC）、Adamic-Adar（AA）、Resource-Allocation（RA）四种传统链路预测方法 AUC 与 ARC 相差不大，平均精度分别为 90.87%、32.07%，表明在二分网络经过投影转换为单模网络的过程中，四种方法均存在信息丢失现象，单模网络无法全面准确地继承原网络中的信息，导致预测精度存在偏差。与传统方法相比，基于 ERGM 的方法 AUC 最大，达到 99%，ARC 最小，降到 1%，精度分别提高 8.8%、30.75%，表明二分网络能够有效拟合现实网络中真实存在的信息，并且同时考虑网络内生结构和个体属性可以有效提高识别精度。

表 7-3　ERGM 链路预测精度及对比

指标	CN	JC	AA	RA	ERGM
AUC	0.90	0.90	0.91	0.92	0.99
ARC	0.32	0.32	0.32	0.31	0.01

根据 Model 5 拟合网络的最优参数估计值和变化统计量，通过公式（7-2）计算二分网络中未来链接的概率并排名，判别前 20 位的用户为领先用户，社区中领先用户详细信息如表 7-4 所示。领先用户知识间的链接概率取决于领先用户的知识结构，并且受领先用户个体属性的影响。领

先用户知识间平均链接概率都大于 0.9，表明领先用户与知识间关系较为紧密，存在稳定的知识结构和领先的个体属性特征，相应的创新能力在整个社区用户中处于前列，具有良好的代表性。

表 7-4　领先用户详细信息

领先用户	平均链接概率	等级	帖子	智豆
幸福如此简单	0.985	9	382	12420
松下鞋带子	0.983	8	249	7126
喜禄	0.983	20	967	45387
想起 cherry	0.983	10	615	17663
冯德旺	0.978	8	258	6101
俗人一个	0.974	7	120	8765
岁寒三友 33	0.969	13	912	12795
user_3288803	0.969	9	302	6191
LRC	0.968	15	1704	3147
lilililili	0.967	10	248	419
大个子老鼠	0.967	8	212	13096
森眸暖光 TT	0.967	20	369	26618
醚尼酷	0.966	12	707	10085
三儿	0.966	9	389	39
徐德亮	0.956	6	64	252
董小宇宙	0.939	8	115	7114
代号为 0	0.938	9	442	4288
淡然无华	0.936	5	20	470
电信董	0.935	10	276	11386
Guoqiang	0.922	10	466	22389

　　领域内领先用户识别结果如表 7-5 所示。不同知识领域领先用户分布存在差异，企业需要综合考虑创新需求和知识领域间相关性选择领先用户，充分发挥不同领域领先用户专长，防止领先用户知识冗余或稀缺，使企业知识获取利益最大化。

　　首先，20 位领先用户分布在 29 个知识领域，表明华为社区领先用户分布范围广，基本涵盖所有知识领域；其次，"技术系统""停车识别""道路""车辆驾驶"领域领先用户最多，都是 8 位领先用户，社区中领先用户对这些领域的讨论和分享较多，企业获取这些领域的专家的知识相对容易；而"电源""流量""显示视图"领域分别只有1位领先用户，由知识稀缺性可知，在进行相关产品研发时，只能与这两位领先用户合作，存在知识获取风险，企业应该重点寻找和识别拥有这两类知识的领先用户，以降低知识稀缺性，减少产品创新的风险。

表7-5　不同领域领先用户识别结果

知识领域	领先用户	知识领域	领先用户
数据中心	喜禄,冯德旺,lililili,电信董	安装设计	喜禄,冯德旺,醚尼酷
智能配置	松下鞋带子,俗人一个,LRC,代号为0	电源	喜禄
语音报警	想起cherry,冯德旺,俗人一个,徐德亮,Guoqiang	自动设置	森眸暖光TT,三儿,代号为0,Guoqiang
技术系统	幸福如此简单,喜禄,冯德旺,俗人一个,user_3288803,大个子老鼠,醚尼酷,Guoqiang	公交车	俗人一个,大个子老鼠,醚尼酷,徐德亮,代号为0
设备网络	幸福如此简单,想起cherry,冯德旺,俗人一个,lililili,森眸暖光TT,Guoqiang	显示视图	Guoqiang
显示界面	俗人一个,LRC,Guoqiang	Linkhome	三儿,代号为0,Guoqiang
监控告警	喜禄,森眸暖光TT,Guoqiang	数据分析	淡然无华,Guoqiang
路由器	冯德旺,俗人一个,user_3288803,徐德亮,董小宇宙,淡然无华,Guoqiang	基站5G	松下鞋带子,喜禄,冯德旺,user_3288803,lililili,大个子老鼠,电信董
智慧家庭	俗人一个,LRC,森眸暖光TT,Guoqiang	流量	Guoqiang
停车识别	松下鞋带子,岁寒三友33,大个子老鼠,森眸暖光TT,醚尼酷,徐德亮,代号为0,Guoqiang	道路	幸福如此简单,松下鞋带子,俗人一个,岁寒三友33,醚尼酷,三儿,徐德亮,代号为0
存储	醚尼酷,Guoqiang	设备业务	冯德旺,LRC
能源电力	俗人一个,LRC,董小宇宙,电信董	汽车检测	想起cherry,user_3288803,大个子老鼠,醚尼酷,代号为0,Guoqiang
信息系统	幸福如此简单,想起cherry,user_3288803,森眸暖光TT,醚尼酷	空调	松下鞋带子,喜禄,lililili,森眸暖光TT,三儿,董小宇宙,Guoqiang

知识领域	领先用户	知识领域	领先用户
高速	幸福如此简单,喜禄,user_3288803,大个子老鼠,森眸暖光TT,醚尼酷	电池	冯德旺,俗人一个,岁寒三友33,森眸暖光TT,三儿,董小宇宙
车辆驾驶	松下鞋带子,想起cherry,俗人一个,岁寒三友33,森眸暖光TT,醚尼酷,代号为0,Guoqiang	网管机房	无

　　根据用户知识深度的定义,以社区中用户帖子的数量衡量用户知识量,不同知识领域的数量衡量知识领域范围,即存在于少数几个知识领域,并且发布较多帖子的用户具有越高的知识深度。同时,智豆数能够反映帖子质量的高低,企业应该优先选择知识深度和知识质量均较高的领先用户。根据表7-5,推荐领先用户"幸福如此简单""岁寒三友33""电信董"。以领先用户"幸福如此简单"为例,他是技术系统、设备网络、信息系统、道路和高速五个领域的领先用户,帖子数为382,智豆数为12420,说明该用户在这五个领域拥有较高的知识深度,并且知识分享质量较高,能够有效补充企业相关领域的知识深度,可以为华为提供"高速公路相关技术产品"方面的高质量解决方案和创新思路。

　　在社区中领先用户分布于不同知识领域的数量代表其知识广度,领先用户"俗人一个"、"醚尼酷"和"Guoqiang"等分布不同知识领域的数量都在10个及以上,即他们具有较宽的知识广度,反映了这些领先用户兴趣广泛,在多个领域中分享知识,热衷于多个领域的创新研发,能够有效补充企业相关领域的知识广度。领先用户"俗人一个"的个体属性特征最弱,但平均链接概率最高,说明该领先用户知识广度结构稳定,未来知识创造的价值会随时间呈爆发式增长;领先用户"醚尼酷"个体属性特征较强,但链接概率不高,这是由于其自身专业知识的储备量不足,过于追求发帖数量,忽略知识分享的质量。该类领先用户活跃度高,在企业和用户间起到中介的作用,可以成为社区版主,辅助企业发布需求,收集方案。

7.4 社交媒体数据驱动的领先用户识别服务

基于知识基础观视角，社交媒体数据驱动的领先用户识别，实现了对开放式创新社区领先用户识别方法的完善和补充。通过社交媒体数据，能够从知识深度和知识广度，分析用户的知识结构，并且考虑了传统用户行为指标的影响作用，从而较好地识别不同领域领先用户。通常，擅长多个研究领域的领先用户能够有效补充企业的知识广度，专注于特定领域的领先用户能够有效补充企业的知识深度，获取不同领域内领先用户能够补充企业的知识基础，为企业利用外部知识资源进行开放式创新提供了一种有效的研究角度。

社交媒体数据驱动的领先用户识别方法，解决了企业根据领域而选择不同领先用户的需求。首先，基于 ERGM 拟合网络的方法，刻画了用户—知识二分网络关系，能够有效测度用户知识结构特征和个体行为属性特征对网络关系形成的影响。其次，基于 ERGM 的链路预测方法，改善了将二分网络投影成单模网络过程中网络信息丢失的不足，从而有效提高了领先用户识别的精度。

社交媒体的发展为企业寻找领先用户提供了新的途径，为了准确发现企业不同领域的领先用户，企业应该对开放式创新社区中的用户内容信息和行为信息进行及时采集和存储，建立开放式创新社区知识库，定期通过基于 ERGM 的链路预测方法完成领先用户的识别，为企业获取外部知识、更好地预见市场和引领市场提供决策支持。

第 8 章

社交媒体数据驱动的上市公司
舆情危机预警决策支持

互联网和社交媒体对信息扩散速度的影响，使上市公司面临网络舆情事件时更容易引发舆情危机，进而造成难以估计的损失。本书基于组态视角，探索上市公司网络舆情危机形成路径，有助于掌握危机形成的复杂因果关系，帮助上市公司采取主动和积极的策略应对并化解危机。

8.1 上市公司舆情危机形成路径研究框架

网络舆情是指在互联网上流行的对社会问题不同看法的网络舆论，是社会舆论的一种表现形式，是公众对现实生活中某些热点、焦点问题所持的有较强影响力、倾向性的言论和观点。上市公司在经济活动中的特殊角色决定了其更容易受到公众的关注。当上市公司发生舆情事件，特别是发生负面舆情事件时，不仅直接影响公众对上市公司的认知和态度，使公众形成标签化的负面记忆，而且会影响公众和上市公司的互动行为，使消费群体对公司品牌产生怀疑。上市公司舆情事件往往会使涉事公司陷入舆情危机。从短期来看，网络舆情能够引起上市公司的股价波动、成交量变化，造成公司声誉下降、业绩受损；从长远来看，固化的负面态度和认知将长期存在且较难转变，从而影响上市公司未来的发展，降低品牌信任，甚至关乎公司的生死存亡。充分掌握上市公司网络舆情危机的形成路径，有助于上市公司增加对网络舆情危机的预见性，采取有利于自身发展的策略，避免舆情危机的发生，保证公司的稳定发展。

在网络舆情危机研究中，公众、媒体、话题、政府是四个重点考虑的因素。此外，公司主体的行为也对舆情危机的形成产生重要影响。目前学术界的研究重点大部分是从这五个维度出发，探究单一因素对上市公司的影响，但是缺乏对这些因素之间的相互作用及其对舆情危机影响的分析。上市公司网络舆情危机的发生是由政府、公众、媒体及公司的行为（主体）和舆情事件引发的网络话题（客体）交互形成的，在危机形成过程中受多重因素的并发作用影响，单独考虑某一个局部因素往往难以全面和清晰地阐释舆情危机的形成。定性比较分析（Qualitative Comparative Analysis，QCA）方法采用组态视角，聚焦于"组态效应"分析，是从整体角度探索多个因素相互作用产生结果的多条实现路径的有效方法。因此，从上市公司网络舆情传播的信息主体和信息客体两个角度出发，本书构建了网络舆情危机形成路径的分析框架，如图 8-1 所示。

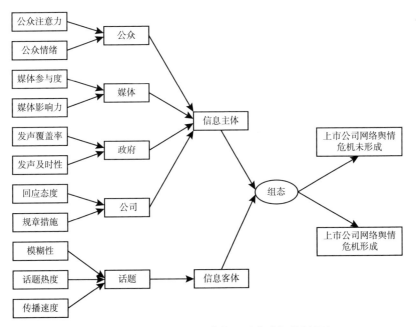

图 8-1　上市公司网络舆情危机形成路径分析框架

8.1.1　信息客体

话题是舆论的起点，网络话题作为网络传播的客体，话题本身属性是正面还是负面、是否引起公众兴趣、能否获得关注等因素,往往会给上市公司带来截然不同的影响。话题因素包括话题的模糊性、热度和传播速度三个方面。模糊性是指话题事件可疑或不合理。存在争议的话题更容易引发极化效应,其本身存在的不确定性,为社会大众提供了广泛而多样的讨论空间,进而容易引发舆情危机。话题热度是指对于已报道的话题事件,公众参与程度的高低和发表讨论的意愿高低。话题热度随时间变化,受用户和媒体的关注度影响,高热度话题会在极大程度上助推上市公司网络舆情的传播,提高形成舆情危机的可能性。传播速度是指在事件报道后话题传播的快慢,高速传播促使舆情事件引起更大范围关注度,增加上市公司发生舆情危机的风险。

8.1.2　信息主体

(1)公众

公众是舆情事件的核心,网民对信息的反应和参与度直接影响网络舆情的发展趋势(杨洋洋,2019)。针对不同行业、不同类型的上市公司舆情事件,公众的关注度和态度可能会有所差异,公众的关注度可以由公众注意力来表示。公众注意力越高,舆情事件的热度增长越快,越容易促使舆情危机形成。公众态度可以由公众情绪来测度。公众的负向、正向或者中立情绪会对事件发展方向有不同的引导作用,公众负向情绪越强烈,越容易引发舆情危机。

(2)媒体

媒体拥有广泛的传播渠道,为大量网民提供情绪表达的平台。随着互联网的普及,媒体对网络舆情传播的作用越来越重要,自媒体时代的到来更是加大了上市公司对其网络舆情危机问题治理的难度。因此,从媒体参与度和媒体影响力两个方面刻画媒体对上市公司网络舆情的影响。媒体参与度是指事件发展过程中媒体参与事件报道的程度。较高的媒体参与度能够促进舆情的传播。媒体影响力是指媒体通过信息传播等方式,左右着社会大众观念的作用力。媒体的影响力越大,受众范围越广,其影响效果越明显。

(3)公司

公司是网络舆情进行管控与回应的主体,当公司出现坏消息或面临负面媒体舆论情绪时，积极的网络舆情管理更有助于改善股票流动性。在很大程度上，公司对舆情的管控影响了公司的声誉，从而进一步影响了舆情危机的形成。因而选取公司回应态度和规章措施两个指标来代表公司因素。公司的回应态度是公司能否挺过舆论难关的重要因素，其回应的及时性能够较好地反映企业的社会责任感。及时有效的规章措施能够体现公司及时止损、知错就改的态度，缓和舆情危机带来的负面影响。

（4）政府

政府作为国家的权力机关具有强大的影响力，在舆情事件中往往发挥着"意见领袖"的作用。当公司出现问题时，政府的态度可能会引导网民的态度，也会对相关公司在市场上的态度产生影响，并进一步影响其市值。此外，政府在相关领域的政策变化也会影响企业的发展。所以，选取发声覆盖率和发声及时性两个指标来代表政府因素。政府发声覆盖率体现了舆情事件受到政府的关注程度及政府发声的影响范围。政府发声及时性是指官方媒体对事件披露是否及时，反映了政府引导的时效。

8.2 上市公司舆情危机形成路径

定性比较分析（QCA）是一种以案例导向的研究方法，以集合论与布尔代数为基础，能够更好地研究并发因果关系。模糊集定性比较分析（fsQCA）方法主要针对的是连续变量，解决了部分隶属的问题，使研究结果更具一般性。因此，选用 fsQCA 方法来研究上市公司网络舆情危机的形成路径。

8.2.1 案例事件选取和社交媒体数据采集

选取与上市公司有关的 24 个舆情事件，研究上市公司网络舆情危机的形成路径。案例事件选取主要依据以下特征：①事件主体与上市公司有关，并且事件前后上市公司股价发生了波动；②事件发生时间为 2018～2022 年；③事件所涉及的领域广泛，防止研究结果局限化。具体案例信息如表 8-1 所示。

　　案例数据来源为微博、知微和百度指数三个社交媒体平台。其中，使用 Python 编写程序从微博相关话题下获取平台统计出的发布该话题的媒体数量、阅读次数、讨论次数、原创人数及微博相关事件评论。利用微博选取舆情事件资料，统计政府发声时间和覆盖范围，并人工判断该事件话题是否具有模糊性以及公司回应态度、是否推出解决措施；在知微平台采集各事件媒体影响力和事件传播速度数据；在百度指数平台获取各事件搜索指数作为公众注意力数据来源。

表 8-1　案例事件库

序号	时间	事件名称	序号	时间	事件名称
C1	2021-04-24	B 站北邮招聘	C13	2021-10-08	美团被罚
C2	2021-12-13	星巴克使用过期食材	C14	2021-03-30	小米新 logo
C3	2020-12-24	阿里涉嫌垄断被调查	C15	2022-03-24	宝洁辱女
C4	2020-12-24	B 站将离世用户账户列为纪念账户	C16	2022-04-30	知乎设置 IP 地址
C5	2022-04-20	腾讯视频再次宣布涨价	C17	2022-03-21	东航坠机事件
C6	2021-08-07	阿里女员工被侵害	C18	2020-04-09	杰瑞集团副总裁性侵养女
C7	2021-03-08	丽人丽妆董事长夫人寻夫	C19	2021-01-09	新东方辞退 6 万名员工
C8	2022-04-23	特斯拉刹车失灵事件	C20	2022-02-13	星巴克驱赶执勤民警
C9	2021-04-08	顺丰控股一季度预亏约 10 亿元	C21	2022-05-01	中青宝董事长被曝强制员工"五一"加班
C10	2022-04-28	马斯克称将收购可口可乐	C22	2022-04-20	王思聪质疑以岭药业连花清瘟
C11	2022-03-15	老坛酸菜牛肉面事件	C23	2020-09-16	海天味业酱油产品发现蛆虫
C12	2021-07-16	七部门进驻滴滴	C24	2018-07-15	长春长生疫苗造假事件

8.2.2　变量测量

　　基于 24 个微博热门事件案例，以网络舆情危机是否形成为结果变量，选择公众、媒体、政府、公司、话题作为 5 个条件变量。

8.2.2.1　结果变量

结果变量决定了网络舆情危机是否形成。多家公司舆情发生期间和公告发布前后股价异常收益研究表明，上市公司负面舆情对公司股价有显著持续的影响，舆情危机爆发当日样本出现显著负异常收益率，并在此后 10 天受到持续压制（邓翔，2015）。网络舆情对股价走势存在影响，过去的网络舆论信息可以为股票价格走势预测提供支持（朱昶胜，2018）。本书采用公司股价涨跌幅对网络舆情危机进行测度，其中股价数据来源为 Choice 金融终端，第 t 日的股价涨跌幅可以通过公式（8-1）进行计算。各事件的股价涨跌幅为事件发生日后 10 天内股价涨跌幅的均值。

$$股价涨跌幅_t = （收盘价_t - 收盘价_{t-1}）/ 收盘价_{t-1} \qquad (8-1)$$

8.2.2.2　条件变量

（1）公众

公众因素主要包含公众情绪和公众注意力两个指标。公众注意力通过百度搜索指数进行刻画，百度搜索指数可以体现网民对某一事件的搜索关注程度以及持续变化情况。

公众情绪是公众对舆情的反应。为了得到更有效的分析结果，在分析评论文本数据前，先筛除重复评论和无意义的评论，再使用 Jieba 工具对评论文本进行分词。通过使用 SnowNLP 中文情感分析词典对文本数据进行情感分析，对各事件的情感值在 [0，1] 范围内进行赋值，所得到的分数是公众情绪积极的概率。越接近 0，公众情绪越消极；越接近 1，公众情绪越积极。公众情绪的计算公式如（8-2）所示。

$$\bar{E} = \frac{\sum_{i=1}^{N_p} wp_i + \sum_{j=1}^{N_n} wp_j}{N_p + N_n} \qquad (8-2)$$

其中，$\bar{E}$ 表示各事件的公众情绪数值；N_p 和 N_n 分别代表正面情感词语和负面情感词语的数目；wp_i 和 wp_j 分别代表正面情感词语和负面情感词语的权值。各事件公众情绪数据及标准化值如表 8-2 所示。

表 8-2　各案例公众情绪

序号	公众情绪值	标准化值	序号	公众情绪值	标准化值
C1	0.48	0.49	C13	0.49	0.54
C2	0.43	0.26	C14	0.55	0.74
C3	0.56	0.77	C15	0.46	0.37
C4	0.68	0.95	C16	0.56	0.76
C5	0.45	0.32	C17	0.46	0.35
C6	0.47	0.42	C18	0.52	0.62
C7	0.63	0.91	C19	0.67	0.95
C8	0.43	0.23	C20	0.49	0.51
C9	0.31	0.03	C21	0.46	0.38
C10	0.55	0.75	C22	0.55	0.74
C11	0.40	0.16	C23	0.41	0.18
C12	0.44	0.29	C24	0.53	0.68

（2）媒体

媒体参与度通过采集微博统计的发布媒体数量来确定，能够反映权威媒体、热门媒体对事件的关注程度与传播程度。媒体影响力通过知微官网上的事件影响力指数来衡量，基于全网的社交媒体和网络媒体数据刻画单一事件在互联网上的传播效果，反映了媒体对事件传播效果的影响。该指标评估的是该热点话题在社交媒体及网络媒体的影响力，以此确定网络舆情事件的媒体影响力，可以更直观地反映媒体在上市公司网络舆情危机中所起的作用。

（3）话题

话题模糊性通过采集原话题资料，统计分析各方态度等判断事件本身可疑或不合理之处的数量，并在［0，1］进行赋值，0表示事件本身无可疑之处，1表示事件本身可疑之处数量已达到收集到的所有事件中的最高值，此方法有助于呈现话题本身的可疑程度对于舆情事件传播的影响。话题热度通过对有关数据进行反垃圾筛查后，利用公式（8-3）综合计算话题热度。

$$话题热度 = 阅读次数 \times 30\% + 讨论次数 \times 30\% + 原创人数 \times 40\% \quad (8-3)$$

话题传播速度通过采集知微官网上的峰值传播速度数据来确定。峰值传播速度是指该事件发生期间评论转发数的最高速率，取传播速度最高的一小时，累计其条数，作为峰值传播速度，能清晰明了地看出网络舆情事件的传播状况。

（4）政府

政府发声覆盖率通过采集对微博相关事件进行报道的政府官方媒体的粉丝数量，加总后在［0，1］进行标准化。政府发声及时性则根据《政府及时发声是社会治理的基本常识》，通过官方媒体发布或评论相关事件与第一次曝光事件的时间差来确定，时间差越大，赋值越小。

（5）公司

公司回应态度主要根据回应及时性进行赋值，回应及时性通过公司官方账号（微博、公众号等任何官方形式）进行回应与第一次曝光事件的时间差来确定，时间差越大，赋值越小。规章措施即判断是否通过推出相关措施来解决问题，是则为1，否则为0。

8.2.3 变量赋值

在研究过程中，为各个变量设置了变量标签，以简化其名称。前因变量和结果变量的测度方法如表8-3所示。

表8-3 前因变量和结果变量的赋值标准

变量类型	变量名称	变量测度	变量标签	变量赋值原则
前因变量	公众 P	公众注意力	X1	选取百度指数中相应事件的搜索指数日平均值
		公众情绪	X2	使用中文情感分析词典对各事件的微博评论进行情感分析，对情感值在[0,1]范围内进行标准化
	媒体 M	媒体参与度	X3	选取微博统计的发布媒体数量
		媒体影响力	X4	选取知微官网上的事件影响力指数
	话题 T	模糊性	X5	通过采集原话题资料，判断事件本身可疑或不合理之处的数量，在[0,1]范围内进行标准化
		话题热度	X6	由话题发布后3个小时内的阅读次数、讨论次数、原创人数综合计算话题实时热度
		传播速度	X7	选取知微官网上的峰值传播速度数据

变量类型	变量名称	变量测度	变量标签	变量赋值原则
前因变量	政府 G	发声覆盖率	X8	采集微博发声政府官媒的粉丝数量，加总后在 $[0,1]$ 范围内标准化
		发声及时性	X9	根据对政府发声时间的提及，政府官方账号 5 个小时内发声赋值为 1，24 个小时内发声赋值为 0.67，24 个小时后发声赋值为 0.33，未发声赋值为 0
	公司 C	回应态度	X10	以公司对事件的第一次具体回应作为时间基准，一小时以内，赋值 1，时间越长，赋值越小，12 小时赋值 0.5，24 小时或未进行回应赋值 0
		规章措施	X11	是否推出相关措施来解决问题，是为 1，否则为 0
结果变量	网络舆情危机是否形成	股价涨跌幅	R	上市公司股价涨跌幅

根据变量测度方法对各变量进行赋值。分别选用 5%、50%、95% 分位数作为完全不隶属、交叉点和完全隶属的值，以确定各变量的锚点。锚点确定后，可以进一步对各变量进行校准，校准后的得分可以体现变量的隶属度，越接近 1，表示隶属度越高。

8.2.4 单变量必要性分析

必要一致性分析是指条件变量对于结构变量的解释程度，即结果发生时条件变量存在的可能性。若一个条件的必要性大于 0.9，则该因子为结果的必要条件。覆盖率则是指条件对结果的解释力，数字越大则解释力越强。使用 fsQCA 3.0 对各变量进行分析，结果如表 8-4 所示。

表 8-4 单因素必要性检测

因素	结果变量		舆情危机形成（outcome = R）		舆情危机未形成（outcome = ~R）	
	前因变量	变量含义	Consistency	Coverage	Consistency	Coverage
公众	P	高公众影响	0.761221	0.683320	0.765941	0.793715
	$\sim P$	低公众影响	0.770197	0.740293	0.694401	0.770492

续表

因素	结果变量		舆情危机形成 （outcome = R）		舆情危机未形成 （outcome = ~R）	
	前因变量	变量含义	Consistency	Coverage	Consistency	Coverage
媒体	M	高媒体影响	0.661580	0.664563	0.674961	0.782687
	~M	低媒体影响	0.783662	0.676220	0.710731	0.707978
话题	T	高话题影响	0.665170	0.745473	0.665630	0.861167
	~T	低话题影响	0.876122	0.694168	0.803266	0.734708
政府	G	高政府影响	0.569120	0.595305	0.588647	0.710798
	~G	低政府影响	0.723519	0.603745	0.664852	0.640449
公司	C	高公司影响	0.731598	0.755329	0.554433	0.660797
	~C	低公司影响	0.671454	0.566238	0.794712	0.773656

当结果变量设置为舆情危机形成（R）时，单一因素的必要一致性均小于 0.9，这表明没有任何单一因素是舆情危机形成的必要因素，舆情危机的形成是多种条件变量综合作用的结果。低话题影响、高公众影响、低公众影响、低媒体影响、低政府影响、高公司影响的一致性评分均大于 0.7，变量具有一定的解释能力。当舆情危机未形成（~R）时，所有单一因素的必要一致性均小于阈值，表明没有任何单一因素是结果变量的必要因素，即单一条件变量的变化都不会直接导致舆情危机产生。低话题影响、高公众影响、低媒体影响、低公司影响的一致性评分均大于 0.7，变量具有一定的解释能力。

8.2.5　组态分析

对真值表进行分析，能够得到复杂解、中间解和简单解三种原因组合分析结果。通过重点对中间解进行分析，如表 8-5 所示，得到影响舆情危机形成的三种组态（H1、H2、H3），解的一致性分别为 0.95、0.97、0.99，① 表明这三种组态均为舆情危机形成的充分条件。同时，组合路径的整体方案覆盖率为 64%，整体方案一致性为 0.97。这意味着这些路径的组合可以解释大约 64% 舆情危机形成的结果，可以较全面地覆盖和分

---

① 正文数据为表 8-5 中数据四舍五入后的数据。下同，特此说明。

析上市公司舆情危机的情况。所有路径的唯一覆盖率都不高于原始覆盖率，意味着某些案例存在多重因果关系。

表8-5　舆情危机形成的多因素组合路径分析

前因变量	H1	H2	H3
公众 P		⊗	●
媒体 M	⊗	⊗	•
话题 T	⊗	⊗	⊗
政府 G	⊗		•
公司 C	●	●	●
原始覆盖率	0.472172	0.520646	0.319569
唯一覆盖率	0.0529622	0.0439857	0.0700179
解的一致性	0.954628	0.968281	0.994413
总体解的一致性	0.965007		
总体解的覆盖度	0.643627		

　　注：●代表核心因果性条件存在；•代表边缘因果性条件存在；⊗代表核心因果性条件缺失；⊗代表边缘因果性条件缺失；空白表示构型中条件可存在可不存在。

（1）路径一（~媒体＊~话题＊~政府＊公司）

该原因组合表明，对媒体基本不参与的事件，话题本身没有过多争议之处，在政府没有过多介入的情况下，公司自身的行为和发声导致舆情危机的形成。如在B站北京邮电大学招聘事件中，话题本身不存在很大的争议性和模糊性，在仅有30余家媒体参与且政府未介入此次事件的情况下，公众在网络上议论并引导着舆情危机的走向。涉事面试官对说教、争论等不够职业的行为进行了道歉，B站公司方也及时回应争议并致歉，但否认存在攻击北京邮电大学等言论，经过公众的讨论和传播，此事件负面热度不断升级，导致舆情危机形成。

（2）路径二（~公众＊~媒体＊~话题＊公司）

该原因组合表明，在话题没有过多争议的情况下，媒体和公众都没有过多参与事件，舆情危机的形成可能是由公司自身行为所导致的。如在新东方辞退 6 万名员工的事件中，话题本身的讨论度不大，公众和媒体都没有过多介入，新东方公司并没有直接就辞退员工事件进行回应，所以经过舆情不断发酵，造成新东方股价下降，并且在未来一段时间内潜力不被股票市场看好，由此形成了舆情危机。

（3）路径三（公众 * 媒体 * ~ 话题 * 政府 * 公司）

该原因组合表明，在话题没有过多争议的情况下，网民、媒体的积极参与和讨论，政府对该事件加以引导，以及公司自身的行为和发声，会催生舆情危机。如东航坠机事件，事件本身没有争议和模糊性问题，在媒体的大量实时报道下，公众的讨论热度也非常高涨，政府及时进行事故搜救、失事原因调查，东航公司方面也积极配合政府工作，回应公众疑虑，并对遇难者家属和乘务人员进行心理调节，多方面因素的交织使该事件热度急剧上涨，并产生舆情危机。

以上三种组态均为舆情危机形成的充分条件。可以总结为两种构型，即公司主导型危机和多元主体联动型危机。

①公司主导型危机。在两种组态（H1、H2）中，公司这一影响因子存在核心因果性条件。在本书所选的 24 个案例中，公司回应不当造成舆情危机的案例占 67.1%，由此可知公司回应是影响形成舆情危机的重要条件。公司作为事件的行为主体，其回应态度对公司的声誉有着直接的影响，不当的公司回应可能导致公司声誉受损，使舆情进一步升级，最终导致舆情危机产生。公司主导型危机覆盖度更高、更有代表性。

②多元主体联动型危机。在组态 H3 中，公众、公司两种影响因子存在核心因果性条件，本书所选的 24 个案例中，公司回应不当造成舆情危机的案例占 67.1%，公众积极讨论、传播舆情事件的案例占 76.1%，可见这两种因素在舆情危机的形成中都占据重要位置。公众是网络活动的主力军，在新媒体时代，所有网民都可以作为信息的发布者进行表达。在舆情事件中，公众情绪可能成为舆情形成的催化剂。

此外，从研究结果可以看出，主体行为是引发上市公司舆情危机的关键因素，而客体话题并没有起到主要作用。公司对舆情的应对方式，公众、媒体对舆情信息的传播和政府的引导作用才是导致舆情热度不断升高、引发舆情危机的主要原因。

8.3　上市公司网络舆情危机预警决策服务

从整体视角研究发现，公众、媒体、话题、政府和公司五个要素联动作用，通过两条路径，形成了上市公司网络舆情危机。公司主导型危机形成路径表明，在话题不存在争议性的情况下，无论媒体、公众、政府参与与否，公司的不当行为都可能造成舆情危机；多元主体联动型危机形成路径表明，即使话题不存在争议性，公司的不当行为，在公众的讨论和传播下，加上媒体的辅助作用，极易引发舆情危机。公司主导型危机的覆盖度要大于多元主体联动型危机，故而上市公司发生的多数舆情危机是由公司自身不当行为导致的。此外，在舆情危机形成过程中，主体驱动是上市公司网络舆情危机形成的关键条件。即在上市公司舆情事件中，无论话题是否具有争议性，公司主体行为都是舆情危机形成的关键因素。

社交媒体驱动的上市公司舆情危机形成路径研究为上市公司进行网络舆情决策提供了解决方案。

首先，转变观念，提高上市公司舆情回应的主动性。公司行为在舆情危机应对中占据主导作用。第一，公司应积极回应相关舆情事件，以保持公司自身的良好形象；第二，公司应积极推出相关事件的处理措施，并及时向公众反馈，以减少公司因负面舆情带来的声誉损失。

其次，建立专业舆情监测技术平台，提高上市公司应对舆情的科学性。公众的注意力会加快舆情的传播速度，公众情绪也会影响舆情事件的走向，所以引导公众行为具有重要意义。第一，公司有必要加强专业舆情监测技术的发展和应用，建立或引进舆情监测平台。针对公众情绪和注意力进行实时监测，时刻把控网络舆论动向，以及时进行干预和处理。第二，公司可以成立专门的公关部门，当负面舆情出现时，专业的公关团队可以引导公众舆论向有利方向发展。

最后，形成与媒体的良好互动关系，提高上市公司舆情应对的多主体协同性。媒体是舆情传播的重要途径，公司与政府官媒、传统媒体和自媒体形成良好的关系可以提升舆情应对效果。第一，公司积极配合政府官媒和传统媒体对舆论事件进行采访，以此方式回应舆情信息，借助媒体流量能够达到更好的效果。第二，公司可以借助自媒体对公司产品、公司品牌进行宣传，从战略角度打造更好的公司形象，在出现舆情危机时可以有效减少损失。

第 9 章

商务社交媒体虚假数据负效应及应对策略支持

商务社交媒体的在线评价系统解决了 C2C 电子商务中的信息不对称问题，其中在线评论对消费者判断商品质量和卖家的诚信行为起着非常重要的作用。然而虚假数据的存在严重影响了电子商务的良性发展，尤其是"好评返现"和"差评威胁"现象的大量出现，导致社交媒体数据更加偏离真实性。研究虚假社交媒体数据产生的诱因，可以从根源上了解其产生过程，从而能够有效地应对虚假社交媒体数据对用户的负面影响。本书以在线评论数据为例，通过建立 C2C 电子商务平台规则下的买卖双方不对称信息博弈模型，刻画不正当竞争策略中买家的评价行为，得出在线评论偏离真实性的原因，并以信息提取结论为基础，结合商务社交媒体数据中在线评论的有用性，采用眼动实验的方法，分析虚假评论对消费者的购买意愿的影响，从而为电子商务平台有效应对虚假评论提供决策支持。

9.1 在线评论偏离真实性的诱因分析

9.1.1 模型假设与构建

（1）模型假设

C2C 电子商务搭建了买卖双方相互信任的平台，平台通过建立公平有效的信用评价规则，实现买卖双方的效用最大化。在既定规则下，市场行为决定了买卖双方希望通过互动博弈最大化自己的支付函数。而 B2C 电商中规则是由卖家制定的（例如京东、亚马逊、苏宁等），买家只能选择接受或不接受，因此不存在互动博弈。本书基于中国最大的 C2C 电商平台淘宝网的信用评价规则，建立卖家与买家在不对称信息下关于在线商品评论的委托代理模型。

假设买卖双方都是理性的经济人，对于卖家而言，高质量好评数量是重要的，这里记为 g，并记 $F(g)$ 为高质量好评数量对销售量（或利润）的影响函数。好评中较为中性的评论数量或未达到卖家"好评返现"要求的低质量好评数量记为 m，并记 $G(m)$ 是低质量好评数量对销售量（或利润）的影响函数。差评数量记为 b，并记 $T(b)$ 是差评数量对销售量（或利润）的影响函数。

根据在线评论的有用性研究得出，高质量的好评对买家的有用性大于低质量的好评，在"好评返现"活动中卖家要求买家给予一定字数的高质量好评，这样才能获得返现，即 $F(g)>G(m)$。相较于好评，差评对买家购买行为的影响显著性更高，即 $T(b)>F(g)$。此外，卖家修改评论需要一定的成本，故假设 t 是卖家对差评买家进行威胁骚扰的成本。c 是卖家提供的返现金额，由于存在部分卖家将返现算入产品成本，因而不能用返现金额 c 直接代表卖家损失，而用函数 $W(c)$ 表示，即 $W(c)$ 是返现金额 c 对卖家的成本函数。在现实生活中，卖家威胁的成本往往大于返现的成本，$t>W(c)$。其中 $F(g)$、$G(m)$、$T(b)$、$W(c)$ 分别是 g、m、b、c 的单调增函数，且有 $g \geq 0$，$F(g)>0$；$m \geq 0$，$G(m)>0$；$b \geq 0$，$T(b)>0$；$c \geq 0$，$W(c)>0$。

对于买家而言，卖家的返现金额 c 对买家有正向的激励效用，用函数 $Q(c)$ 表示。如果给予差评，在受到卖家威胁后，买家依然保持差评时，会有担心和恐惧的心理效用，用函数 $Y(t)$ 表示。由于买家需要耗费精力撰写商品评论，只有当买家对商品有着强烈的情感极性时，买家才会主动给予好评或差评，买家抒发极端情绪后的心理效用记为 s。买家因为惧怕威胁而违心将差评改好评而产生自责的心理效用，记为 p。买家为了编写符合卖家返现要求的好评，要花费的时间和精力，记为 h。其中 $Q(c)$、$Y(t)$ 分别是 c、t 的单调增函数，且有 $s \geq 0$，$p \geq 0$，$h \geq 0$。

由于不是所有的卖家都会采取"好评返现"或"差评威胁"的行为，

因此买家的行为也有差别，所以，用概率来表示卖家和买家的行为。α 表示买家好评的概率；β 表示卖家提供好评返现的概率；γ 表示卖家威胁买家将差评改成好评的概率；δ 表示买家受到威胁后将差评改成好评的概率，其中 $0 \leq \alpha$、β、γ、$\delta \leq 1$。

（2）买卖双方的博弈模型

在淘宝网，买家购买且收到商品后，给予商品评价。买家对商品非常满意，或买家受到部分商家的"好评返现"激励，给予商品好评。卖家通过衡量高质量好评带来的销售额的增加与返现的成本，决定是否推出"好评返现"活动。如果评价符合卖家提供的"好评返现券"内容（即一般情况下，要求提供截图和 15 字以上好评）要求，卖家给予消费者返现，如果买家没有按照卖家的要求给予高质量好评，即买家避免浪费精力而不填写好评内容，系统默认好评，或随意写低质量的内容，甚至负面内容的评论，卖家就选择不返现。当买家对商品不满意，给予商品差评。由于差评导致销售量下滑，部分卖家会威胁消费者修改差评，此时威胁可能包括在新闻中常见的邮寄威胁性物品、电话恐吓等。而且采取威胁改好评的方式，卖家会花费精力和成本，甚至冒着遭受投诉而关门的风险。在卖家和买家的动态博弈中，卖家和买家通过惯序行动，最大化自己的支付函数。这时，有以下几种可能的情况。

情况 1：当买家选择好评、卖家选择返现时，买家的支付函数是 $s + Q(c) - h$，表示买家抒发情感获得的喜悦 s，加上得到返现的经济收益 $Q(c)$，减去为写高质量评论所耗费的时间和精力 h。卖家的支付函数是 $F(g) - W(c)$，表示高质量好评数量 g 带来的销售量的增加 $F(g)$，减去给予返现金额 c 造成卖家的成本增加 $W(c)$。

情况 2：当买家选择好评、卖家选择不返现时，买家的支付函数是 s，表示买家抒发情感获得的喜悦。卖家的支付函数是 $G(m)$，表示低质量好评数量 m 带来的销售量的增加是 $G(m)$。

情况 3：当买家选择差评、卖家选择威胁、买家选择改成好评时，买家的支付函数是 $-p$，表示买家产生的自责。卖家的支付函数是 $F(g) - t$，表示高质量好评数量 g 带来的销售量的增加 $F(g)$ 减去进行威胁的成本 t。

情况 4：当买家选择差评、卖家选择威胁、买家选择保持差评时，买家的支付函数是 $-Y$（t）$+s$，表示买家受到威胁感到的恐惧心理负效用 $-Y$（t），加上抒发了对商品不满情绪的愉悦之情 s。卖家的支付函数是 $-T$（b）$-t$，表示差评数量 b 带来的销售量的减少 $-T$（b），减去进行威胁的成本 t。

情况 5：当买家选择差评、卖家选择不威胁时，买家的支付函数是 s，表示买家抒发了对商品不满情绪的愉悦之情。卖家的支付函数是 $-T$（b），表示差评数量 b 带来的销售量的减少。

由于进行商品评价时，购买价格已经是沉没成本，不在本模型的讨论范围内，且淘宝网规定，商品质量太差而退货后，买家不能再给予评论，因此本模型不讨论退货等行为。根据以上分析建立博弈树模型如图 9-1 所示。

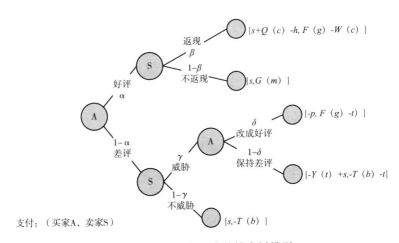

图 9-1　卖家与买家的博弈树模型

9.1.2　模型的求解与结论

模型的构造采用了博弈的扩展式，在双方的博弈过程中，每一个子博弈的历史结果和双方的支付函数，对参与人买家 A 和卖家 S 都是共同知识，因此，模型的求解过程属于完全且完美信息的动态博弈，采用逆推归纳法进行推演分析，并将结论逐步梳理如下。

（1）卖家的行为分析

命题1：当高、低质量好评产生销售额的差距大于返现成本时，卖家会采取"好评返现"策略。

证明：当 $F(g)-W(c)>G(m)$ 时，卖家选择"返现"的效用大于"不返现"，因此卖家会选择"好评返现"行动。整理后，得到 $F(g)-G(m)>W(c)$。

命题2：第一阶段买家的策略是"差评"时，当卖家对买家进行威胁的成本，与好评数量和差评数量带来的销售量变动之和的比大于买家好评的概率时，卖家在第二阶段的策略是"不威胁"；反之则采取"威胁"策略，此时买家在第三阶段选择"改成好评"的概率越大，卖家的收益越大。

证明：第一阶段，买家的策略是"差评"，第二阶段卖家的策略是"威胁"时，即 $\alpha=0$，$\gamma=1$，卖家的期望支付是：

$$E_s(\gamma=1)=\delta[F(g)-t]+(1-\delta)[-T(b)-t]=\delta[F(g)+T(b)]-T(b)-t$$

由于 $\dfrac{\partial E_s(\gamma=1)}{\partial \delta}=F(g)+T(b)\geqslant 0$，$E_s(\gamma=1)$ 是 δ 的增函数，说明卖家采取威胁策略时，买家改成好评的概率越大，卖家的收益也越大。当卖家预期消费者会因为受到威胁而改好评时，卖家就会采取威胁的方式。这反映出，因为存在部分买家因卖家威胁而修改差评，所以就存在卖家采取"威胁"策略这样的不正当商业行为，且买家选择"改成好评"的概率越大，卖家采取"威胁"策略的概率也越大。

第一阶段买家的策略是"差评"，第二阶段卖家的策略是"不威胁"时，即 $\alpha=0$，$\gamma=0$，卖家的期望支付是：

$$E_s(\gamma=0)=-T(b)$$

当卖家采取"不威胁"时的期望支付大于采取"威胁"时的期望支付时，即 $E_s(\gamma=0)\geqslant E_s(\gamma=1)$，得到 $\dfrac{t}{F(g)+T(b)}\geqslant\delta$。这反映了有部分卖家认为威胁的成本太大，会消耗大量的时间和精力，而且会因买家投诉造成停业整顿，同时卖家认为偶尔的差评，不足以对销售量的减少产生影响，或者好评数量呈现边际效应递减的趋势，多一个好评并不会带来销售量的大量增加，所以不会采取威胁的方式。

命题3：第三阶段，买家的策略是"改成好评"时，当卖家对买家进行威胁的成本等于好评和差评数量引起的销售量变化之和时，无论卖家在第二阶段，选择"威胁"或"不威胁"都不能改变卖家的收益$-T(b)$或$F(g)-t$；当卖家对买家进行威胁的成本大于好评和差评数量引起的销售量变化之和时，卖家的收益随着采取威胁概率的增大而增大，此时卖家会选择"威胁"即$\gamma=1$，收益最大是$F(g)-t$；当卖家对买家进行威胁的成本小于好评和差评数量引起的销售量变化之和时，卖家的收益随着采取威胁概率的增大而减小，此时卖家会选择"不威胁"即$\gamma=0$，收益最大是$-T(b)$。

证明：第三阶段，买家的策略是"改成好评"需要满足条件$-p>-Y(t)+s$，这时$\delta=1$卖家的期望效用是：

$$E_s = (1-\gamma)[-T(b)]+\gamma[F(g)-t]=\gamma[T(b)+F(g)-t]-T(b)$$

对γ求偏导，得到$\dfrac{\partial E_s}{\partial \gamma}=T(b)+F(g)-t$。

当$T(b)+F(g)=t$时，得到$\dfrac{\partial E_s}{\partial \gamma}=0$，$E_s=-T(b)$，$E_s$与$\gamma$无关。

当$T(b)+F(g)>t$时，得到$\dfrac{\partial E_s(\delta=1)}{\partial \gamma}>0$，$E_s$是$\gamma$的增函数。当$T(b)+F(g)<t$时，得到$\dfrac{\partial E_s}{\partial \gamma}<0$，$E_s$是$\gamma$的减函数。

命题4：第三阶段买家的策略是"保持差评"时，卖家在第二阶段的策略是"不威胁"，"威胁，保持差评"是弱贯序均衡，即博弈的均衡结果中不会出现第二阶段卖家选择"威胁"、第三阶段买家选择"保持差评"。

证明：第三阶段，买家的策略是"保持差评"，需要满足条件$-p<-Y(t)+s$，这时$\delta=0$，卖家的期望效用是

$$E_s = (1-\gamma)[-T(b)]+\gamma[-T(b)-t]=-T(b)-\gamma t$$

对 γ 求偏导，得到 $\dfrac{\partial E_S}{\partial \gamma} = -t$，$-t < 0$，$E_S$ 是 γ 的减函数，γ 取值越小，卖家的期望效用越大，卖家选择"不威胁"，即 $\gamma = 0$ 是最优策略。

（2）买家的行为分析

命题 5：当买家对威胁产生的恐惧大于违心改好评后的自责和对产品不满意的情绪宣泄之和时，买家会选择改成好评；反之，买家会选择保持差评。

证明：当 $-p > -Y(t) + s$，即 $p + s < Y(t)$ 时，买家选择改成好评的收益大于保持差评的收益，买家会选择改成好评；反之，当 $-p < -Y(t) + s$，即 $p + s > Y(t)$ 时，买家选择改成好评的收益小于保持差评的收益，买家会选择保持差评。

命题 6：当买家感知到返现金额的经济效用大于写高质量好评耗费的精力和时间时，买家会受到好评返现的激励，写出高质量好评；当买家感知到返现金额的经济效用不大于写高质量好评耗费的精力和时间时，买家不会受到好评返现的影响而写虚假好评。

证明：卖家行为不确定时，买家选择好评，即 $\alpha = 1$ 时买家的期望收益是：

$$E_A = \beta[s + Q(c) - h] + (1 - \beta)s = \beta[Q(c) - h] + s$$

对 β 求偏导，得到 $\dfrac{\partial E_A}{\partial \beta} = Q(c) - h$，当 $Q(c) > h$ 时，$\dfrac{\partial E_A}{\partial \beta} > 0$，此时 E_A 是 β 的增函数，买家期望卖家进行好评返现活动，并会按照卖家要求写出高质量好评并获得返现，即 $\beta = 1$ 时得到最大的收益 $Q(c) - h + s$；当 $Q(c) = h$ 时，$E_A = s$，E_A 与 β 无关，即卖家是否提供好评返现，对于买家的收益没有影响。此时，买家会根据自己的喜好、时间和精力写好评，这样的好评较为客观，不会有特意夸大产品的目的。同时，部分买家也会嫌麻烦而不评价，导致系统默认好评；当 $Q(c) < h$ 时，$\dfrac{\partial E_A}{\partial \beta} < 0$，此时 E_A 是 β 的减函数，买家衡量自己花费精力和时间写高质量好评的机会成本太大，而不愿意写高质量好评，因此等于卖家没有提供"好评返现"活动，即 $\beta = 0$。

命题7：卖家的策略集是"返现"和"威胁"，买家的策略集是"改成好评"时，当买家认为写高质量好评所花费的精力和时间小于对产品情绪的自然抒发产生的快乐、卖家返现的效用、受到威胁后违心修改差评的自责之和时，买家给予好评的概率 α 越大，自身的收益越大，此时买家愿意给予好评，使 $\alpha=1$；因为卖家进行威胁行动的成本大于好评返现的成本，所以买家给予好评的概率 α 越大，卖家的收益越大。

证明：第二阶段卖家的策略集是"返现"和"威胁"、第三阶段买家的策略集是"改成好评"时满足的约束条件，即：

$$\begin{cases} F(g) - W(c) > G(m) \\ -p > -Y(t) + s \\ F(g) - t > -T(b) \end{cases} \tag{9-1}$$

此时 $\beta=1$，$\delta=1$，$\gamma=1$，卖家对买家好评概率 α 的期望收益是

$$E_S = \alpha[F(g) - W(c)] + (1-\alpha)[F(g) - t] = \alpha[t - W(c)] + F(g) - t$$

对 α 求偏导，得到 $\dfrac{\partial E_S}{\partial \alpha} = t - W(c)$，由于变量之间存在关系，$t > W(c)$，得到 $\dfrac{\partial E_S}{\partial \alpha} > 0$，$E_S$ 是关于 α 的增函数，说明当卖家进行威胁的成本大于返现的成本时，买家给予好评的概率 α 越大，卖家的收益越大。

同理，当 $\beta=1$，$\delta=1$，$\gamma=1$ 时，卖家对买家好评概率 α 的期望收益是

$$E_A = \alpha[s - Q(c) - h] + (1-\alpha)[-p] = \alpha[s + Q(c) - h + p] - p$$

对 α 求偏导，得到 $\dfrac{\partial E_A}{\partial \alpha} = s + Q(c) - h + p$，由于 $\beta=1$，即存在"好评返现"策略，所以 $Q(c) - h > 0$，又因为 s，$p \geq 0$，所以 $\dfrac{\partial E_A}{\partial \alpha} > 0$，$E_A$ 是关于 α 的增函数。

命题8：卖家的策略集是"不返现"和"威胁"、买家的策略集是"改成好评"时，买家会给予低质量好评，即系统默认好评或习惯性好评使自己效用最大；卖家进行威胁的成本很高，大于高质量好评与低质量好评的销售利润之差，所以买家给予好评的概率 α 越大，卖家的收益越大。

证明：第二阶段卖家的策略集是"不返现"和"威胁"、第三阶段消费者买家的策略集是"改成好评"时满足的约束条件，即：

$$\begin{cases} F(g) - W(c) < G(m) \\ -p > -Y(t) + s \\ F(g) - t > -T(b) \end{cases} \quad (9-2)$$

此时 $\beta=0$，$\delta=1$，$\gamma=1$，卖家对买家好评概率 α 的期望收益是：$E_S = \alpha G(m) + (1-\alpha)[F(g)-t] = \alpha[G(m)-F(g)+t] + F(g) -t$。

对 α 求偏导，得到 $\dfrac{\partial E_S}{\partial \alpha} = G(m) - F(g) + t$，由约束条件 $F(g) - W(c) < G(m)$，整理得 $G(m) -F(g) > -W(c)$，不等式两端同时加 t 得 $G(m) -F(g) + t > t-W(c)$，因为变量之间存在关系 $t > W(c)$，所以 $t-W(c) > 0$ 推出 $G(m) -F(g) + t > 0$，即 $\dfrac{\partial E_S}{\partial \alpha} > 0$，$E_S$ 是关于 α 的增函数。

同理，$\beta=0$，$\delta=1$，$\gamma=1$ 时，卖家对买家好评概率 α 的期望收益是

$$E_A = \alpha s + (1-\alpha)[-p] = \alpha[s+p] - p$$

对 α 求偏导，得到 $\dfrac{\partial E_A}{\partial \alpha} = s+p$。由于 $s+p > 0$，因此，E_A 是关于 α 的增函数，买家倾向于给好评，使 $\alpha=1$，从而增加自身的收益。这反映当买家没有受到卖家返现激励时，不会写高质量好评，但同时担心给了差评后，受到卖家威胁违心给予好评后自责，所以给了好评，这个现象在现实生活中很常见。例如，我们在评论中经常看到买家写道"习惯性好评"，这反映了买家对产品评价一般，但是担心写了差评后卖家找麻烦，所以干脆不写评论，让系统默认好评，或写"习惯性好评"等低质量的评价。

命题9：卖家的策略集是"返现"和"不威胁"，买家选择好评的概率越大，卖家的收益越大，买家自己的收益也越大，因此，买家会选择给予好评，使 $\alpha=1$，最大化自己效用的同时最大化了卖家的效用。

证明：第二阶段卖家的策略集是"返现"和"不威胁"时满足的约束条件，即：

$$\begin{cases} F(g) - W(c) > G(m) \\ -p < -Y(t) + s \end{cases} \quad (9-3)$$

此时 $\beta=1$，$\delta=0$，$\gamma=0$，卖家对买家好评概率 α 的期望收益是：

$$E_S = \alpha[F(g) - W(c)] + (1-\alpha)[-T(b)] = \alpha[F(g) - W(c) + T(b)] - T(b)$$

对 α 求偏导，得到 $\dfrac{\partial E_S\ (\beta=1,\ \delta=0,\ \gamma=0)}{\partial \alpha} = F(g) - W(c) + T(b)$，由于 $F(g) - W(c) > G(m)$，得到 $\dfrac{\partial E_S\ (\beta=1,\ \delta=0,\ \gamma=0)}{\partial \alpha} > G(m) + T(b) > 0$，因此 $E_S\ (\beta=1,\ \delta=0,\ \gamma=0)$ 是关于 α 的增函数。说明在满足公式（9-3）的条件下，即卖家选择返现、不威胁时，买家选择好评的概率越大，卖家的收益越大。

同理，当 $\beta=1$，$\delta=0$，$\gamma=0$ 时，卖家对买家好评概率 α 的期望收益是

$$E_A = \alpha[s + Q(c) - h] + (1-\alpha)s = \alpha[Q(c) - h] + s$$

对 α 求偏导，得到 $\dfrac{\partial E_A}{\partial \alpha} = Q(c) - h$，由于 $Q(c) > h$ 时，卖家的"好评返现"才有意义，因此得到 $\dfrac{\partial E_A}{\partial \alpha} > 0$，$E_A$ 是关于 α 的增函数。

命题 10：卖家的策略集是"不返现"和"不威胁"时，买家会根据自己对产品质量的感知给予真实的评价，此时买家选择好评的概率越大，卖家的收益越大。

证明：第二阶段卖家的策略集是"不返现"和"不威胁"时满足的约束条件如下。

$$\begin{cases} F(g) - W(c) < G(m) \\ -p < -Y(t) + s \end{cases} \quad (9-4)$$

此时 $\beta=0$，$\delta=0$，$\gamma=0$，卖家对买家好评概率 α 的期望收益是

$$E_S = \alpha G(m) + (1-\alpha)[-T(b)] = \alpha[G(m) + T(b)] - T(b)$$

对 α 求偏导，得到 $\dfrac{\partial E_S}{\partial \alpha} = G(m) + T(b)$，由于 $G(m) + T(b) > 0$，得到 $\dfrac{\partial E_S}{\partial \alpha} > 0$，$E_S$ 是关于 α 的增函数。

同理，当 $\beta=0$，$\delta=0$，$\gamma=0$ 时，卖家对买家好评概率 α 的期望收益是

$$E_A = \alpha s + (1 - \alpha)s = s$$

式中，E_A 是常数，与 α 无关，买家会根据自己对产品质量的感知给予好评或差评。

9.1.3 "好评返现"和"差评威胁"策略产生的效用

（1）"好评返现"对双方的效用分析

"好评返现"策略成功实施的前提有两个：一是卖家认为虽然要损失一定的成本返现，但高质量好评确实能带来更高的收益，即 $F(g) - G(m) > W(c)$；二是给予的返现金额要足够高，大于买家撰写高质量好评所花费的时间精力，保证买家参与，即 $Q(c) > h$。但是 C2C 电商平台卖家的竞争非常激烈，返现的成本相比商品的毛利率可能很高，即使如此，卖家为了能长期经营，在 $F(g) - G(m) < W(c)$ 时，也会亏本进行好评返现活动，以得到大量好评，获得未来销售额的增加，变量关系如图 9-2 所示。

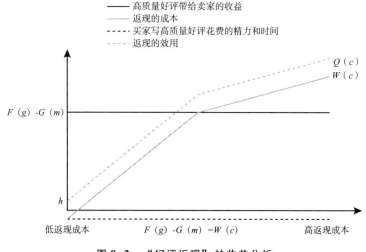

图 9-2 "好评返现"的收益分析

一般情况下，卖家的返现中包含了商品的成本，因此，卖家返现的成本小于买家对返现的效用，即 $Q(c) > W(c)$ 时，卖家好评返现活动的收益是 $F(g) - G(m) - W(c)$，买家好评返现的收益是 $Q(c) - h$，卖家和买家的总收益是 $F(g) - G(m) - h - W(c) + Q(c)$。

当 $F(g)-G(m)>W(c)$ 时，卖家获得收益 $F(g)-G(m)-W(c)>0$，买家好评返现的收益是 $Q(c)-h>0$，卖家和买家的总收益是 $F(g)-G(m)-h+Q(c)-W(c)$。

当 $F(g)-G(m)<W(c)$ 时，卖家获得收益 $F(g)-G(m)-W(c)<0$，买家好评返现的收益是 $Q(c)-h>0$，卖家和买家的总收益还是 $F(g)-G(m)-h+Q(c)-W(c)$。因此，只要有"好评返现"活动，买家的收益都是正的，且返现金额越大，买家的效用越高，而且 $Q(c)-W(c)$ 的值越大，卖家和买家获得的总收益越大，即对一定数量的返现金额，卖家的感知成本越小，买家感知效用越大时，总的效用就越大。这说明卖家用返现金额变相压低商品价格，使商品薄利多销，甚至赔本赚吆喝，此时买家的效用为正，买家感到实惠。所以这也解释了目前的现象，即出现"好评返现"活动以来，淘宝商家们的竞争越来越激烈，许多淘宝店铺都因亏损而关门，从而影响了电商市场的健康发展。

（2）"差评威胁"对双方的效用分析

"差评威胁"策略成功实施的前提有两个：一是买家选择改成好评的效用大于保持差评的效用，即 $-p>-Y(t)+s$；二是卖家选择"威胁"的效用比"不威胁"大，即 $F(g)-t>-T(b)$。此时，卖家的收益是 $F(g)-t+T(b)>0$，买家的收益是 $-p-s<0$，卖家和买家的总收益是 $F(g)+T(b)-p-s-t$，变量关系如图 9-3 所示。

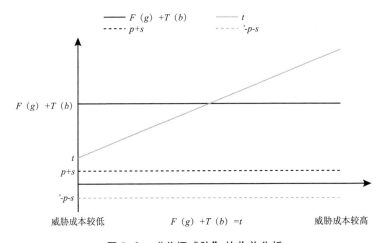

图 9-3 "差评威胁"的收益分析

"差评威胁"的收益分析表明,"差评威胁"活动,使买家的效用为负、卖家的效用为正,且随着威胁的成本逐渐增大,卖家的效用也会减小,导致"差评威胁"现象逐渐消失。这说明如果加大对"差评威胁"卖家的惩罚力度,就能遏制这种现象的发生。

高质量好评比低质量好评能带来更多销售额的增加,而换取高质量好评的代价即返现成本通常较低,卖家为最大化自身效用就会有"好评返现"行为。且买家给予好评概率越大,卖家的效用越大。同时,只要存在给了差评的买家受到威胁时将差评改成好评的情况,就会存在卖家会采取"差评威胁"的行为。如果买家坚持受到威胁也不将差评改成好评,而且卖家也坚信买家会始终保持差评,卖家就不会出现威胁的行为,但现实生活中总会存在买家妥协的概率,所以也总会存在"差评威胁"行为。如果买家妥协的概率较大,卖家采取"差评威胁"的概率也会相应增大,此时卖家的效用也会增大。但是如果卖家的威胁成本非常高,卖家就不会出现威胁的行为。

通常卖家会根据消费者的类型,给予一定的返现金额,对时间和精力充沛、违心改好评后自责较少的买家,较少的返现金额就可以使买家给出高质量好评,所以部分买家会为了自身效用最大化而给高质量好评。当卖家不采取任何不正当竞争行为,即不存在"好评返现"和"差评威胁"时,买家的评价才会接近真实值。

9.2　虚假好评对用户购买意愿的影响

9.2.1　假设及模型提出

(1) 商品类型、评论类型占比对评论可信性的影响

商品评论中基于商品特点的客观描述是属性信息,来自用户的主观感受是经验信息,商品评价信息符合商品类型时,对用户理解和感知商品价值更有用(Huang,2013)。然而眼动实验结果表明用户在浏览搜索类商品时,属性评论会吸引更多的注视;当浏览体验类商品时,经验评论和属性评论的区别并不显著(Luan,2016)。在虚假评论存在时,购买体验类

商品的用户受宣传造势类虚假评论影响显著，而搜索类商品的用户不会受其影响（郑春东，2014）。因此，评价信息中属性评论更客观，更能反映商品的真实情况，用户看到商品的属性评论越多时，就会认为评价更真实可信，故而提出如下假设。

H1a：没有虚假好评时，无论是搜索类商品还是体验类商品，其属性信息评论的占比不会影响用户对好评真实性的评价。

H1b：存在虚假好评时，体验类商品中属性信息评论的占比越大时，用户对好评真实性的评价越高。

H1c：存在虚假好评时，搜索类商品中属性信息评论的占比不会影响用户对好评真实性的评价。

（2）眼动注视与信息

用户对评论可信度的感知会随着阅读评论与评论者交互的过程不断变化（Mackiewicz，2010）。根据信息提取理论，当用户已经对"好评返现"引起虚假好评的现况形成鲜明的记忆时，遇到评论中能够反映这个现象存在的评论（本书中用"好评返现"提示语表示，即在评论中出现的反映此店铺开展了"好评返现"的词语，如"返现""好评字数"等）时，就会立刻提取此商品评论虚假的印象，降低对好评的可信度感知。在没有明显出现"好评返现"提示语时，用户会注视感兴趣的信息点，属性评论含有的信息点相对于经验类评论更多，如果此商品对用户的吸引点较多，其购买意愿也会增加。因此，假设如下。

H2a："好评返现"提示语出现的概率越大，用户越怀疑好评的真实性。

H2b："好评返现"提示语出现的概率越大，用户的购买意愿越低。

H2c：用户阅读属性评论的时长大于阅读经验类评论的时长。

（3）可信度与购买意愿

在线商品评论的可信度正向影响购买意愿（Lee，2011），评论信息中信息量的充足性和信息的真实性也都对评论质量有正向影响，较高的评论质量会正向影响评论的有用性，进而影响用户对商品的感知价值和购买意愿。故而提出假设如下。

H3a：没有虚假好评时，体验类商品中属性信息评论的占比不会影响用户的购买意愿。

H3b：没有虚假好评时，搜索类商品中属性信息评论的占比越大，用户的购买意愿越大。

H3c：存在虚假好评时，无论搜索类商品还是体验类商品，其属性信息评论的占比都不会影响用户的购买意愿。

（4）评论信息量与可信度影响购买意愿模型

在线商品评论对用户的价值体现在对商品属性的真实描述和其他用户使用商品后的情感描述。在虚假评论环境下，用户还需要度量这些评论的真实性。当用户阅读正面评论后，感知到真实的商品价值达到期望的商品价值时，就会产生购买意愿，而负面评论比正面评论对用户购买意愿的影响更显著。由于研究是基于存在虚假评论的电子商务环境，好评数量远多于差评，为在实验中进行控制变量，选取的评论都是在线好评数据。

购买意愿模型由评论信息量和可信度构成，评论的信息量是用户感兴趣的商品特征，用 u_{ij} 表示，且 $u_{ij}>0$，其中 $i=1, 2, \cdots, n$，表示商品特征的数量，u_{ij} 表示用户 j 对第 i 个特征的感知价值，$e_{ij}(u_{ij})$ 表示用户 j 对第 i 个特征的感知价值对感知真实性的影响函数，且 $0<e_{ij}<1$。设负面评论使用户 j 感知到的损失风险为一个固定值 l_j，$l_j \geqslant 0$。由于每个用户对商品不同特征的兴趣度不同，且对属性信息和体验信息的敏感度也不一致，同时用户对评论的感知真实性也不同，用 w_j 表示第 j 个用户的购买意愿，如公式（9-5）所示。用户的购买意愿越大，其购买此商品的可能性越大。

$$\omega_j = \sum_{i=1}^{n} u_{ij} \times e_{ij}(u_{ij}) - l_j \qquad (9-5)$$

9.2.2　眼动实验

9.2.2.1　实证研究

（1）参与者与实验材料

选取 20~30 岁有 2 年以上网购经验的高等院校在校生 45 人，并对完成实验的参与者给予 30 元奖励。实验材料选取鞋子作为体验类

商品，笔记本电脑作为搜索类商品，摘取淘宝网的商品好评数据各 60
条。从中筛掉评论字数少、语义不通、与商品评论无关的垃圾评论和
物流与服务相关的评论，最后留下各 40 条只包含商品属性信息和体
验信息的评论。由于预实验过程发现评论字数严重影响阅读时间，因
此，为剔除评论字数的影响，设计每个商铺的两种评论的字数大致
相同。

由 5 位研究生按照李克特五级量表对每条评论属于属性评论还是体验
评论进行如下两个问题的打分。

A：我读的这条评论更多地涉及商品的属性和特点。

B：我读的这条评论更多地涉及用户的体验和情感态度。

最后选取两个商品每个分类的打分排名前 20 的评论。此外，根据
"好评返现"较常出现的形式，写 15 字以上好评返现 3 元，设计 3 条从
用户撰写好评的角度体现卖家开展了"好评返现"活动，以提醒消费
者存在虚假好评。实验时为避免读者不分重点，逐字阅读评论导致实验
失效，会提前告诉实验者需要阅读 18 个店铺的评论，增加读者的时间
压力，从而注视评论中的兴趣区。为减少被试受上一组实验的影响，在
组与组之间添加填充任务：在每完成一个店铺的评论任务，被试会观看
一段 5 分钟的洗漱用品病毒性视频广告，并描述观看前后对商品品牌的
感受。

（2）实验设计和测量

实验采用 Tobii Pro X2-60 眼动仪，可以检测到被试阅读文字时的注
视兴趣点和注视时长。实验前会对被试进行如下说明，并用问卷记录用户
决策——

假设您将会购买下面两类商品，您会阅读这两类商品中不同店铺的在
线商品评论，在阅读每个商铺的评论后，您会回答如下问题。

A：阅读以上评论后，您认为此网店的评论是？

（都很虚假：1 分；大部分虚假：2 分；半真半假：3 分；大部分真
实：4 分；非常真实：5 分）。

B：阅读以上评论后，如果您要在几个网店中作选择，您会在此网店
购买商品吗？

（绝对不买：1 分；不太会买：2 分；不确定：3 分；很可能买：4
分；肯定会买：5 分）

实验采取控制变量法，对两类商品（电脑、鞋子）的每个店铺设计
属性评论和经验评论的数量如表 9-1 所示，共 18 组。每个店铺又增加 0
条、1 条或 3 条"好评返现"提示语。

表 9-1　18 组实验设计

单位：条

店铺	属性评论数	经验评论数	"好评返现"提示语数
店铺 1	5	15	0
店铺 2	10	10	0
店铺 3	15	5	0
店铺 4	5	15	1
店铺 5	10	10	1
店铺 6	15	5	1
店铺 7	5	15	3
店铺 8	10	10	3
店铺 9	15	5	3

本实验共有 5 个变量，其中控制变量是商品类型（电脑、鞋子），自
变量是属性评论和经验评论的占比（5∶15 属性评论占比少，10∶10 属
性评论占比中，15∶5 属性评论占比多），"好评返现"提示语的数量（0
条：没有；1 条：少；3 条：多），因变量是店铺评论真实性，购买意愿
的问卷结果（打分：1~5，共 5 个等级）。

如图 9-4 和图 9-5 所示，被试实验过程中阅读评论的注视区域和
注视时长，注视时间越长，颜色越深，实验完成后，使用 Tobii Pro
Studio 对眼动实验数据进行统计。其中，图 9-4 是数据统计处理前的原
图，图 9-5 是数据统计方式，根据实验材料中评论的属性划分统计区
域，统计每个店铺的属性评论和经验评论的平均注视时长。

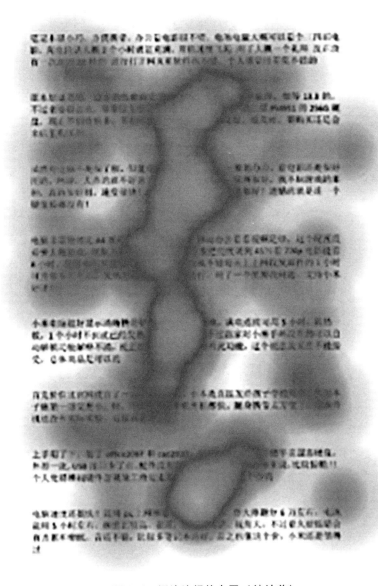

图 9-4　评论注视热点图（统计前）

9.2.2.2　数据收集

在实验结束后，一共收集了 45 份实验数据，删除其中数据缺失和识别误差较大的数据，有 40 份有效实验数据作为实验结果，表 9-2 展示了部分实验数据。

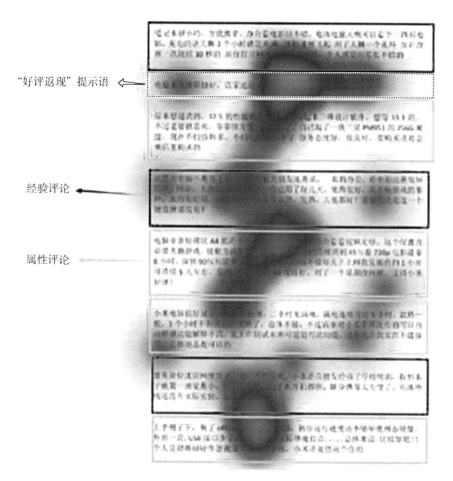

图 9-5　评论注视热点图（统计时）

表 9-2　18 组实验数据（部分）

商品类型	属性评论数（条）	经验评论数（条）	"好评返现"提示语数（条）	属性评论注视平均时长（分钟）	经验评论注视平均时长（分钟）	真实性	购买意愿	被试序号
0	5	15	3	2.30	1.42	0	4	1
0	10	10	3	2.16	1.34	2	0	1
0	15	5	3	1.35	1.41	2	0	1

9.2.2.3　结果分析

在数据处理过程中，采用 SPSS 软件对实验数据在不同控制变量下分别讨论有无虚假评论时，属性评论占比对用户感知评论真实性和购买意愿的影响，返现好评带给用户对虚假评论的感知真实性程度，及其对用户的购买意愿的影响这四种情况，对数据进行统计检验，并进行可视化展示。

（1）没有虚假好评时，属性评论占比对真实性和购买意愿打分的影响

图 9-6（a）~（c）展示了商品类型分别是全部商品、鞋子、电脑，属性评论占比不同时购买意愿和真实性打分的均值分布。取置信度为 95%，在商品不作为控制变量时，购买意愿受属性评论占比影响显著（$P = 0.020$），真实性受属性评论的占比影响不显著（$P = 0.859$），表明在没有虚假好评时，用户对商品评论的真实性判断不会受评论类型影响，但是属性评论占比多，可提供的有用信息多，显著影响用户的购买意愿。

通过 SPSS 进行单因素方差分析，总结如表 9-3 所示。当商品类型作为控制变量时，对于鞋子，属性评论占比对购买意愿（$P = 0.122$）和真实性（$P = 0.305$）的影响都不显著；对于电脑，属性评论占比的影响对真实性（$P = 0.321$）不显著，但对购买意愿（$P = 0.042$）显著；表明没有虚假好评时，对于搜索类商品，属性评论占比较高可以提供更多的信息，增加了用户的购买意愿，但无论哪种类型的商品，属性评论占比对真实性的影响都不显著，假设 H1a、H3a、H3b 成立。

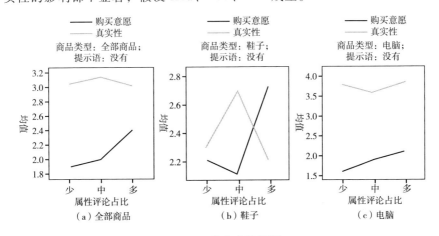

图 9-6　没有虚假好评

表 9-3　SPSS 统计指标整理——没有虚假好评时

用户心理变量	全部商品		鞋子		电脑	
	F	Sig	F	Sig	F	Sig
真实性	0.152	0.859	1.199	0.305	1.148	0.321
购买意愿	3.969	0.020	2.144	0.122	3.264	0.042

（2）存在虚假好评时，属性评论占比对真实性和购买意愿打分的影响

图 9-7（a）～（c）展示了商品类型分别是全部商品、鞋子、电脑，属性评论占比不同时购买意愿和真实性打分的均值分布。在商品不作为控制变量时，购买意愿受属性评论占比影响不显著（$P = 0.298$），但真实性受属性评论占比影响显著（$P = 0.022$），表明存在"好评返现"提示语时，用户怀疑评论的真实性，进而影响用户的购买意愿，此时经验评论由于没有对商品的属性进行实质性描述，导致用户不相信经验类评论，而属性评论更能从细节描述商品质量，因此属性评论占比越高，用户对商品评论的可信度越高。

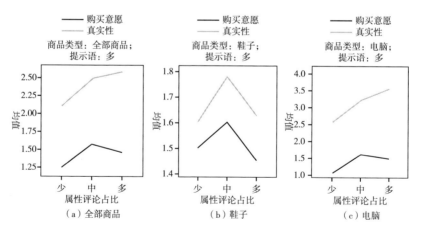

图 9-7　有虚假好评

当商品类型作为控制变量时，对于鞋子，属性评论占比的影响对购买意愿（$P = 0.843$）和真实性（$P = 0.693$）都不显著；对于电脑，属性评论占比的影响对真实性（$P = 0.000$）显著，但对购买意愿（$P = 0.211$）不显著，如表 9-4 所示，表明存在虚假好评时，对于搜索类商品，属性

评论占比高可以提供更多的信息，而增加了用户的可信度，但无论哪种类型的商品，属性评论占比对于购买意愿的影响都不显著，假设 H1b、H1c 不成立，H3c 成立。

表 9-4　SPSS 统计指标整理——存在虚假好评时

用户心理变量	全部商品		鞋子		电脑	
	F	Sig	F	Sig	F	Sig
真实性	3.901	0.022	0.368	0.693	13.512	0.000
购买意愿	1.217	0.298	0.171	0.843	1.577	0.211

（3）"好评返现"提示语出现次数对真实性和购买意愿的影响

对于体验类商品，真实性和购买意愿随着提示语出现次数的不断增多而下降，且真实性和购买意愿打分的均值相近；对于搜索类商品，其真实性和购买意愿随着提示语出现次数的不断增多而下降，但真实性打分均值高于购买意愿；对于不加商品类型为控制变量，真实性和购买意愿的趋势和体验类商品相似，表明"好评返现"提示语的存在触发了用户内心对评论虚假性的怀疑模式，提示语出现次数越多，用户对评论的真实性越怀疑，而且因为购买电脑承担的风险更大，用户购买意愿和真实性打分差距也较大，图 9-8（a）~（c）展示了均值的折线图，假设 H2a、H2b 成立。

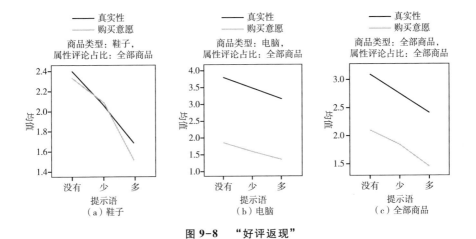

图 9-8　"好评返现"

（4）"好评返现"提示语出现次数对评论注视时间影响

没有虚假好评时，对于全部商品、搜索类商品和体验类商品，属性评论的平均注视时间显著大于经验评论的平均注视时间（$P<0.0001$）。使用SPSS 配对样本 T 检验进行均值比较，得到如表 9-5 所示的统计结果。

表 9-5　SPSS 统计指标整理——没有虚假好评，但有"好评返现"时

商品类型	Paired Differences					t	df	Sig.（2-tailed）
	Mean	Std. Deviation	Std. Error Mean	95% Confidence Interval of the Difference				
				Lower	Upper			
全部商品	0.42543	0.79328	0.05121	0.32456	0.52631	8.308	239	0.000
鞋子	0.27231	0.62234	0.05681	0.15982	0.38481	4.793	119	0.000
电脑	0.57855	0.91066	0.08313	0.41394	0.74316	6.959	119	0.000

存在虚假好评时，对于全部商品、搜索类商品和体验类商品，属性评论的平均注视时间同样显著大于经验评论的平均注视时间（$P<0.0001$），如表 9-6 所示。但对于体验类商品，差值比没有虚假好评时大，说明对于体验类商品，存在虚假好评时，用户更加注意属性评论；对于搜索类商品，差值比没有虚假好评时小，说明对于搜索类商品，用户反而降低了对属性评论的关注度，假设 H2c 成立。

表 9-6　SPSS 统计指标整理——存在虚假好评，且有"好评返现"时

商品类型	Paired Differences					t	df	Sig.（2-tailed）
	Mean	Std. Deviation	Std. Error Mean	95% Confidence Interval of the Difference				
				Lower	Upper			
全部商品	0.52726	0.75256	0.04858	0.43157	0.62296	10.854	239	0.000
鞋子	0.57216	0.59478	0.05430	0.46465	0.67967	10.538	119	0.000
电脑	0.48236	0.88297	0.08060	0.32276	0.64197	5.984	119	0.000

根据以上统计分析和检验总结得出如下结论。

H1a：没有虚假好评时，无论是搜索类商品还是体验类商品，其属性信息评论的占比不会影响用户对好评真实性的评价。（成立）

H1b：存在虚假好评时，体验类商品中属性信息评论的占比越大时，用户对好评真实性的评价越高。（不成立）

H1c：存在虚假好评时，搜索类商品中属性信息评论的占比不会影响用户对好评真实性的评价。（不成立）

H2a："好评返现"提示语出现的概率越大，用户越怀疑好评的真实性。（成立）

H2b："好评返现"提示语出现的概率越大，用户的购买意愿越低。（成立）

H2c：用户阅读属性评论的时长大于阅读经验类评论的时长。（成立）

H3a：没有虚假好评时，体验类商品中属性信息评论的占比不会影响用户的购买意愿。（成立）

H3b：没有虚假好评时，搜索类商品中属性信息评论的占比越大，用户的购买意愿越大。（成立）

H3c：存在虚假好评时，无论搜索类商品还是体验类商品，其属性信息评论的占比都不会影响用户的购买意愿。（成立）

9.3　用户虚假评论应对策略

通过分析 C2C 电子商务平台中买卖双方的博弈行为，发现在线评论偏离真实性的诱因包括两个方面。

一是"好评返现"策略的出现，增加了卖家和买家双方的当前收益，因此，在淘宝网店中"好评返现"活动出现的频率很高，从而导致在线评论整体打分偏高。高质量好评比低质量好评能带来更多销售额，为了换取高质量好评，卖家为最大化自身效用就会采取"好评返现"的策略。同时，对于时间和精力充沛、违心改好评后自责较少的买家，较少的返现金额就可以使买家给出高质量好评，因此，部分买家会为了自身利益最大化而给高质量好评。

二是"差评威胁"策略导致差评数量明显减少。当买家遭受威胁时，有很大概率都会选择妥协，然而妥协的概率越大，卖家采取"威胁"策略的概率越大。由于差评对卖家的销售量有很大影响，所以一些卖家宁愿冒着风险也会采取"威胁"策略。同时，买家估计到卖家会采取"威胁"策略的概率越大，给出差评的概率就越小，从而避免遭受威胁。

进一步通过眼动实验，发现体验类商品和搜索类商品的虚假评论对用户购买意愿的影响。对于体验类商品而言，无论虚假好评是否存在，属性评论占比都不显著影响真实性和购买意愿。然而对于搜索类商品，如果虚假评论不存在，属性评论占比显著影响购买意愿；如果虚假评论存在，属性评论占比显著影响真实性。"好评返现"现象显著影响用户对商品的真实性的打分，这种现象出现越多，用户越不相信商品评论的真实性，购买意愿也显著下降。

商务社交媒体数据在用户购买决策中发挥着重要的作用，但是虚假评论会影响用户的决策行为和卖家的销售，因此，为了能够有效利用用户评论为企业决策提供支持，商务社交媒体平台应该采取合适的策略应对虚假评论，尽量减少"好评返现"和"差评威胁"现象，在一定程度上纠正了在线评论的偏差。

首先，商务社交媒体平台应给予买家举报威胁的权利，国家也应该对采用威胁手段改好评的商家进行严厉惩罚，增加卖家的威胁成本，保护买家，从而遏制卖家的威胁行为。

其次，商务社交媒体平台应该改进评价机制。一方面，通过将好评的内容进行标准化限制，给定标准的评价内容指标，使评论者对质量、大小、颜色等内容进行规范化表述，增加了买家写高质量评论的时间和精力，从而使卖家进行"好评返现"活动的收益减少。另一方面，通过取消评价机制中的系统默认好评，禁止卖家的"好评返现"活动，给予高质量评论买家奖励等办法，避免虚假评论的产生。

虚假评论的存在干扰了用户通过阅读在线评论判断商品质量的情绪和思维过程，在面对已经存在虚假好评的在线评论环境时，用户也需要采取合适的策略应对虚假评论对自己判断的影响。

其一，注意在线评论中的一些关键词。比如，有些诚恳的用户会写道，收到了商家的"好评返现"优惠券，或者抱怨给了好评，商家没有返现等。这些关键词反映了商家的在线评论中的好评很可能是返现引起的，无法反映真实的商品质量。

其二，尽可能关注商品属性信息的描述。属性信息能够客观地反映商品相关信息，从在线评论的描述中对比商家的宣传信息，在一定程度上能够推断商家的描述是否真实、有没有夸张的成分。因此，无论是体验类商品还是搜索类商品，都应该更关注其中的商品属性信息的描述。

其三，在时间和精力充足时，多留意其他网站、同类其他店铺的在线评论信息、店铺开店的时间，对比分析其同质化竞争程度，会在一定程度上决定此商品中虚假评论的占比。

第 10 章

社交媒体数据驱动的产品混合推荐决策支持

推荐是企业产品决策的重要内容之一，能够帮助企业进行精准营销，提高用户的留存率和满意度。商务社交媒体的发展能使用户在满足基本需求的基础上产生更大的消费需求，用户在互联网上对产品或服务的评论直接反映了用户对产品的偏好和需求。借助于用户的内容信息，充分运用领域知识、情感分析、营销学、数据挖掘等理论构建用户画像，在很大程度上突破有限的用户信息限制，将用户的情感和层次化的需求偏好相结合，使更精准地分析用户消费行为成为可能。本书以商务社交媒体数据为基础，通过对电子商务网站中产品信息及用户内容信息的文本挖掘处理，从用户、产品和用户对产品的评价三个角度对产品用户进行画像，并以用户画像为基础构建基于用户偏好和产品特征的混合推荐模型，提高了电子商务产品推荐的精准性，实现了社交媒体数据驱动的产品推荐决策支持。

10.1 用户画像模型构建及实现

10.1.1 用户画像模型构建流程

社交媒体数据驱动的用户画像模型构建，主要包括用户画像概念模型、基于本体的用户画像模型实现、用户画像多维可视化分析三个步骤，用户画像模型构建流程如图 10-1 所示。

用户画像是对用户基本信息及行为偏好信息的表征，能够挖掘用户对产品的需求和态度。从用户信息属性、产品信息属性和用户评价信息属性

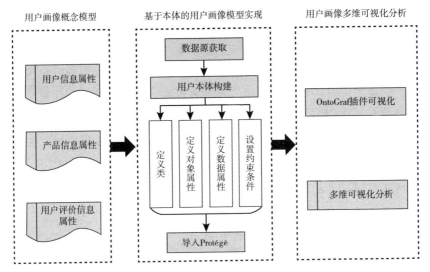

图 10-1　社交媒体数据驱动的用户画像模型构建流程

三个方面构建用户画像的概念模型，确定用户画像各个维度包含的信息，在此基础上实现用户画像模型。首先通过爬虫从网站获取数据，包括产品信息数据和用户评论数据，对数据进行分词、词性标注等处理，识别名词、形容词、程度副词和否定词。其次采用人工和 textrank 算法相结合的方法，从评论中抽取特征词，利用 hownet 情感词典和从评论中抽取的形容词构成情感词词典，同理构建程度副词词典和否定词词典，将评论以标点为切分标准，进行词典配对，构建特征观点对，通过定义类、定义对象属性、定义数据属性和设置约束条件完成用户本体构建，导入 Protégé 实现本体模型，利用 OntoGraf 插件实现可视化并进行分析。

10.1.2　用户画像概念模型

用户画像包含用户最基础的、带有个人特点的和有用的信息。为了实现对产品用户的完整刻画，可以从用户、产品和用户对产品的评价三个角度对产品用户进行画像。具体定义如下。

（1）用户信息属性

用户信息属性描述用户基本特征，从某个方面体现了用户选择本产品的原因，包括用户名称和用户出行方式两个属性。用户名称是区别于其他用户的最基本的属性；用户出行方式是刻画用户群体行为的特征属性。

（2）产品信息属性

产品信息属性是产品的基本特征，反映了用户对产品的偏好，包括产品名称、区域、详细位置、产品类型和价格五个属性。区域描述了产品所处区域信息，详细位置是产品的具体位置，价格是用户使用产品的价格信息。产品所处区域、详细位置、产品类型和价格都是影响用户选择产品的关键因素，这些信息可以帮助商家分析用户选择产品的特点和原因，使商家了解用户选择产品的动机，有针对性地开展市场营销活动。

（3）用户评价信息属性

用户评价信息表达了用户对产品的观点或感受，包括评论内容、评论日期、点赞数和总评分等。评论内容是用户对产品的具体评价信息，以文字形式表达，其中蕴含了用户关注的产品特征及对相应特征的态度；总评分是用户对产品的整体评价；其他产品用户通过点赞来表示对评论的认同度；评论日期则可以反映评论发生的时效性。用户评价信息通过情感分析的方法计算用户关注的不同特征的情感极性，以正向评价 1 分、负向评价-1 分，乘程度副词和否定词的权重来表示。

10.1.3　用户评论数据预处理

从商务社交媒体获取的产品评论数据不但数量大，而且具有很多与产品无关的信息，通过对其进行清洗等处理，获得对了解用户偏好有用的信息。

"特征观点对"是从用户发表的评论中提取出来、能够代表用户关注产品特征及相应情感极性的信息。"特征观点对"使商家能够直观地了解用户对每个产品特征的情感倾向，对于了解用户对产品的态度至关重要。"特征观点对"的构建是：对网站信息中的产品信息和在线评论进行采集、预处理等操作，得到实验数据，采用人工和 textrank 算法相结合的方法构建特征词词典，基于 hownet 情感词典并利用实验数据构建情感词词典，根据常用词语构建否定词词典和程度副词词典，最后对构建的词典进行匹配映射，得到"特征观点对"词典。流程如图 10-2 所示。

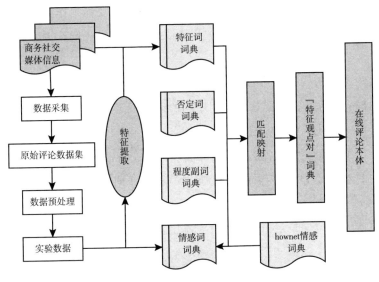

图 10-2 　"特征观点对"的构建流程

10.1.3.1　特征词词典的构建

首先，通过文本预处理，利用 textrank 算法和人工抽取的方法，从实验数据和商务社交媒体信息中提取用户对产品普遍关注的特征，从而组成特征词词典的候选特征词。其次，按照余弦相似度获取候选特征同义词，并将实验数据中此类词语进行替换。最后，确认下位词，将候选特征词分为上下位结构，最终结果构成特征词词典。具体步骤如下。

（1）分词与词性标注，去停用词

利用 Python 中的 Jieba 包对爬取的评论数据进行预处理，包括分词、词性标注、去停用词。为让分词效果更好，添加用户自定义的领域词典，例如，产品评论"房间卫生不错"，标记为"房间卫生/n 不错/a"。因为特征观点对的抽取是以标点符号为分隔，在此，停用词不包括标点符号。

（2）特征词识别

特征是描述给定产品的组件、功能和属性的单词和短语。特征的概念主要包括商务社交媒体信息和产品评论文本两个来源。从产品简介信息中人为抽取人们对产品比较关注的特征，作为第一部分候选特征词；以名词（/n）和动词（/v）作为候选特征词，利用 textrank 算法计算产品评论文本的实验数据中每个单词节点的重要性，得到最重要词语作为第二部分候选特征词，并进行进一步筛选后加到特征词词典中形成候选特征词。

（3）同义词替换

评论是非结构化文本，中文评论存在口语化严重、语义模糊的特点，人们对同一产品特征的描述可能用不同的词语，比如酒店评论中的 Wi-Fi，有的人说"无线"，有的人说"网"，有的人说"WI-FI"，这为构建特征词词典增加了难度。利用余弦相似度算法确定候选特征的同义词，通过 Excel 软件中的宏语言 VBA 进行同义词替换，构成特征词词典候选特征。

（4）下位词

概念的下位词是对概念特例，与概念间是一种种属继承关系。通过识别特征词的下位词，实现待选特征词的上下位划分，构成最终的特征词词典。

10.1.3.2　情感词词典构建

形容词能够表达对产品的情感极性，因此，以 hownet 情感词典为基础，结合产品评论中的形容词构建情感词词典，情感词表明了用户对产品的观点。情感词词典包括正向通用情感词、负向通用情感词、正向专用情感词、负向专用情感词。正向和负向分别赋予 1 和 -1 的情感极性得分。通用情感词能够表达多个特征的情感，由通用情感词的正面情感词和负面情感词组成，如"好、很好、不错""差、一般、坏"既可以描述"房间"，也可以描述"Wi-Fi"。专用情感词专门用来描述产品的某个特征，包括专用情感词的正面情感词和负面情感词，例如"干净""脏"用来描述"卫生"这一特征，"安静""吵闹"用来描述"隔音"这一特征。利用评论的语料提取和标注观点词，计算基准观点词的情感极性，通过语义相似度的方法计算其他观点词的情感极性，构成情感词词典。

10.1.3.3　否定词词典和程度副词词典构建

用户在对产品评论的时候，习惯运用程度副词来表达自己的情感程度及倾向，考虑用户本体特点，将程度副词分成 4 个等级，即低、中、高和极高，分别赋予 0.5、1、1.5 和 2 的权值，构成程度副词词典。汉语中还有一些否定词，这些否定词和情感词搭配使用时，词的情感会发生逆转，因此，将"没有、不、无"等 13 个常用否定词构成否定词词典。

10.1.3.4 特征观点对匹配

特征观点对匹配是指从大量的评论数据中提取出描述产品特征的特征观点对，从而建立产品特征与用户情感倾向之间的联系。

统计发现，用户通常习惯使用简单句和否定句来表达本人的情感倾向，使用创建的特征词词典、否定词词典、程度副词词典和情感词词典进行映射匹配，提取特征观点对。抽取结果表示为 $[C, N, D, S, p(C, N, D)]$；其中，C 表示特征词，N 表示否定词，D 表示程度副词，S 表示情感词，p 表示情感极性得分；$p(C, N, D) = N \times D \times S$。图 10-3 描述了特征观点对组成部分之间的关系。特征词既可以用专用情感词描述又可以用通用情感词描述，例如 Wi-Fi，既可以用"好、差"等通用情感词描述，也可以用"流畅、稳定"等专用情感词描述。

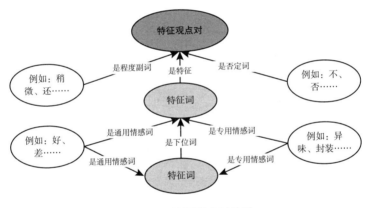

图 10-3 特征观点对关系

提取每一个句子的特征观点对的具体算法思路如下。

①特征词与观点词为一对一关系，则直接提取配对，例如评论"房间特别好"，提取为房间_ 特别_ 好_ 0.75。

②特征词与观点词为多对一关系，则将单个特征词分别与观点词匹配，例如评论"环境和卫生不错"，提取为环境_ 不错_ 1.0 和卫生_ 不错_ 1.0。

③特征词与观点词为一对多关系，则将特征词分别与单个观点词匹配，例如评论"房间干净并且温馨"，提取为房间_ 干净_ 1.0 和房间_

温馨_ 1.0。

④隐式产品特征识别。中文在线评论存在主语省略的现象，但可根据上下文推断出隐含的特征词语，这些特征被称为隐式特征。因此，根据专用情感词自动匹配隐式特征，例如"不干净，简直脏乱差"这句评论，"干净"和"脏乱差"指的是特征词"卫生"，则自动匹配特征词，提取结果为卫生_ 不_ 干净_ -1.0和卫生_ 脏乱差_ -1.0。

10.1.4　产品用户本体构建及实现

本体作为一种知识重用、共享和建模的技术，在智能信息处理、知识工程领域已经得到了广泛的应用。由于用户画像的属性概念具有多样性、层次性、领域性和可重用性的特点，适合本体实现，因此，选择本体作为用户画像实现的技术。

本体构建和实现需构建类、划清楚本体的概念层次和实现实例化，具体包括定义类、对象属性、数据属性及约束条件的设置。

（1）类的定义及其约束

在 Protégé 的 Classes 标签下创建需要的类，设置类名，并对类进行约束条件的设置。本类的约束条件主要是指类之间的互斥关系，例如，comment 类下的 disjoint with 项添加其他七个类，表示 comment 类与其他类之间是没有交集的。

（2）对象属性的定义及其约束

在 Protégé 的 Object Properties 标签下设置对象属性，包括对象属性的定义域和值域。

（3）数据属性的定义及其约束

在 Protégé 的 Data Properties 标签下完成对数据属性的配置。包括两个方面：属性的定义域及值域。

（4）本体实例化包括创建类的对象和对属性进行赋值

采用 Protégé 和 OWL 的人工与半自动化结合的方式来实现本体实例化，提高了本体实例创建的效率。

Protégé 有两个能够可视化的部分：OWLViz 和 OntoGraf。OWLViz 是通过树状图来表示本体概念之间的联系，OntoGraf 在此基础上还能显示类的实例和实例的属性，同时实现概念间关系和特征节点的可视化，主要利用 OntoGraf 插件实现可视化。

10.2　用户偏好模型和产品特征模型的构建

10.2.1　用户偏好模型

商务社交媒体的在线评论不仅包含用户喜欢的产品特征点，还包含用户不太满意的产品特征点，用户偏好模型能够结合情感倾向分析用户对产品的偏好。

（1）用户偏好信息的获取

对评论内容进行处理，提取特征词、情感词，构建特征词词典、情感词词典、程度副词词典、否定词词典并将词典进行配对，得到特征观点对，特征观点对包括用户关心的产品特征及相应的情感偏好得分，即用户的偏好分布。

r_{ua} 表示用户 u 对产品特征属性 a 的偏好得分，$r_{ua} \in [-1, 1]$，如果用户发表 n 条评论，则 r_{ua} 取其平均值。向量 $r_u = (r_{u1}, r_{u2}, \cdots, r_{um})$ 表示用户 u 对特征属性的偏好向量，通过对用户集 U 所有属性的偏好计算构建用户对产品属性偏好矩阵。例如，用户 s 对 A 型号手机发表 1 条 "手机外观好看，性能也好"，并对 B 型号手机发表 "性价比高，外观很满意"，假设 "好" 权重为 0.5，"很好" 权重为 1，那么用户 s 对手机属性 "外观" 的偏好得分为 "好看" 和 "很满意" 的平均值，即 0.75。如果产品属性集包括外观、性能、屏幕和电池四个特征，那么用户 s 的用户属性偏好矩阵为 $(0.75, 0.5, 0, 0)$。

用户在网站购物后发表对产品的评价时会有一个整体评分，整体评分是用户对整个购物过程、购买的产品的整体满意度，评分越高代表用户对该产品及服务越满意，用户二次购买意愿越大，用户黏性越好。增加用户 u 对所有产品的整体评分，得到用户 u 对所有产品整体的评分向量 $R_u = (R_{u1}, R_{u2}, \cdots, R_{uf})$，通过统计用户集 U 对产品整体评分构建用户偏好矩阵。用户偏好矩阵成功地将评论信息转化为可量化的偏好信息，为用户偏好模型的构建作准备。

（2）用户偏好模型的构建

根据用户画像，商家可以得到一些用户基本信息和用户行为信息。不同年龄、地区、会员级别等基本信息的用户对产品的要求可能不同，相似信息的用户可能需求更相近些，所以，通过用户画像，商家不仅可以了解某个特定用户的偏好，也可以从群体角度了解用户偏好。这里，用户行为信息是指用户购买产品并发表评论，用户的选择行为也反映了用户的偏好。

构建用户偏好模型 $UPM = (UI, UP)$。其中，UI 表示用户的个人基本信息，如用户 id 等；UP 表示用户对产品的偏好信息，$UP = \{Pname, Feature, Preference\}$，包括产品的名称、产品特征以及偏好得分。根据 textrank 算法和人工结合的方法确定产品特征，建立特征词词典。以 hownet 情感词典为基础，结合产品评论中的形容词构建情感词词典。建立低、中、高和极高四个等级的程度副词词典，构建常用否定词构成的否定词词典。将评论按标点符号进行切分，Python 编程抽取每一个句子的特征观点对，从而得到用户对产品的偏好，抽取结果表示为（特征词，否定词，程度副词，情感词，情感极性得分）。例如，评论"小米 6 手机的电池耐用，但是外观很丑"，提取特征观点对为（电池，null，null，耐用，0.5）和（外观，null，很，丑，-1）。则此时用户对产品的偏好记为 {小米 6，电池，0.5} 和 {小米 6，外观，-1}。

10.2.2　产品特征模型

用户购买产品是因为产品的某些功能能够满足需求，每个产品都由很多部分构成，用户对一个产品的满意度是用户对产品的某些功能或组件满意度的加和，即产品特征能否满足用户需求影响了用户对产品整体的满意度。

产品特征模型表示产品与属性特征之间的联系，反映了各产品在属性特征上的区别，是产品特征与产品整体之间的桥梁，特征的权重是基于用户所发表的关于产品特征的评论内容计算的。使用 TF-IDF（Term Frequency-Inverse Document Frequency）算法计算不同产品的特征属性重要度，构建产品特征模型。

　　词频-逆文档频率 TF-IDF 是权重计算的经典算法之一，能够得到某个词语对语料库中某个文档的有用程度。假如一个词语在一篇文档中出现的频次较高，并且在其他文档中相对来说出现的频次比较低，表明该词语具备较好的区分能力。词频 TF_{ia} 表示词语 a 在产品 i 的所有评论中出现的次数，出现次数越多，该词语的重要性就越大。逆向文档频率 IDF_a，表示词语 a 在所有产品中出现次数的比例。如果某一词语在某一产品中出现的频次比较高，但是相对于所有产品也是频繁的，则说明它可能是常用词语；反之，则说明它可能是产品中的专业词语，它可以用于对产品进行区分。

　　基于 TF-IDF 模型，计算在线评论中产品特征属性在产品整体中的重要性占比。

$$W_{ia} = TF_{ia} \times IDF_a \tag{10-1}$$

$$TF_{ia} = \frac{\sum_{u \in A_R} b(i_u, a)}{\sum_{u \in A_R} B(i_u, a)} \tag{10-2}$$

$$IDF_a = \log \frac{\sum_{t=1}^{N} T(t)}{\sum_{t=1}^{N} T(a, t)} \tag{10-3}$$

其中，W_{ia} 是产品 i 中的特征属性 a 的特征重要程度。$u \in A_R$ 表示用户是对产品 A 评过分的用户，$\sum_{u \in A_R} b(i_u, a)$ 表示产品 i 的所有在线评论中有关属性 a 评分之和，$\sum_{u \in A_R} B(i_u, a)$ 表示有关产品 i 的所有用户整体评分之和。$\sum_{t=1}^{N} T(a, t)$ 表示在线评论中包含特征属性 a 的在线评论数量，$\sum_{t=1}^{N} T(t)$ 表示在线评论的数量。TF_{ia} 表示特征属性 a 在产品 i 中的重要性比例，IDF_a 表示特征属性 a 在产品中的分布情况。如果 TF_{ia} 和 IDF_a 都比较大，则说明特征属性 a 在产品 i 中占的比例较大，即该特征对产品比较重要，是主要属性。

　　对 W_{ia} 进行归一化处理，使通过公式（10-1）计算得到的 $\sum_{a=1}^{m} W_{ia} = 1$，$W_{ia}$ 表示产品 i 中的属性 a 的特征度，m 为产品所有特征属性的数量。向量 $W_i = (W_{i1}, W_{i2}, \cdots, W_{im})$ 是产品 i 的特征权重向量。

通过对产品集 A 中的所有特征属性的权重计算，将产品特征信息表示为产品特征矩阵 F。

10.3   基于用户偏好和产品特征的混合推荐模型

在构建用户偏好模型和产品特征模型的基础上，通过计算相似度预测偏好得分，进行推荐。混合推荐模型分为三种情况：对老用户进行产品推荐、对冷启动用户进行推荐以及对冷启动产品进行推荐。对于老用户，使用修正的余弦相似度算法获取相似度。但是该算法不能运用到冷启动情况，对于用户冷启动，则通过用户搜索条件的相似度算法解决。对于产品冷启动，可以利用产品详情页中产品本身属性计算相似度。

10.3.1   老用户相似度算法

修正的余弦相似度算法能够解决因为不同用户对分数认识的不同所带来的评分差异问题。方法是在余弦相似度公式的前提下减去用户对所有属性的平均分。对于任意两个用户 u、v，基于产品属性特征评价的用户相似度定义如公式（10-4）所示。

$$S'_{uv} = \frac{\sum_{a \in I_{u,v}} (r_{ua} - \overline{r_u})(r_{va} - \overline{r_v})}{\sqrt{\sum_{a \in I_{u,v}} (r_{ua} - \overline{r_u})^2} \sqrt{\sum_{a \in I_{u,v}} (r_{va} - \overline{r_v})^2}} \qquad (10-4)$$

其中，$I_{u,v}$ 为用户 u、v 共同打分的产品属性集合，r_{ua} 为用户 u 对产品属性 a 的评价得分，$\overline{r_u}$ 为用户 u 对所有产品属性的平均偏好；同理，r_{va} 为用户 v 对产品属性 a 的偏好得分，$\overline{r_v}$ 为用户 v 对所有产品属性的平均偏好。S'_{uv} 越大说明用户 u 和 v 基于产品特征属性的相似度越高。计算相似度之后，对相似度得分从高到低进行排列，选取前 k 个记为用户 u 的邻居 U_1。

同理，对于任意两个用户 u、v，基于产品整体偏好得分的用户相似度定义如公式（10-5）所示。

$$S''_{uv} = \frac{\sum_{A \in H_{u,v}} (R_{uA} - \overline{R_u})(R_{vA} - \overline{R_v})}{\sqrt{\sum_{A \in H_{u,v}} (R_{uA} - \overline{R_u})^2} \sqrt{\sum_{A \in H_{u,v}} (R_{vA} - \overline{R_v})^2}} \qquad (10-5)$$

其中，$H_{u,v}$ 为用户 u、v 共同打分的产品集合，R_{uA} 表示用户 u 对产品 A 的评价得分，$\overline{R_u}$ 表示用户 u 对所有产品的平均评价得分；同理，R_{vA} 表示用户 v 对产品 A 的评价得分，$\overline{R_v}$ 表示用户 v 对所有产品的平均评价得分。S''_{uv} 越大说明用户 u 和 v 基于产品整体评分的相似度越高。同理，计算相似度之后从高到低进行排列，选取前 k 个记为用户 u 的邻居 U_2。

10.3.2　冷启动用户相似度计算

用户还没有发布任何在线评论时，由用户当前的搜索行为通过匹配得到。以前文从评论中获取的产品特征为基础，建立冷启动用户特征向量，如果用户当前搜索的关键特征词中包含此特征，则对应特征向量值标记为 1，如果用户当前搜索的关键特征词中不包含此特征，则对应特征向量值标记为 0。用户相似度如公式（10-6）所示。

$$S''_{uv} = \frac{\overrightarrow{r_u} \cdot \overrightarrow{r'_v}}{\|\overrightarrow{r_u}\| \cdot \|\overrightarrow{r'_v}\|} \qquad (10-6)$$

其中，向量 $\overrightarrow{r_u}$、向量 $\overrightarrow{r_v}$ 分别为用户 u 和用户 v 对属性的关注度向量，$\overrightarrow{r_u} = (\overrightarrow{r_1}, \overrightarrow{r_2}, \cdots, \overrightarrow{r_m})$，$\overrightarrow{r_u} \in (0, 1)$，表示用户 u 的搜索条件是否包含某个属性，有则为 1，否则为 0。r'_v 是 r_v 各分量取绝对值后的向量，即 $r'_v = (|r_{v1}|, |r_{v2}|, \cdots, |r_{vm}|)$。用户对产品特征的偏好的情感强度体现了用户对产品特征的关注度，即正向情感和负向情感都可以表示关注度，强度越大，关注度越大。计算相似度之后，选取与用户 u 相似度最大的前 k 个用户作为邻居 U_3。

10.3.3　冷启动产品相似度计算

与新用户类似，商务社交媒体也会经常有新的产品，由于这些产品还没有被用户评价过，此时基于产品本身属性来寻找产品的最近邻居。通过 Doc2vec 分别计算已有评论的商品的详情及产品类型信息的文本向量 $\overrightarrow{C_i}$ 与冷启动产品的详情及产品类型信息的文本向量 $\overrightarrow{C_j}$。产品 i 和 j 的相似度计算公式如（10-7）所示。

$$S_{ij} = \frac{\overrightarrow{C_i} \cdot \overrightarrow{C_j}}{\|\overrightarrow{C_i}\| \cdot \|\overrightarrow{C_j}\|} \tag{10-7}$$

其中，$\overrightarrow{C_i}$ 与 $\overrightarrow{C_j}$ 分别表示产品 i 和 j 的特征权重向量。计算相似度之后，选取与产品 i 相似度最大的前 k 个产品作为邻居 C。

10.4　混合推荐流程

根据相似度计算方法，冷启动问题能够在一定程度上得以解决。无论是老用户、冷启动用户，还是冷启动产品，推荐的流程为：先分别根据从商务社交媒体的在线评论中抽取的特征、总体评分、搜索条件以及自身属性计算相似度，找到最近邻居，然后按照最近邻居的偏好计算目标用户的偏好。

结合上述的相似度计算方法，具体推荐流程如下。

步骤 1：判断目标用户类型，如果是冷启动用户，则跳转到步骤 4；如果不是，进入下一步。

步骤 2：如果是冷启动产品，则跳转到步骤 7；如果不是，进入下一步。

步骤 3：如果用户 u 已在网站发表过对产品的相关评论，则用户 u 对产品属性 a 以及产品 i 的评分预测如公式（10-8）和公式（10-9）所示。

$$s'_{u,a} = \overline{r_u} + \frac{\sum_{v \in U_1}(r_{v,a} - \overline{r_v}) \cdot S'_{uv}}{\sum_{v \in U_1} S'_{uv}} \tag{10-8}$$

$$P'_{u,i} = \overline{R_u} + \frac{\sum_{v \in U_2}(R_{v,i} - \overline{R_v}) \cdot S''_{uv}}{\sum_{v \in U_2} S''_{uv}} \tag{10-9}$$

其中，U_1 和 U_2 为用户 u 基于产品属性和基于产品评分相似的最近邻居集合，分别通过公式（10-4）和公式（10-5）取得，$\overline{r_v}$ 表示用户 v 对所有属性的平均偏好得分，$\overline{R_v}$ 表示用户 v 对所有产品的平均偏好得分，$r_{v,a}$ 表示用户 v 对属性 a 的偏好得分，$R_{v,i}$ 表示用户 v 对产品 i 的偏好得分，$s'_{u,a}$ 和

$P'_{u,i}$ 分别为用户 u 对产品属性 a 和产品 i 的偏好预测，$s'_{u,a} = (s'_{u,1}, s'_{u,2}, \cdots, s'_{u,m})$，$P'_{u,i} = (P'_{u,1}, P'_{u,2}, \cdots, P'_{u,f})$。

跳转到步骤 6。

步骤 4：根据相似度公式（10-6），预测冷启动用户 u 对产品属性 a 的偏好如公式（10-10）所示。

$$s''_{u,a} = \frac{\sum_{v \in U_3} r_{v,a} \cdot S''_{uv}}{\sum_{v \in U_3} S''_{uv}} \tag{10-10}$$

其中，U_3 为用户 u 的最近邻居集合，通过公式（10-6）得到。$r_{v,a}$ 表示用户 v 对属性 a 的偏好，S''_{uv} 是用户 u 和用户 v 的相似度。

跳转到步骤 6。

步骤 5：用户 u 对冷启动产品 i 的偏好预测如公式（10-11）所示。

$$P_{u,i} = \frac{\sum_{j \in C} S_{ij} \cdot R_{uj}}{\sum_{j \in C} S_{ij}} \tag{10-11}$$

其中，C 为产品 i 的最近邻居集合，通过公式（10-7）得到，R_{uj} 为用户 u 对产品 j 的偏好。

跳转至步骤 7。

步骤 6：基于矩阵计算还原用户对产品整体的偏好预测。

基于用户偏好模型，根据公式（10-4）和公式（10-6）计算只能得到基于属性偏好和基于用户搜索条件的用户最近邻居集合，基于此预测得到的是用户对各属性的偏好 $s'_{u,a}$ 和 $s''_{u,a}$，需要通过产品特征模型，将对各属性的偏好预测 $s'_{u,a}$ 和 $s''_{u,a}$ 转换为用户对各产品的偏好预测 P，这一结果通过矩阵乘法运算得到。

$$\vec{P} = F \times \vec{s'_u} \tag{10-12}$$

其中，F 为产品特征矩阵，$\vec{s'_u}$ 是用户 u 对产品属性的偏好预测向量，$\vec{P}$ 为用户对产品整体的偏好预测向量。

步骤 7：根据用户对产品整体评分数据计算相似度得到用户 u 对产品整体的评分偏好预测向量 P'。用户对产品特征属性评价数据与词典进行匹配、计算相似度得到的偏好预测 $S'_{u,a}$，然后乘以特征属性在产品中的权重，得到用户 u 对产品整体的偏好预测向量 P，通过公式（10-13）将两个偏好进行比例计算，得到产品最终偏好评价。

$$\overrightarrow{Score} = \beta \times \overrightarrow{P'} + (1 - \beta) \overrightarrow{P} \tag{10 - 13}$$

其中，β 为整体评分对应的权重。按产品最终得分排列，取 top-K 得到推荐产品集合 T。如果是冷启动产品，$\beta = 1$；如果是冷启动用户，$\beta = 0$。

步骤8：结束。

10.5 携程酒店的产品混合推荐

10.5.1 数据来源与处理

通过携程网采集北京市朝阳区、东城区、西城区、丰台区、海淀区、石景山区、大兴区、房山区的酒店基本信息、用户信息及 2014 年 7 月到 2017 年 5 月 11 日的 16319 条在线评论。经去重等操作去除无用评论后得到 595 家酒店的有效数据 10579 条，数据包括酒店名称、区域位置、详细地址、价格、用户名、评论内容、评论日期、出行目的、房型、酒店评分、点赞数。通过构建用户画像，从整体分析用户信息、酒店信息和用户评价信息三个方面的特征，在此基础上，进一步使用混合推荐模型，分别为酒店老用户、酒店冷启动用户和冷启动酒店进行推荐。

经分词、词性标注等处理后，得到 43 个酒店特征词，分别是：整体、交通、火车站、机场、地铁、公交、出租、环境、位置、周边、景点、公园、餐饮、超市、医院、商场、外卖、服务、大堂、保洁、经理、前台、服务员、牛奶、房间、价格、走廊、卫生、隔音、设施、空调、电视、布草、床单、浴巾、毛巾、水、热水、电、床、装修、卫生间、WiFi。从评论内容抽取特征观点对。

10.5.2 基于酒店评论数据的酒店用户本体构建

为了挖掘用户偏好，利用携程网的酒店评论数据构建酒店用户本体，从而实现用户画像。本体构建和实现需确定类、对象属性、数据属性及约束条件的设置。

10.5.2.1　类的设置

设置评论类、"特征观点对"类、日期类、用户信息类、酒店信息类、酒店位置类、价格类、房间类型类八个类，具体设置如下。

（1）评论类（comment）

评论类主要是用户对某一产品发表的带有个人使用感受的评论，实现用户评价信息属性，包括评论内容（content）、点赞数（point_ number）和总评分（total_ score）。

（2）"特征观点对"类（character_ sentiwords）

特征观点对是从评论中抽取的、用户关注的产品特征及相应情感极性的精炼信息，是刻画用户画像的关键。"特征观点对"类是评论类的子类，实现用户评价信息属性。

（3）日期类（date）

日期类是用户发表评论的日期，日期类是评论类的子类，实现用户评价信息属性。

（4）用户信息类（userinfo）

用户信息类主要是指入住酒店的并且发表相关评论的用户，用户信息类包括用户名称（user_ ID）和用户出行方式，实现用户信息属性。

（5）酒店信息类（hotelinfo）

酒店信息类包括酒店名称和酒店详细位置（hotel_ location），实现酒店信息属性。

（6）酒店位置类（hotel_ location）

酒店位置类表示酒店位于哪个区，是酒店信息类的子类，实现酒店信息属性。

（7）价格类（price）

价格类是入住酒店相应房间的价格，是酒店信息类的子类，实现酒店信息属性。

（8）房间类型类（room_ type）

房间类型类是用户入住的房间类型，是酒店信息类的子类，实现酒店信息属性。

10.5.2.2　对象属性的设置

在构建的八个类中，评论类作为主体类存在，其他类通过对象属性，即类与类之间的关系和评论类进行联系构成用户画像模型。涉及的类的实例之间关系的描述包括包含（contain）、位于（locate）、出售（sale）、评论于（comment_ on）、来自（come）、抽取（extract）、拥有（have）。具体描述如下。

（1）包含（contain）关系和被包含（be contained）关系

包含关系用于酒店与房间类型之间，指酒店信息包含哪些房间类型。被包含关系是包含关系的逆关系，同样用于酒店和房间类型之间，指明哪些产品类型被哪个产品拥有。

（2）位于（locate）关系和被位于（be located by）关系

位于关系用来表示酒店位于哪个地方。被位于关系是位于关系的逆关系，表示酒店位置。

（3）出售（sale）关系和被出售（be saled）关系

出售关系用于酒店和酒店房间价格之间，指用户入住并发表评论的房间价格。被出售关系是出售关系的逆关系，表示房间价格。

（4）评论于（comment_ on）关系和被评论（be commented）关系

评论于关系表示用户发表评论的日期。被评论关系是评论于关系的逆关系，表示评论日期。

（5）来自（come）关系和被来自（be comed from）关系

来自关系表示评论来自哪位用户。被来自关系是来自关系的逆关系，表示用户发表评论。

（6）抽取（extract）关系和被抽取（be extracted by）关系

抽取关系表示从评论中抽取特征观点对。被抽取关系是抽取关系的逆关系，表示特征观点对从哪条评论中被抽取。

（7）拥有（have）关系和被拥有（be had）关系

拥有关系表示评论中拥有的酒店信息。被拥有关系是拥有关系的逆关系，表示酒店信息被包含在评论中。

10. 5. 2. 3　数据属性的设置

数据属性的定义包括名称、描述、数据类型以及关于值的限定等方面。具体设置如下。

①content：评论内容。

②point_ number：点赞数。

③total_ score：总评分。

④hotel_ location：产品位置。

⑤user_ ID：用户名称。

酒店本体的类和关系的层次结构如图 10-4 所示。

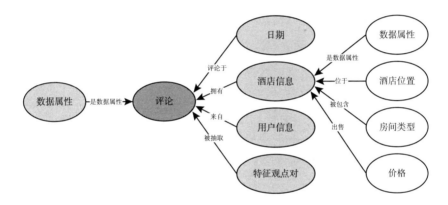

图 10-4　类和关系的层次结构

10. 5. 2. 4　约束条件的设置

约束条件包含类的约束条件，即类之间是否互斥，属性中定义域和值域的设置等限定。

（1）类的约束

设置本书定义的八个基本类，设置类之间的互斥关系，例如，comment 类与其余的七个类之间是互斥的。

（2）属性约束

属性及其定义域和值域是一个三元组，表示的是本体中的二元关系，例如，评论—抽取—特征观点对，属性的名字是"抽取"，定义域为"评论"，值域为"特征观点对"。根据属性的需要，不同属性对应的定义域和值域的范围会有所不同。数据属性的值域范围一般是常见的数据类型，如字符串、数值等。对象属性的值域范围一般是已经定义的类。

类、对象属性、数据属性的设置如表 10-1 所示。

表 10-1   在线评论本体的构建设置

用户画像维度	类	说明	对象属性	说明	数据属性	说明
用户评价信息属性	comment	评论	extract	从评论抽取特征观点对	content	评论内容
	character sentiwords	特征观点对		被抽取特征观点对	point_number	点赞数
	date	评论日期	comment_on	评论的日期	total_score	总评分
用户信息属性	userinfo	用户信息	come	评论来自用户信息	user_ID	用户名
酒店信息属性	hotelinfo	酒店信息	have	评论拥有酒店信息	location	详细位置
	hotel_location	酒店位置	locate	酒店信息位于酒店位置		
	price	价格	sale	酒店信息出售房间价格		
	room_type	房间类型	contain	酒店信息包含房间类型		

10.5.3   用户画像模型的实现

使用 Protégé 工具，完成本体的编码，并通过 Protégé 的 OntoGraf 插件对用户画像进行展示。OntoGraf 插件能够展示类之间的层次关系、显示类的实例以及实例的属性。

（1）酒店用户整体特征呈现

用户画像能从整体上刻画携程酒店用户特征。以朝阳区、丰台区、西城区三个区的 74 家酒店为例刻画北京酒店用户画像。朝阳区有 41 家酒店 441 条评论，丰台区有 21 家酒店 115 条评论，西城区有 12 家酒店 65 条评论。

从整体来看，酒店画像涉及用户信息、酒店信息和用户评价信息三个方面。用户出行方式以商务出差为主，还包括朋友出游、家庭亲子、情侣出游和其他。三个区的房间类型以大床房居多，大床房细分为商务、豪华、自主、标准、榻榻米等，此外还有标准间、商务间、套房等房间类型。朝阳区酒店的价格每晚大多位于 200~300 元，丰台区酒店的最低价格为每晚 162 元，西城区酒店价格相对偏高，基本在每晚 300 元以上，其中纽斯特酒店达到 833 元/晚，说明价格与地理位置、酒店类型有关。

从"特征观点对"可以看出，用户对酒店的评价涉及整体、房间、环境、服务和交通等类型，包括餐饮、价格、卫生等细节方面。其中，丰台区多条评论提及房间，如房间_ 精致_ 1.0、房间_ 很_ 舒适_ 1.5、房间_ 不_ 很_ 大_ -1.5 等。朝阳区提及景点和机场，西城区多条评论涉及交通、位置、Wi-Fi，说明用户选择酒店与交通和出行目的相关。因此，酒店可以通过用户画像制订精准营销方案和酒店发展方案。如针对西城区酒店和丰台区酒店，可以看出两个区酒店的价格有偏差，丰台区在营销时可以以价格为优势，吸引家庭亲子等特定人群。

（2）用户评价特征呈现

在呈现的用户画像中，通过精确匹配检索方式检索"评论 2"，将"评论 2"按 contain、locate、sale、comment_ on、come、extract、have 展开。鼠标定位到"评论 2"时，用户画像会自动出现显示评论对象属性和数据属性的小窗口。

北京 7 天连锁酒店（北京燕莎美国大使馆店）通过"评论 2"得到的酒店用户画像为：用户入住的酒店位于朝阳区，入住的房间类型为"自主大床房"，该房间价格为每晚 257 元，用户的出行方式为"商务出差"，评论的日期为 2017 年 3 月 31 日，酒店的评价涉及餐饮、位置和卫生，该用户对酒店的位置及卫生还算满意，但因为餐饮及商场不方便的原因给出了消极评价。另外，通过数据属性看到评论的内容，总评分为 5.0，点赞数为 0。因此，该酒店可以在营销中宣传其位置及卫生，并对餐饮方面进行改善。

将"位置_ 比较_ 独立_ 1.0"按 extract 属性展开，得到"评论 2"—"位置"特征观点对-评论关系图。分析发现，用户在发表的评论中有 40 条评论提及位置，表现了用户对位置的在乎程度，其中 4 条评论对位置持消极态度，原因是"不好找"或"不方便"，36 条评论中 7 条表示对位置很满意。同理，可将评论分别按照 have 属性进行展开，可得到"位置"特征观点对—评论—酒店的关系图。同理，可将评论分别按照 have 属性进行展开，可以得到"位置"特征观点对—评论—酒店的关系图，准确地看到哪个酒店的哪条评论涉及位置，在营销中有位置优势的酒店要强调地理位置，位置处于劣势的酒店可尽可能少地提及位置。

（3）酒店特征呈现

通过正则表达式检索方式，检索位于朝阳区的桔子酒店。朝阳区有三家桔子酒店，即桔子酒店（北京劲松桥东店）、桔子酒店（北京三元桥店）和桔子酒店（北京亚运村店），将三家酒店分别按 sale、room_ type、have、come 属性展开，得到酒店—评论—用户关系图。三家桔子酒店的用户画像各具特色，价格、房间类型、用户出行方式、评论数量都不相同，桔子酒店（北京亚运村店）拥有的评论数量最多，并且均以商务出差、情侣出游和家庭亲子类型的用户居多，说明北京亚运村店相对来说能更好地满足用户需求。

进一步对朝阳区桔子酒店（北京亚运村店）的评论进行分析，结果表明，用户对酒店的评价涉及服务、交通、餐饮、房间、价格、设施等方面，其中最多的为服务、交通和设施，说明这三个是用户最关注的需求。用户对该酒店的各方面评价基本呈现积极的态度，个别消极评价如"餐饮_ 没_ -1.0""房间_ 很_ 味_ -1.5""房间_ 不_ 大_ -1.0""价格_ 很_ 高_ -1.5"，表明酒店未能完全满足用户需求，在房间以及价格方面仍有需要改进的地方。

（4）同等价位酒店比较

价格是用户选择酒店最关注的特征之一。根据正则表达式检索价格在200~300 元的酒店，共有 18 家酒店的价格在 200~300 元，其中价格是 219元的有三家酒店，分别是北京 7 天连锁酒店（北京宋家庄地铁站店）、北京7 天连锁酒店（北京青年路地铁站大悦城店）、北京 7 天连锁酒店（北京方庄桥店）。分别将三家酒店按照 locate、have、come、extract 属性展开，得到价格为 219 元的三家酒店的用户画像。对价格—酒店—评论—用户出行方式—特征观点对关系图的分析，有利于更有针对性地发现用户对不同酒店的需求，从而更精确地刻画用户画像。对检索的价格节点与其他节点的共现关系进行分析，发现北京 7 天连锁酒店（北京方庄桥店）的用户类型为

"家庭亲子"和"商务出差",而其他两家店的用户类型还包括"朋友出游"或"其他",并且北京方庄桥店拥有的评论数量最多。北京 7 天连锁酒店(北京方庄桥店)和北京 7 天连锁酒店(北京宋家庄地铁站店)位于丰台区,北京 7 天连锁酒店(北京青年路地铁站大悦城店)位于朝阳区。

进一步对三家店的具体评论按"extract"对象属性展开,对酒店与特征观点对之间的关系进行分析,北京 7 天连锁酒店(北京宋家庄地铁站店)共有三条评论,提取到七个特征观点对;北京 7 天连锁酒店(北京青年路地铁站大悦城店)共有八条评论,提取到 20 个特征观点对;北京 7 天连锁酒店(北京方庄桥店)共有二条评论,提取到七个特征观点对。北京 7 天连锁酒店(北京宋家庄地铁站店)有两条评论都提到距离地铁站远;北京 7 天连锁酒店(北京青年路地铁站大悦城店)用户对酒店的床、房间、设施具有负面情感,酒店应当重视用户的这种情绪,并及时进行改进;北京 7 天连锁酒店(北京方庄桥店)三个用户反映房间小或破旧问题,提及隔音的二个用户评论都表明隔音效果不好,还提及床单及毛巾问题,可以看出,酒店的设施有待改善,从对餐饮、景点、位置等评论可以看出该酒店的地理位置不错。综上所述,北京 7 天连锁酒店(北京方庄桥店)用户选择该酒店多可能是地理位置的原因,表明用户对地址位置需求比较重视。所以在价格成本相同情况下,选址应是酒店考虑的最重要因素之一。

通过酒店用户画像,对携程网酒店整体进行分析,然后从一条评论、同一地区同一品牌酒店、同等价位酒店三方面进行详细描述,可以更有针对性地发现用户对不同地区不同酒店的不同特征的情感倾向,从而更精确地分析酒店的优势劣势,进而在酒店营销及决策方面给出建议。还可以从用户出行方式、同一地区不同品牌酒店、不同地区同一品牌酒店三方面进行分析,由于篇幅原因,在此不作进一步解释。

10.5.4　携程产品推荐

(1) 用户偏好模型实现

将用户对产品的评论用向量的形式表示,构建老用户—产品特征偏好矩阵,r_{ua} 表示用户 u 对产品特征属性 a 的偏好得分,得分区间为 $[-1, 1]$。同理,将用户对产品评分用向量的形式表示,构建老用户—产品整体偏好矩阵，R_{ui} 表示用户 u 对产品 i 的整体评价得分。表 10-2 和表 10-3 分别为构建的老用户—产品特征偏好矩阵（部分）和老用户—产品整体偏好矩阵（部分），共包括 595 家酒店 43 个酒店特征。

表 10-2　老用户—产品特征偏好矩阵（部分）

用户	整体	交通	地铁	环境	设施	位置	…	周边
I****	0.75	0.75	1.0	0	0	0.334	…	0
不锈钢	0	1.0	1.0	0	0.75	0	…	0.875
U42433****	0	0.875	0	0	1.0	0	…	0.334
小白	0.75	1.0	0.75	1.0	0	0.125	…	0
Matt_Lee	−0.875	0.75	0	0	1.0	0	…	0
尚平儿	0.75	1.0	0	0.334	0	0.75	…	0
_M1377****	0	0	0	0	1.0	0	…	0
_U34595****	0.75	0	0.75	0.125	0	0.75	…	0.75
junjun	0	0	0	−0.75	0	−0.75	…	−0.75
⋮	⋮	⋮	⋮	⋮	⋮	⋮	…	⋮
WeChat44970****	1.0	0.75	0	0	−0.75	0	…	0

表 10-3　老用户—产品整体偏好矩阵（部分）

用户	i_1	i_2	i_3	i_4	i_5	i_6	i_7	…	i_{595}
I****	0	0	0	0	0	0	0	…	0
不锈钢	0	0	0	0	0	0	0	…	4.4
U42433****	0	0	0	0	4.8	0	0	…	0
小白	0	0	0	0	0	0	0	…	0
Matt_Lee	0	0	0	0	0	4.2	0	…	0
尚平儿	0	0	0	0	0	0	0	…	0
_M1377****	4.6	0	0	0	0	0	0	…	0
_U34595****	0	0	0	0	0	0	0	…	0
junjun	0	0	0	0	0	0	0	…	0
⋮	⋮	⋮	⋮	⋮	⋮	⋮	⋮	…	⋮
WeChat44970***	0	0	0	0	0	0	0	…	0

通过表 10-2 可以得到用户对产品特征属性的偏好程度。例如，用户"不锈钢"，对"交通"和"地铁"的偏好得分是 1.0，对"设施"和"周边"的偏好得分分别为 0.75 和 0.875，表明该用户对交通便捷

最关注，其次是配套设施。表 10-3 是用户对酒店的评分。例如，用户"不锈钢"对第 595 家酒店维斯特酒店（北京天安门大栅栏西街店）的评分为 4.4，代表了"不锈钢"对该酒店的整体偏好为 4.4。

（2）产品特征模型实现

根据 TF-IDF 算法计算产品特征在每个酒店评论中占的比重，得到产品特征矩阵，其中 $i_s = i_1, i_2, \cdots, i_n$，$s = 1, 2, \cdots, f$ 代表第 s 个产品，$f = 595$，部分结果如表 10-4 所示。

表 10-4　产品特征矩阵

用户	整体	交通	地铁	环境	设施	位置	…	周边
i_1	0	0.0552	0.0000	0.0736	0.1104	0.0368	…	0.0736
i_2	0	0.0633	0.0317	0.1583	0.0633	0.0633	…	0.0317
i_3	0	0.0984	0.0000	0.1640	0.1312	0.1640	…	0.0984
i_4	0	0.0703	0.0000	0.0234	0.0000	0.0468	…	0.0468
i_5	0	0.0699	0.0699	0.0000	0.0699	0.0699	…	0.0699
i_6	0	0.0795	0.0636	0.0954	0.0954	0.1113	…	0.0477
i_7	0	0.1792	0.0896	0.0597	0.1195	0.0896	…	0.0597
i_8	0	0.0000	0.0000	0.1411	0.0705	0.1058	…	0.0705
i_9	0	0.0886	0.0295	0.2067	0.0886	0.0295	…	0.0591
⋮	⋮	⋮	⋮	⋮	⋮	⋮	…	⋮
i_{595}	0	0.0552	0.0000	0.0736	0.1104	0.0368	…	0.0736

表 10-4 是各个特征属性对于酒店的权重。例如，第 595 家酒店维斯特酒店（北京天安门大栅栏西街店），43 个酒店特征的权重分别为 0、0.0552、0.0000、0.0736、0.1104、0.0368、…、0.0736，对该酒店的所有评论进行分析，提及交通的比例为 0.0552，而提及设施的比例为 0.1104，说明维斯特酒店（北京天安门大栅栏西街店）的消费者对该酒店的设施更加关注，那么酒店可以具体看设施是用户偏满意还是需要改进。

（3）携程酒店老用户混合推荐

在构建好老用户—产品特征偏好矩阵和老用户—产品整体偏好矩阵的基础上，通过计算用户相似度，老用户基于酒店属性的用户相似度矩阵（部分）和老用户基于酒店整体得分的相似度矩阵（部分）分别如表 10-5、表 10-6 所示。

表 10-5　老用户基于酒店属性的用户相似度矩阵（部分）

用户	I****	不锈钢	U42433****	小白	Matt_Lee	尚平儿	…	_U34595****
I****	1.0000	0.4057	0.1939	0.2458	0.0743	−0.2777	…	−0.0113
不锈钢	0.4057	1.0000	0.4496	0.2389	−0.1567	0.0460	…	−0.0354
U42433****	0.1939	0.4496	1.0000	0.2309	−0.0864	0.0422	…	0.0378
小白	0.2458	0.2389	0.2309	1.0000	−0.0464	0.1188	…	−0.2144
Matt_Lee	0.0743	−0.1567	−0.0864	−0.0464	1.0000	0.1350	…	0.3289
尚平儿	−0.2777	0.0460	0.0422	0.1188	0.1350	1.0000	…	0.2238
⋮	⋮	⋮	⋮	⋮	⋮	⋮	…	⋮
_U34595****	−0.0113	−0.0354	0.0378	−0.2144	0.3289	0.2238	…	1.0000

表 10-5 是老用户基于酒店属性的相似度，是对称矩阵，数值代表两个用户的相似度，数值越大越接近 1 代表两个用户基于酒店属性的相似度越高，即相对来说偏好更相似。例如用户"不锈钢"和用户"I****"的相似度为 0.4057，说明两个用户对酒店关注特征 40%一致。

表 10-6　老用户基于酒店整体得分的相似度矩阵（部分）

用户	I****	不锈钢	U42433****	小白	Matt_Lee	尚平儿	…	_U34595****
I****	1.0000	−0.0093	−0.0102	−0.0102	−0.0059	−0.0093	…	0.1778
不锈钢	−0.0093	1.0000	−0.0093	−0.0093	−0.0053	−0.0085	…	−0.0085
U42433****	−0.0102	−0.0093	1.0000	−0.0102	−0.0058	−0.0093	…	−0.0093
小白	−0.0102	−0.0093	−0.0102	1.0000	−0.0059	−0.0093	…	−0.0093
Matt_Lee	−0.0059	−0.0053	−0.0058	−0.0059	1.0000	−0.0053	…	−0.0053
尚平儿	−0.0093	−0.0085	−0.0093	−0.0093	−0.0053	1.0000	…	−0.0085
⋮	⋮	⋮	⋮	⋮	⋮	⋮	…	⋮
_U34595****	0.1778	−0.0085	−0.0093	−0.0093	−0.0053	−0.0085	…	1.0000

同理，表 10-6 是老用户基于酒店整体得分的相似度，例如用户"不锈钢"和用户"I****"基于酒店整体得分的相似度为−0.0093，说明虽然两个用户对某些酒店特征的关注点和满意度相似，但是对另一些酒店特征的偏好分歧比较大。因此，从特征和整体评分两方面了解用户相似度更全面。

得到用户相似度后，根据邻居用户偏好得分预测本用户的偏好得分，实例中，$\beta=10$，即邻居用户选择 10 个。表 10-7 是老用户对酒店特征属性的偏好预测得分，分数越高表示用户对该特征属性越看重，如果为负分，则代表用户对该特征属性越不满意，酒店越需要注意改进。

表 10-7　老用户对酒店属性的偏好预测

用户	整体	交通	地铁	环境	设施	位置	…	周边
I****	0.1387	0.1372	0.1328	0.1315	0.1355	0.1317	…	0.1346
不锈钢	0.1653	0.1691	0.1694	0.1631	0.1670	0.1687	…	0.1687
U42433 ****	0.1013	0.1152	0.1017	0.1007	0.1012	0.1017	…	0.1012
小白	0.1862	0.1836	0.1890	0.1888	0.1939	0.1881	…	0.1922
Matt_Lee	-0.0199	-0.0045	-0.0048	-0.0034	-0.0016	-0.0048	…	-0.0059
尚平儿	0.1493	0.1405	0.1405	0.1415	0.1399	0.1398	…	0.1516
_M1377 ****	-0.0819	-0.0686	-0.0669	-0.0669	-0.0676	-0.0669	…	-0.0715
_U34595 ****	0.1387	0.1372	0.1328	0.1315	0.1355	0.1317	…	0.1346
⋮	⋮	⋮	⋮	⋮	⋮	⋮	…	⋮
WeChat44970 ****	0.1013	0.1152	0.1017	0.1007	0.1012	0.1017	…	0.1012

表 10-8 中，$i_f(f=1, 2, \cdots, 595)$ 表示老用户对酒店整体的偏好预测得分，分数越高表示用户对该酒店越满意，分数越低代表用户对该酒店没那么满意，酒店需要具体分析什么原因降低了用户的评分并进行改进。

表 10-8　老用户对酒店整体的偏好预测

用户	i_1	i_2	i_3	i_4	i_5	i_6	…	i_{595}
I****	0.0450	0.0450	0.0450	0.0450	0.0450	0.0450	…	0.0450
不锈钢	0.0355	0.0355	0.0355	0.0355	0.0355	0.0355	…	0.0355
U42433 ****	0.0439	0.0439	0.0439	0.0439	0.0439	0.0439	…	0.0439
小白	0.0447	0.0447	0.0447	0.0447	0.0447	0.0447	…	0.0447
Matt_Lee	0.0148	0.0148	0.0148	0.0148	0.0148	0.0148	…	0.0433
尚平儿	0.0390	0.0390	0.0390	0.0390	0.0390	0.0390	…	0.0406
_M1377 ****	0.0368	0.0368	0.0368	0.0368	0.0368	0.0368	…	0.0368
_U34595 ****	0.0380	0.0380	0.0380	0.0380	0.0380	0.0380	…	0.0380
⋮	⋮	⋮	⋮	⋮	⋮	⋮	…	⋮
WeChat44970 ****	0.0355	0.0355	0.0355	0.0355	0.0355	0.0355	…	0.0355

得到的老用户对酒店属性的偏好预测只能判断用户对酒店属性的偏好，不足以对用户进行酒店推荐，根据矩阵计算，用老用户对酒店属性的

偏好预测乘以各属性在各酒店的权重，得到基于属性预测老用户对酒店的整体偏好，部分结果如表 10-9 所示。

表 10-9　基于属性预测老用户对酒店的整体偏好矩阵

用户	i_1	i_2	i_3	i_4	i_5	i_6	...	i_{595}
I****	0.1787	0.1978	0.2361	0.2019	0.2470	0.2451	...	0.2254
不锈钢	0.2523	0.2998	0.2580	0.3136	0.3111	0.3285	...	0.2807
U42433****	0.1385	0.1541	0.1833	0.1568	0.1916	0.1905	...	0.1745
小白	0.2578	0.2846	0.3367	0.2920	0.3545	0.3550	...	0.3233
Matt_Lee	0.0066	-0.0082	0.0096	0.0084	0.0096	0.0098	...	0.0098
尚平儿	0.2114	0.2532	0.2161	0.2617	0.2612	0.2776	...	0.2365
_M1377****	0.0938	0.1035	0.1236	0.1047	0.1277	0.1283	...	0.1176
_U34595****	0.0974	0.1092	0.1295	0.1103	0.1352	0.1353	...	0.1237
⋮	⋮	⋮	⋮	⋮	⋮	⋮	...	⋮
WeChat44970****	0.2523	0.2998	0.2580	0.3136	0.3111	0.3285	...	0.2807

通过评论数据得到酒店属性的预测偏好，乘以特征重要度对应为用户对酒店的偏好预测，与由酒店评分得到的酒店整体偏好预测按比例计算，得到用户对酒店的最终偏好，实例中，$k = 0.1$，即用户对产品的整体评分数据得到的用户对产品整体的偏好预测占总分的比重为 0.1，部分结果如表 10-10 所示。对每位用户对酒店最终偏好进行排序，取前 k 个对用户进行推荐。

表 10-10　用户对酒店的最终偏好矩阵

用户	i_1	i_2	i_3	i_4	i_5	i_6	...	i_{595}
I****	0.0557	0.0810	0.0467	0.0625	0.0626	0.0603	...	0.0610
不锈钢	0.0221	0.0321	0.0190	0.0252	0.0251	0.0244	...	0.0246
U42433****	0.0477	0.0676	0.0420	0.0539	0.0548	0.0567	...	0.0564
小白	0.1421	0.0800	0.1117	0.1119	0.1083	0.1192	...	0.1268
Matt_Lee	0.0853	0.1252	0.0728	0.0977	0.0973	0.0942	...	0.0952
尚平儿	0.0293	0.0427	0.0252	0.0334	0.0333	0.0323	...	0.0326
_M1377****	0.0220	0.0321	0.0190	0.0252	0.0250	0.0243	...	0.0246
_U34595****	0.0301	0.0501	0.0257	0.0378	0.0363	0.0373	...	0.0344
⋮	⋮	⋮	⋮	⋮	⋮	⋮	...	⋮
WeChat44970****	0.0221	0.0321	0.0190	0.0252	0.0251	0.0244	...	0.0246

表 10-10 为酒店的最终偏好得分，如用户"不锈钢"对第 595 个酒店维斯特酒店（北京天安门大栅栏西街店）在基于酒店特征得到的偏好得分占比为 0.9，基于整体评分得到的偏好预测占比为 0.1 时，得到的最终偏好得分为 0.0246。对每一个用户对酒店最终预测偏好得分排序，取前 k 个进行推荐。

（4）冷启动用户推荐

冷启动通过用户搜索条件寻找相似用户，通过相似用户对酒店属性偏好得到新用户对酒店的偏好预测。例如新用户为 A，搜索条件为：整体、环境、位置、餐饮、服务、房间、价格、床、地铁。表 10-11 为冷启动用户的酒店特征偏好（部分）。

表 10-11　冷启动用户的酒店特征矩阵（部分）

用户	整体	交通	地铁	环境	设施	位置	…	周边
A	1.0	0	1.0	1.0	0	1.0	…	0
I****	0	0.75	1.0	0	0	0.334	…	0
不锈钢	0	1.0	1.0	0	0.75	0	…	0.875
U42433****	0	0.875	0	0	1.0	0	…	0.334
小白	0	1.0	0.75	1.0	0	0.125	…	0
Matt_Lee	0	0.75	0	0	1.0	0	…	0
尚平儿	0.75	1.0	0	0.334	0	0.75	…	0
_M1377****	0	0	0	0	1.0	0	…	0
⋮	⋮	⋮	⋮	⋮	⋮	⋮	…	⋮
junjun	0	0	0	-0.75	0	-0.75	…	-0.75

在获得冷启动用户对酒店特征的偏好以后，通过相似度公式计算冷启动用户与其他用户的相似度，冷启动用户基于酒店属性的用户相似度矩阵（部分）如表 10-12 所示。

表 10-12　冷启动用户基于酒店属性的用户相似度矩阵（部分）

用户	A	I****	不锈钢	U42433****	小白	Matt_Lee	…	_M1377****
A	1.0000	0.5745	0.3001	0.2492	0.5227	0.1535	…	0.0610
I****	0.5745	1.0000	0.3363	0.3721	0.3543	1.3878	…	0.1967

续表

用户	A	I****	不锈钢	U42433****	小白	Matt_Lee	…	_M1377****
不锈钢	0.3001	0.3363	1.0000	0.5127	0.2731	0.0292	…	0.0317
U42433****	0.3721	0.5127	0.5127	1.0000	0.0439	0.0308	…	0.1974
小白	0.5227	0.3543	0.2731	0.4777	1.0000	0.3280	…	0.0152
Matt_Lee	0.1535	1.3878	0.0292	0.0439	0.3280	1.0000	…	0.2213
⋮	⋮	⋮	⋮	⋮	⋮	⋮	…	⋮
_M1377****	0.0610	0.1967	0.0317	0.0381	0.0152	0.2213	…	1.0000

　　表 10-12 是冷启动用户与其他用户基于搜索条件的相似度矩阵，数值越大代表用户越相似，例如，冷启动用户"A"与用户"I****"的相似度为 0.5745，与用户"U42433****"的相似度为 0.2492，说明用户"A"与用户"I****"更相似。

　　在获取用户相似度的基础上，可以预测冷启动用户对酒店属性的偏好得分，实例中，$\beta = 10$，即邻居用户选择 10 个。表 10-13 为冷启动用户对酒店属性的偏好预测（部分）。

表 10-13　冷启动用户对酒店属性的偏好预测（部分）

用户	整体	交通	地铁	环境	设施	位置	…	周边
A	0.7300	0.3405	0.7243	0.0991	0.5762	0.0000	…	0.2935
I****	0.2950	0.6219	0.0730	0.1519	0.3340	0.0000	…	0.6750
不锈钢	0.0000	0.9018	0.0348	0.0000	0.0000	0.0000	…	0.0000
U42433****	0.5868	0.0000	0.4740	0.4976	0.0000	0.0000	…	0.1771
小白	0.8032	0.6069	0.0737	0.0000	0.6512	0.0751	…	0.0323
Matt_Lee	0.8809	0.0000	0.0000	0.0000	0.0000	0.0000	…	0.0000
尚平儿	0.6427	0.1774	0.7555	0.1066	0.6251	0.0000	…	0.1066
_M1377****	0.4844	0.3800	0.0000	0.1054	0.2259	0.0000	…	0.0723
⋮	⋮	⋮	⋮	⋮	⋮	⋮	…	⋮
junjun	0.8823	0.0000	0.0000	0.1723	0.0000	0.0000	…	0.4889

　　通过分析表 10-13，可以得到冷启动用户对酒店各特征属性的偏好程度，例如，冷启动用户"A"对地铁的预测偏好为 0.7243，数值越大说明用户对此特征属性越喜欢。

　　用冷启动用户属性预测得分乘以各属性在各酒店的权重，得到基于属性预测冷启动用户对酒店的整体偏好，如表 10-14 所示。例如，冷启动用户"A"对第 595 家酒店维斯特酒店（北京天安门大栅栏西街店）偏好得分为 0.7406。对冷启动用户对各个酒店的偏好得分进行排序，取前 k 个推荐给"A"用户。

表 10-14　基于属性预测冷启动用户对酒店的整体偏好

用户	i_1	i_2	i_3	i_4	i_5	i_6	$\cdots$	i_{595}
A	0.5124	0.7087	0.6461	0.6149	0.7848	0.8212	$\cdots$	0.7406
I****	0.4992	0.6385	0.5906	0.5836	0.6381	0.7724	$\cdots$	0.6175
不锈钢	0.3567	0.4615	0.4886	0.3584	0.4975	0.4609	$\cdots$	0.4574
U42433****	0.4199	0.4605	0.3775	0.5144	0.4576	0.6765	$\cdots$	0.6043
小白	0.2599	0.2896	0.3738	0.2608	0.3676	0.3560	$\cdots$	0.2983
Matt_Lee	0.1240	0.0825	0.1325	0.0331	0.0877	0.1255	$\cdots$	0.0824
尚平儿	0.1054	0.2300	0.2207	0.1792	0.2680	0.2651	$\cdots$	0.2367
_M1377****	0.0535	0.0815	0.1543	0.0495	0.0997	0.1646	$\cdots$	0.1742
$\vdots$	$\vdots$	$\vdots$	$\vdots$	$\vdots$	$\vdots$	$\vdots$	$\cdots$	$\vdots$
junjun	0.3130	0.4416	0.1850	0.2822	0.2921	0.5688	$\cdots$	0.4416

（5）冷启动酒店推荐

　　对于新加入携程网的冷启动酒店，可以对酒店的商家详情页计算文本向量，得到每家酒店的词向量，依此计算冷启动酒店与其他酒店的相似度，这里词向量为 300 维，冷启动酒店词向量矩阵（部分）如表 10-15 所示，共 300 维。

表 10-15　冷启动酒店词向量矩阵（部分）

用户	1	2	3	4	5	6	$\cdots$	300
新酒店	0.2087	−0.1472	−0.0125	−0.0659	0.0005	−0.1989	$\cdots$	0.1219
i_1	0.3685	−0.0050	0.0418	−0.0868	0.0304	−0.0962	$\cdots$	−0.2087
i_2	0.3414	−0.0353	−0.0804	−0.2625	−0.4870	0.2133	$\cdots$	−0.0397
i_3	0.3376	0.1679	0.0853	−0.0405	−0.0438	0.0306	$\cdots$	−0.1859
i_4	0.2899	0.0905	−0.2997	−0.0224	−0.0174	−0.1538	$\cdots$	0.1171
i_5	0.3653	−0.0243	−0.0410	−0.1402	−0.1389	−0.0564	$\cdots$	0.0125
i_6	0.1456	−0.0327	−0.0725	0.0897	−0.0228	−0.0047	$\cdots$	0.1410
$\vdots$	$\vdots$	$\vdots$	$\vdots$	$\vdots$	$\vdots$	$\vdots$	$\cdots$	$\vdots$
i_{595}	0.3042	−0.0484	−0.0239	−0.1131	0.0871	0.0638	$\cdots$	−0.0064

冷启动酒店基于产品属性的相似度矩阵（部分）如表 10-16 所示，其中 i_f 代表第 f 个产品。数值越大代表酒店越相似，例如，冷启动酒店与第 595 个酒店维斯特酒店（北京天安门大栅栏西街店）的相似度为 0.0623。

表 10-16　冷启动酒店基于产品属性的相似度矩阵（部分）

用户	新酒店	i_1	i_2	i_3	i_4	i_5	i_6	…	i_{595}
新酒店	1.0000	0.0938	0.0990	0.0847	0.1330	-0.0308	0.0832	…	1.0000
i_1	0.0938	1.0000	0.1104	0.0489	0.1169	0.0191	0.0146	…	0.0938
i_2	0.0990	0.1104	1.0000	0.0969	0.1888	-0.0161	0.0482	…	0.0990
i_3	0.0847	0.0489	0.0969	1.0000	0.1931	0.0336	0.1206	…	0.0847
i_4	0.1330	0.1169	0.1888	0.1931	1.0000	0.0750	0.5493	…	0.1330
i_5	-0.0308	0.0191	-0.0161	0.0336	0.0750	1.0000	0.0164	…	-0.0308
i_6	0.0832	0.0146	0.0482	0.1206	0.5493	0.0164	1.0000	…	0.0832
⋮	⋮	⋮	⋮	⋮	⋮	⋮	⋮	…	⋮
i_{595}	0.0623	-0.0045	0.0817	0.0493	0.0312	0.0325	0.0137	…	0.0623

在获取产品相似度的基础上，预测用户对冷启动酒店的偏好得分，并根据用户对冷启动酒店的偏好得分进行排序，何冷启动酒店推荐前 k 个用户。表 10-17 为用户对新酒店偏好预测的前 12 名，因此可以对这些用户推荐冷启动酒店。

表 10-17　用户对新酒店偏好预测的前 12 名

序号	用户	新酒店
1	1391018****	0.4999
2	E0060****	0.4999
3	joan****	0.4999
4	90 前青年	0.4999
5	有人疼	0.4999
6	_M1382156****	0.4925
7	小小女子 1	0.4925
8	118413****	0.4925
9	150127****	0.4925
10	_WeChat39315****	0.4925
11	M49063	0.4903
12	小骆	0.4903

10.6　企业产品推荐决策服务

用户画像是海量用户数据的标签化呈现，构建用户画像能够帮助企业掌握目标人群的定位，以及用户的需求和特征，从而帮助企业优化运营策略。以商务社交媒体数据为基础，通过构建词典和词典匹配抽取特征观点对，利用本体，从用户、产品、评论三个维度构建用户画像，能够突破有限的用户信息限制，实现对用户多属性、多层次的完整刻画，找到用户关注的产品特征，并精细化分析不同产品特征的情感倾向，从而为商家提供全方位的用户评价信息。

掌握用户需求和偏好是产品推荐决策的关键。商务社交媒体数据中包含的内容，不仅隐藏着用户对产品的整体评价和关注，而且还包括对产品的各个属性的评价和关注，这是传统调查问卷和访谈等方式都难以获得的内容。社交媒体数据驱动的产品混合推荐决策方案，通过从商务社交媒体的在线评论中获取用户偏好信息，以及用数字化语言表示偏好信息，并且将产品整体评分融入偏好模型，使用户偏好的评价更加准确。在用户偏好模型和产品特征模型的基础上，构建用户画像并进行产品的混合推荐，从而实现对老用户、冷启动用户和冷启动产品的推荐。

建立社交媒体数据驱动的产品推荐决策流程，根据产品特点，按照一定的周期采集产品评论，定期更新用户画像，及时准确捕获用户需求和偏好，实现实时的产品智能推荐，从而为用户带来良好的购物体验和满意度，为企业销售决策提供服务。

社交媒体数据驱动的
政府决策支持实践篇

　　社交媒体是网络舆情的主要来源之一,海量异构的社交媒体数据反映了公众的需求和态度,能够为政府治理决策提供丰富的资源。围绕舆情治理决策这个主题,本书在社交媒体数据驱动的决策支持理论和方法的基础上,以政府决策情景为例,进行了舆情反转风险决策、舆情群体极化决策、舆情事件预测和政策公众感知决策的实践研究。

　　政府决策支持实践表明,社交媒体中的用户内容数据、指数数据和社交数据,能够在舆情热度、事件分级和预测、群体极化和公众情感等多个方面为政府舆情治理提供全方位的决策支持,弥补政府在传统舆情治理方面决策手段单一、研判不足、反应不及时等缺陷,从而在有效应对舆情方面发挥重要的社会价值。

第 11 章

社交媒体数据驱动的网络舆情
反转风险应对决策支持

网络舆情反转现象频繁发生破坏了正常的舆情发展，容易导致衍生舆情，催生大量谣言，增加公众对新闻和现实的不信任感，威胁到政府的公信力。反转也会导致网络暴力行为的产生，加大社会治安的压力，进一步增加政府部门对舆情监督管控的难度。

为了应对网络舆情反转可能带来的风险、提高政府的应对处理能力，亟须对网络舆情反转发生的原因和影响因素进行研究。本书以新闻、新浪微舆情和头条指数等用户指数数据和用户内容数据为基础，利用贝叶斯网络构建网络舆情反转风险决策模型，对网络舆情反转风险进行原因诊断推理，为避免舆情反转风险提供决策支持依据。

11.1 网络舆情反转风险的影响因素

网络舆情主体、网络舆情客体和网络舆情本体是网络舆情三个关键要素，全面涵盖了网络舆情的各个方面。为了能够全面解释网络舆情反转现象，从网络舆情主体、网络舆情客体和网络舆情本体三个维度分别对网络舆情反转的影响因素进行剖析，研究各个因素对网络舆情反转风险的影响，如图 11-1 所示。

11.1.1 网络舆情主体风险

网络舆情主体风险（Risk of Subject，Sub），是由网络舆情主体性质

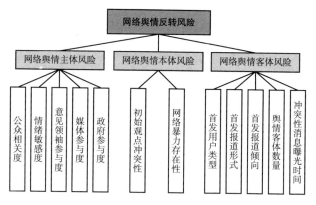

图 11-1   网络舆情反转影响因素

导致的风险。网络舆情主体包括公众、意见领袖、媒体和政府，这些参与者能够对网络舆情反转现象造成影响。网络舆情主体是网络舆情反转风险中的重要影响因素，主要包括公众相关度（Relevance of the Internet Users，Relevance）、情绪敏感度（Emotional Sensitivity，Sensitivity）、意见领袖参与度（Engagement of the Opinion Leaders，Opinion Leaders）、媒体参与度（Engagement of the Media，Media）和政府参与度（Engagement of the Government，Government）。网络舆情主体风险评价由公众在了解主体风险概念和事件始末后在 0~10 分打分后求平均值得到，对应得分区间分别为 [0，3]、(3，7]、(7，10]，分别代表低主体风险、中等主体风险、高主体风险。

公众相关度是评价网络舆情事件与公众切身利益相关度的准则，将其量化为低相关度、中等相关度、高相关度三个等级。其中，普通社会现象和问题属于低相关度，涉及群众利益的公共服务、基础设施建设等事件属于中等相关度，涉及群众生命、财产安全的事件则属于高相关度。

情绪敏感度是指公众对于不同客体事件、不同当事群体具有不同的敏感度，同样以低、中、高三个等级进行量化。

意见领袖是指拥有众多关注者的舆情主体，能够对其关注者的行为和倾向产生影响，本书以粉丝数大于 10 万人为标准。意见领袖的参与，能够对较大规模的公众产生作用，容易导致网络舆情反转。意见领袖参与度是指事件发展过程中意见领袖发表意见的程度。以低、中、高三个等级进行量化，分别代表参与的意见领袖数量小于 5、大于等于 5 且小于 10、大于等于 10。

媒体参与度是指事件发展过程中媒体参与事件报道的程度。媒体因其社会责任、资源优势、专业素养在社交媒体中具有较强的公信力，媒体的参与也会对网络舆情的反转产生影响。媒体参与度以低、中、高三个等级进行量化，分别代表参与的媒体数量小于 5、大于等于 5 且小于 10、大于等于 10。

政府参与度是指事件发展过程中政府通过政府官网、政务微博、微信公众号等参与事件报道的程度。政府发布信息的可靠性最高，通常能够让网民信服和跟从，因此政府参与度对网络舆情事件的影响程度最高。政府参与度以低、中、高三个等级进行量化，分别代表政府未在舆情事件中发声、政府发布相关信息数量小于 3、政府发布相关信息数量大于等于 3。

11.1.2　网络舆情客体风险

网络舆情客体包括社会现象和问题、事件当事人或群体、刺激信息。网络舆情客体风险（Risk of Object，Obj），是由客体因素导致的网络舆情反转风险，主要包括首发用户类型（Type of the Initial User，Type）、首发报道形式（Form of the Initial Report，Form）、首发报道倾向（Tendency of the Initial Report，Tendency）、舆情客体数量（Number of Objects，Number）和冲突性消息曝光时间（Time of the Conflicting News Exposed，Time）。舆情客体风险评价由公众了解客体风险概念和事件始末后在 0~10 分间打分后求平均值得到，对应得分区间分别为 [0，3]、(3，7]、(7，10]，分别代表低、中、高舆情客体风险。

根据首发用户的性质，将首发用户类型划分为自媒体（we media）、地方媒体（local media）和官方媒体（official media）。首发用户是指第一次发布相关信息的用户。自媒体是指包括普通网民、意见领袖在内的所有没有媒体或政务认证的用户。地方媒体是指《新京报》等非官方媒体。由于不同类型用户的权威性不同，所发布的信息质量良莠不齐，增加了公众信息鉴别的不确定性和风险，对网络舆情是否会发生反转有较大影响。

首发报道形式，是指该舆情相关信息第一次发布的形式，包括视频、图片、文字三种形式。与文字和图片形式相比较，视频形式增加了信息灵活性和直观性，且具有更高的可信度，是判断信息准确性和可靠性的有力佐证。视听化程度越高，越能够帮助公众认识真相，从而降低网络舆情反转风险。

首发报道倾向是指舆情相关信息第一次发布的报道倾向，分为正向、负向和中立三种类型。在网络环境中，部分信息发布者出于博关注、吸睛目的而发布带有明显倾向性的信息，引导民众关注点的变化，引发舆情不客观和失真，所以，首发报道倾向是影响网络舆情是否发生反转的重要因素。

舆情客体数量，是指网络舆情事件当事人或群体的数量。当网络舆情客体数量为两个时，通常代表着冲突事件的发生，公众对不同当事人的倾向性容易发生摇摆，从而导致网络舆情反转风险。

冲突性消息曝光时间是指在网络舆情事件发生过程中，冲突性消息出现在生命周期的起始阶段、爆发阶段、衰退阶段、平息阶段（贾亚敏，2015），或者无冲突性信息曝光。

11.1.3　网络舆情本体风险

网络舆情本体主要是指舆情的观点倾向，是由主体观点构成的舆情环境。网络舆情本体风险（Risk of Ontology，Onto）包括初始观点冲突性（Conflict of the Initial Opinion，Conflict）和网络暴力存在性（Existence of Cyber-violence，Cyber-violence）。舆情本体风险评价由公众了解本体风险概念和事件始末后在 $0 \sim 10$ 分间打分后求平均值得到，对应得分区间分别为 $[0, 3]$、$(3, 7]$、$(7, 10]$，分别代表低、中、高舆情本体风险。

初始观点冲突性是指在网络舆情的起始阶段是否存在观点冲突，分为存在和不存在两种状态。当初始观点存在冲突时，公众往往能够在讨论中得出事件真相，从而会降低网络舆情反转的风险；当初始观点一致性程度高时，冲突信息的曝光则可能会导致舆情反转。

网络暴力存在性是指网络舆情发展过程中是否存在对当事者的网络暴力，同样分为存在和不存在两种状态。网络暴力是一种不良的负向激进网络氛围，在网络暴力存在的情况下，网民情绪更容易受到煽动和感染，观点更易被同化，这在很大程度上增加了网络舆情反转的风险。

11.2　网络舆情反转风险决策模型构建

根据网络舆情反转风险的影响因素分析，利用新浪微舆情和头条指数两个舆情监测网站的相关案例研究报告和关联分析等功能，获取舆情反转决策的影响因素数据，并根据决策目标和数据特点选择贝叶斯网络构建舆情反转决策模型，进行舆情反转风险的推断。

11.2.1　贝叶斯网络节点

将舆情反转风险的影响因素作为贝叶斯网络结构数据层节点，将网络舆情主体风险、网络舆情客体风险、网络舆情本体风险作为贝叶斯网络结构要素层节点，将网络舆情反转风险作为贝叶斯网络结构目标层节点，在此基础上建立贝叶斯网络模型，如图 11-2 所示。

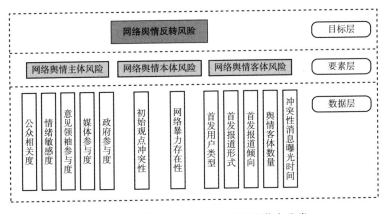

图 11-2　网络舆情反转贝叶斯网络节点分类

通过仿真软件 Netica 建立的贝叶斯网络模型要求网络节点名称、取值都为英文字符，网络节点名称、缩写及取值如表 11-1 所示。

11.2.2　贝叶斯网络结构

在分析数据层节点和要素层节点与舆情反转风险因果关系的基础上，进一步深入考虑这些影响因素的其他因果关系。

表 11-1　贝叶斯网络节点中英文名称、英文缩写及取值

节点名称	节点英文名称	英文缩写	取值
网络舆情反转风险	Risk of reversion	Reversion	low/middle/high
网络舆情主体风险	Risk of subject	Sub	low/middle/high
网络舆情客体风险	Risk of object	Obj	low/middle/high
网络舆情本体风险	Risk of ontology	Onto	low/middle/high
公众相关度	Relevance of the Internet users	Relevance	low/middle/high
情绪敏感度	Emotional sensitivity	Sensitivity	low/middle/high
意见领袖参与度	Engagement of the opinion leaders	Opinion_Leaders	low/middle/high
媒体参与度	Engagement of the media	Media	low/middle/high
政府参与度	Engagement of the government	Government	low/middle/high
首发用户类型	Type of the initial user	Type	we/local/official
首发报道形式	Form of the initial report	Form	text/image/video
首发报道倾向	Tendency of the initial report	Tendency	positive/negative/neutral
舆情客体数量	Number of objects	Number	one/two
冲突性消息曝光时间	Time of the conflicting news exposed	Time	initial/breakout/recession/calm/none
初始观点冲突性	Conflict of the Initial Opinion	Conflict	yes/no
网络暴力存在性	Existence of cyber-violence	Cyber-violence	yes/no

①情绪敏感度与网络舆情事件性质相关，对网络舆情客体风险产生影响，所以，情绪敏感度可以被视为导致网络舆情客体风险的原因之一。

②首发用户类型不仅会引发网络舆情客体风险，当首发用户为地方媒体或官方媒体时，媒体和政府的参与度也会受到影响，进而引发网络舆情主体风险。

③首发报道倾向是导致网络舆情客体风险的主要原因，但是由于首发报道倾向涉及个体的观点、态度、倾向的表达，往往也被视为网络舆情本体风险因素。

④初始观点冲突性涉及观点态度的表达，是导致网络舆情本体风险的原因之一，但其在初始阶段的观点矛盾与网络舆情客体中的事件和当事人都有联系，所以，初始观点冲突性也是导致网络舆情客体风险的原因。

以各节点之间的因果关系为依据，建立贝叶斯网络结构，如图 11-3 所示。

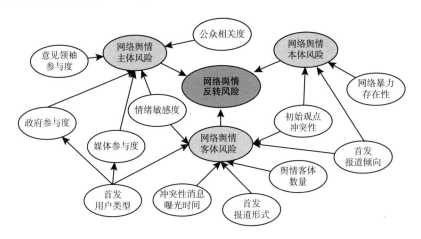

图 11-3　网络舆情反转贝叶斯网络结构

11.3　仿真实验

通过贝叶斯网络仿真软件 Netica 进行模型的建立，在网络建立之后使用期望最大算法（Expectation Maximization Algorithm，EM）进行参数的学习，最终得到完整有效的贝叶斯网络模型。

11.3.1　社交媒体数据采集

选取 73 个真实案例，收集其相应数据以对网络舆情反转贝叶斯网络模型进行参数学习。这些案例选自 2013~2019 年的真实网络舆情事件，其中出现反转的舆情事件是从新华网《盘点 2013 十大"反转剧"：有图未必有真相》、观察者网《盘点 2014 年八大反转事件》、《人民日报》《2015 年舆情反转典型事件》、新华视点《2016 年十大网络舆情反转典型事件》、清博舆情《2017 年十大网络舆情反转案例》、蚁坊软件《2018 舆情反转事件：基于十大新闻案例分析解读》、观察者网《2019 十大反转新闻大盘点》中随机选取的，未发生反转的网络舆情事件则是从新浪微舆情平台中随机选取的。

网络舆情反转风险的判别标准是舆情全部发生反转，则网络舆情反转风险为高（high），部分信息发生反转则网络舆情反转风险为中（middle），未发生反转则网络舆情风险为低（low）。网络舆情是全部反转还是部分反转，在各类盘点文章中已有定论，本书直接采用其结论，收集到 73 个事件的网络舆情反转风险数据。

网络舆情主体风险、网络舆情客体风险、网络舆情本体风险数据采用 10 位专家打分法确定取值，当有 3 位以上专家未对该项打分时，视该项数据缺失，以此收集到要素层数据。

数据层 12 个节点的数据都已经有确定的判定标准，通过采集社交媒体数据，并按照判定标准进行状态的划分，最终得到数据层数据。

网络舆情反转案例样本数据集（部分）如表 11-2 所示，"＊"代表数据缺失。

表 11-2　网络舆情反转案例样本数据集（部分）

节点名称	1	2	3	⋯	73
网络舆情反转风险	high	high	high	⋯	low
网络舆情主体风险	high	high	＊	⋯	middle
⋮	⋮	⋮	⋮	⋯	⋮
初始观点冲突性	no	no	no	⋯	no
网络暴力存在性	yes	yes	no	⋯	no

11.3.2　贝叶斯网络参数学习

在搜集到相应的数据后，选取其中 3 个作为测试数据集，其余 70 个作为训练数据集，用 EM 算法进行参数学习。

EM 算法是一种两步迭代算法，它的每次迭代都由求期望（E-步骤）和最大化（M-步骤）组成。设收集到的数据集为 $D = \{D_1, D_2, \cdots, D_n\}$，全部训练样本集 $Y = \{Y_1, Y_2, \cdots, Y_n\}$ 参数概率分布为 $P = (Y \mid \theta)$。参数学习的目标就是求使期望 $\mathrm{E}[\log P(Y \mid \theta)]$ 最大的参数 θ。迭代过程如下。

（1）E-步骤

设置参数初始状态为 θ_0，根据观测到的变量 D 和当前参数值 θ_{i-1} 计算无法观测变量的概率分布，则全部训练样本集 Y 的概率分布期望为

$$Q(\theta_i \mid \theta_{i-1}) = \mathrm{E}[(\log P(Y \mid \theta_i) \mid \theta_{i-1}), D]$$
$$= \sum_i \sum P_i \log P(D_i, P_i \mid \theta_{i-1}) P(D_i, P_i \mid \theta_i) \quad (11-1)$$

（2）M-步骤

通过

$$\theta_i = \mathrm{argmax}_{\theta_i} Q(\theta_i \mid \theta_{i-1}) \tag{11-2}$$

取得最大值得到 θ_i 的值，然后使用 θ_i 的值重新进行 E-步骤。

在 Netica 软件上使用 EM 算法学习 70 个训练集数据，得到网络舆情反转风险的贝叶斯网络模型。

通过 EM 算法进行参数学习，学习后的网络舆情反转风险因素的条件概率表截图如图 11-4 所示。获得各节点条件概率的网络舆情反转影响因素模型截图如图 11-5 所示。

Sub	Obj	Onto	high	middle	low
high	high	high	100	6.70e-5	6.70e-5
high	high	middle	85.9	14.1	1.21e-4
high	high	low	33.639	33.181	33.181
high	middle	high	73.433	26.567	2.66e-4
high	middle	middle	99.998	1.00e-3	1.00e-3
high	middle	low	2.03e-3	99.996	2.03e-3
high	low	high	50	49.999	2.50e-4
high	low	middle	1.00e-3	1.00e-3	99.998
high	low	low	33.333	33.333	33.333
middle	high	high	57.606	42.393	5.76e-4
middle	high	middle	55.028	44.972	1.47e-4
middle	high	low	99.998	1.21e-3	7.93e-4
middle	middle	high	50	5.00e-4	50
middle	middle	middle	99.999	4.54e-4	4.54e-4
middle	middle	low	6.64e-4	99.999	6.64e-4
middle	low	high	5.00e-4	99.999	5.00e-4
middle	low	middle	99.997	1.26e-3	1.26e-3
middle	low	low	5.00e-4	5.00e-4	99.999
low	high	high	99.998	1.00e-3	1.00e-3
low	high	middle	3.69e-4	99.999	3.28e-4
low	high	low	35.594	32.203	32.203
low	middle	high	69.098	3.09e-4	30.902
low	middle	middle	5.00e-4	50	50
low	middle	low	2.50e-4	25	75
low	low	high	1.00e-3	1.00e-3	99.998
low	low	middle	1.00e-3	1.00e-3	99.998
low	low	low	1.00e-3	1.00e-3	99.998

图 11-4　网络舆情反转风险因素的条件概率截图

11.3.3　模型有效性检验

从 73 个事件中随机选取三个事件作为测试集，测试集数据如表 11-3 所示。

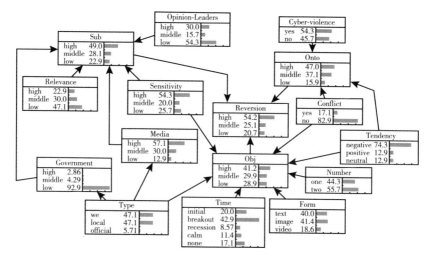

图 11-5　网络舆情反转影响因素模型截图

表 11-3　测试集事件数据

节点名称	西安医生手术台自拍	成都男司机暴打女司机	视觉中国版权风波
网络舆情反转风险	middle	high	low
网络舆情主体风险	middle	high	low
网络舆情客体风险	high	high	low
网络舆情本体风险	high	high	middle
公众相关度	high	low	low
情绪敏感度	high	high	low
意见领袖参与度	low	low	high
媒体参与度	middle	high	high
政府参与度	low	low	middle
首发用户类型	we media	we media	official media
首发报道形式	image	video	image
首发报道倾向	negative	negative	negative
舆情客体数量	one	two	one
冲突性消息曝光时间	breakout	initial	none
初始观点冲突性	no	no	no
网络暴力存在性	yes	yes	no

　　将三个测试集事件——西安医生手术台自拍、成都男司机暴打女司机、视觉中国版权风波数据代入模型中对模型有效性进行检验，结果如表 11-4所示。

表 11-4　模型测试结果与实际结果对照

事件名称	网络舆情反转风险测试值(%)			测试结果	实际结果	是否符合
	high	middle	low			
西安医生手术台自拍	24.20	55.00	20.70	middle	middle	是
成都男司机暴打女司机	73.40	23.80	2.76	high	high	是
视觉中国版权风波	25.30	30.00	44.70	low	low	是

以成都男司机暴打女司机事件为例，舆情反转态势为 high、middle、low 的可能性分别为 73.40%、23.80%、2.76%，网络舆情反转风险可能性最高的状态，即为测试结果，在这里值为 high 的可能性最高，所以测试结果为 high，代表该网络舆情事件发生反转的可能性高，实际上这个舆情事件也发生了反转，测试结果与实际情况吻合；同样地，对于视觉中国版权风波事件，舆情反转态势为 high、middle、low 的可能性分别为25.30%、30.00%、44.70%，low 值概率最大，所以测试结果为 low，代表该网络舆情事件不太可能发生反转，测试结果同样符合实际。三个测试集测试结果与实际结果都无差异，表明该模型有效性可以通过检验，网络舆情反转风险模型能够对现实实例提供出很好的解释。

11.3.4　仿真结果分析

（1）贝叶斯原因诊断推理

已知结果，寻找原因，是贝叶斯网络的重要功能。对于网络舆情反转的研究，想要探究造成网络舆情反转风险高的原因，也是采用逆向推理的方法，将网络舆情反转风险节点的状态设为最高风险，即 high=100%，通过 Netica 建立的贝叶斯网络模型具有自动更新功能，在网络舆情反转风险节点状态设置完成后，其他节点状态值也随之更新，更新后结果如图 11-6 所示。

当网络舆情反转风险状态 high 被设置为 100% 时，因素层网络舆情主体风险、网络舆情客体风险和网络舆情本体风险三个节点的状态概率都随之发生改变，表 11-5 记录了各个节点概率最大的状态、进行原因诊断前后概率最大状态的概率值，以及因素层各节点的概率变化率。其中，变化率 =（原因诊断推理概率 - 原有模型概率）/ 原有模型概率。

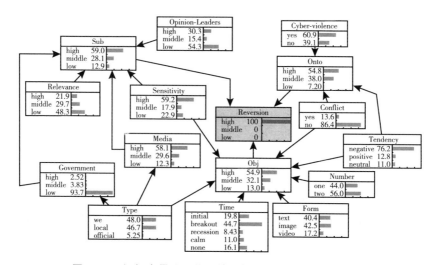

图 11-6　证据变量为网络舆情反转风险时的后验概率分布

表 11-5　证据变量为网络舆情反转风险时状态概率变化率

项目	网络舆情主体风险 （Sub）	网络舆情客体风险 （Obj）	网络舆情本体风险 （Onto）
节点状态	high	high	high
原有模型概率(%)	49.0	41.2	47.0
原因诊断推理概率(%)	59.0	54.9	54.8
状态概率变化率(%)	+20.4	+33.3	+16.6

　　要素层网络舆情主体风险、网络舆情客体风险、网络舆情本体风险三个节点的最大概率状态都为 high，对比图 11-5 和图 11-6，可以计算得到：网络舆情主体风险状态为 high 的概率由 49% 增长至 59%，增长率为 20.4%；网络舆情客体风险的状态概率由 41.2% 增长至 54.9%，增长率为 33.3%；网络舆情本体风险的状态概率由 47% 增长至 54.8%，增长率为 16.6%。变动幅度清楚地表明三大要素风险对网络舆情反转风险都有着比较大的影响，尤其是网络舆情客体风险的影响作用最显著。

　　在模型应用过程中，如果能够增加证据，则能够进一步推理出可能原因。例如，在某次原因诊断中，已知网络舆情事件发生了反转（Reversion high = 100%），且网络舆情客体风险高（Obj high = 100%），设置好两个节点的概率后，同样通过 Netica 的自动更新功能，可以得到图 11-7 所示的结果。

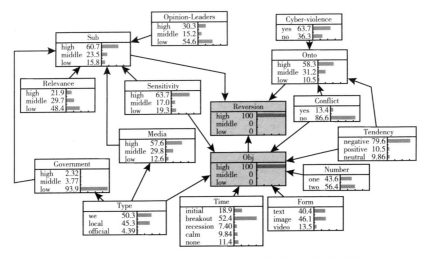

图 11-7　证据变量为网络舆情反转风险和客体风险时的后验概率分布

对比图 11-6 和图 11-7 的仿真计算结果，将结果记录在表 11-6 中，可以得到网络舆情主体风险状态为 high 的概率由 59% 增长至 60.7%，变动幅度为 2.9%；网络舆情本体风险状态为 high 的概率由 54.8% 增长至 58.3%，增长率为 6.4%。网络舆情主体风险的概率值变化不大，可以看出，在这样的条件下，网络舆情客体风险是网络舆情发生反转的原因。

表 11-6　证据变量为网络舆情反转风险和客体风险时状态概率变化率

项目	网络舆情主体风险（Sub）	网络舆情本体风险（Onto）
节点状态	high	high
原有模型概率(%)	59	54.8
原因诊断推理概率(%)	60.7	58.3
状态概率变化率(%)	+2.9	+6.4

（2）最大可能性解释

贝叶斯网络的最大可能性解释（Most Probable Explanation，MPE）方法是在已经提供了一组结果（证据）的前提下，求其他网络节点处于怎样的状态。能够使对应节点概率达到最大值，即其他网络节点的状态如何分布，能够让结果节点的理想状态概率达到最大值。

①最大可能性解释仿真结果。给定证据变量——网络舆情反转风险级别为高（high），存在多种节点变量状态的概率组合可以保证网络舆情反转风险为 high。但是研究多种节点变量状态的概率组合不容易得出相应的规律，所以，研究通常更关注最有可能发生的情况，在这种最大概率的情况下，也会有一种概率组合，这个组合使网络舆情反转风险最高，即最有可能造成网络舆情事件发生反转。

选中网络舆情反转风险节点，将该节点的高风险状态值（high）设置为 100%，运行 Netica 软件的 Most Probable Explanation（MPE）功能得到所有组合中概率最大的一组，结果如图 11-8 所示。从图中可以看出，存在的概率最大组合为：［网络舆情主体风险＝high，网络舆情客体风险＝high，网络舆情本体风险＝high，公众相关度＝low，情绪敏感度＝high，意见领袖参与度＝low，媒体参与度＝high，政府参与度＝low，首发用户类型＝local，首发报道倾向＝negative，首发报道形式＝text，舆情客体数量＝two，冲突性消息曝光时间＝breakout，初始观点冲突性＝no，网络暴力存在性＝yes］。

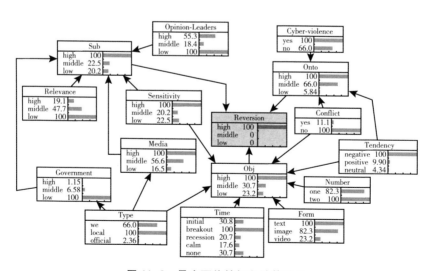

图 11-8　最大可能性解释计算结果

②概率最大可能组合解释。从舆情主体角度来说，当情绪敏感度高时，意味着网络舆情事件属于敏感性社会议题，公众在面对这样的问题时可能会进入集体无意识状态，而且存在先入为主的刻板印象和激进态度，这些都会造成网络舆情反转风险增加；与之前研究结论不同的是，最大可能组合解释得出公众相关度低时，网络舆情反转风险更高，这一点可以从现实进行解释，公众对与自身相关度高的事件总是有着更多的关注和了解，从而减少了盲从心理，提高了对相关信息的甄别能力，所以高相关度事件对应着低反转风险；对媒体、政府和意见领袖的作用，最大组合解释与前人关于政府和意见领袖的影响达成一致，认为政府和意见领袖的参与度低意味着信息可靠性不高，发生舆情反转风险的可能性越大，而媒体则起到了相反的作用，某些媒体为了追求新闻速度、赢得网民关注，会不经求证就发布信息，刻意扭曲事实断章取义，这与客体风险中首发用户类型为地方媒体（local media）是网络舆情反转风险最大因素是一致的。

从舆情客体角度来说，地方媒体相比自媒体带来的网络舆情反转风险更高；文本信息与图片和视频信息不确定性更大，更容易带来网络舆情反转风险；负向报道倾向通常带有煽动性和感染力，这样的首发信息也会加大网络舆情反转风险；冲突性消息在舆情爆发期的介入会使网络舆情反转风险最高，这些研究结论与前人的研究都已达成共识。

此外，研究结果表明，在网络舆情客体数量为 2，初始观点无冲突且存在网络暴力情况下，网络舆情反转风险最大。这是由于在网络暴力存在且观点一致的情况下，网民的判断容易丧失客观性，且在网络舆情客体数量为 2 时，一般存在双方的冲突事件，在这样的情况下常常由当事人的发声导致网民群体态度的摇摆，这也是网络舆情反转的风险因素。

综上，由地方媒体以纯文字形式首发的带有负向倾向的舆情事件，公众的敏感度高且相关度低，事件涉及两方当事人，且初始观点一致偏向某一方，对另一方存在网络暴力行为，在这样的舆情爆发期，披露冲突性消息会使网络舆情的反转风险最大。

11.4   网络舆情反转风险决策支持服务

通过对之前学者关于网络舆情反转影响因素的分析与梳理，从网络舆情主体、网络舆情客体和网络舆情本体维度出发，总结出公众相关度、情绪敏感度、意见领袖参与度、媒体参与度、政府参与度、首发用户类型、首发报道形式、首发报道倾向、舆情客体数量、冲突性消息曝光时间、初始观点冲突性、网络暴力存在性12个影响因素。采集社交媒体数据计算相应的影响因素数据，建立以网络舆情反转风险为目标层，以网络舆情主体风险、网络舆情客体风险、网络舆情本体风险为贝叶斯网络结构要素层，以影响因素为贝叶斯网络结构数据层的贝叶斯网络结构。利用 EM 算法通过 70 个网络舆情真实案例数据进行参数学习，通过三个测试集进行有效性验证，最终得到网络舆情反转风险决策模型。网络舆情反转风险决策模型的仿真研究结果如下。

①该贝叶斯网络模型能够用于对网络舆情风险进行原因诊断，在网络舆情三要素中，网络舆情客体风险对网络舆情反转风险影响最大。

②与公众相关度低且情绪敏感度高的事件网络舆情反转风险高。

③意见领袖和政府在网络舆情初始期的参与会降低网络舆情反转风险，但媒体的参与则具有相反的作用，而且由地方媒体首发的消息也具有最高的网络舆情反转风险。

④网络舆情客体数量为 2、初始观点一致性高且存在网络暴力的情况下，网络舆情反转风险最高。

⑤冲突性消息发生在舆情爆发期，网络舆情反转风险最高。

贝叶斯网络挖掘了基于社交媒体数据的网络舆情反转风险影响因素之间的潜在关系，为政府的网络舆情反转风险决策提供了支持。

首先，当带有负向倾向的舆情事件敏感度较高，只涉及两方当事人，公众初始观点一致并且对一方存在网络暴力时，政府需要密切关注事件的演化过程，预警可能的舆情反转及其带来的结果，做好应对和引导工作。

其次，在开展舆情应对工作中，合理选择冲突性消息的披露时间，尽量避免在舆情爆发期发布冲突性消息，从而降低网络舆情反转风险。

最后，鼓励媒体在发布负向舆情事件时采用视频方式，增加信息的可靠性和准确性，避免由首发信息的失真而导致后续的舆情巨大反转风险。

第 12 章
社交媒体数据驱动的网络舆情
群体极化应对策略支持

　　网络舆情是网络群体的认知、观点和情绪通过社交媒体发表、讨论、扩散和汇聚后形成并不断演化的结果。面对庞大的社交媒体信息的冲击，对信息的选择性心理将用户束缚在由兴趣和先入之见所引导的狭隘的信息领域，产生"信息茧房"效应，在网络群体中用户受到群体共识的压力形成了"回音室效应"，越来越多的个性化定制功能以及协同过滤技术将用户分成若干个群体，导致"网络巴尔干化"，这些都使网络群体成员的认知、观点和情绪因为成员间的交互而产生群体一致性，即社交媒体群体极化。群体极化容易形成极端言论，甚至导致网络和现实中群体性事件的发生，对社会公共秩序产生严重的负面影响，对政府网络治理提出了挑战，急需新的决策方法应对舆情群体极化，指导舆情群体极化的监督和管理。

　　本书以自我归类理论为依据，在改进完善连续观点模型（Deffuant-Weisbuch，DW）的基础上提出舆情群体极化决策模型（Group Polarization Decision Model，GPDM），利用计算机仿真方法对不同网络环境、不同观点值分布条件下舆情群体极化演化过程进行模拟，给出了在实际舆情管理工作中以社会媒体数据驱动的舆情群体极化应对策略。

12.1　舆情演化与群体极化

12.1.1　舆情演化

　　所谓舆情演化，是指舆情相关参与个体与其他个体或外界舆论环境进行信息交互时，对舆情事件所持有的认知、态度、情感或行为倾向的状态随时间发展不断循序演进的过程，是舆情动态性、实时性、互动性、过程性的重要体现。舆情演化问题复杂多样，由于演化过程影响因素众多、参与主体复杂，因此，舆情演化过程的规律难以把握，监管把控难度大。通过对已有文献的梳理可知，舆情演化过程具有速度快范围广、结果不确定性高、周期性明显的特点。

（1）速度快范围广

网络的高速传播特性使舆情事件发酵时间变短、演化过程加快，从萌芽发展到第一次高潮期平均在 3~5 个小时，在某些关注度较高、涉及群体广泛的舆情问题上，这个时间甚至是 1 小时以内（王宁，2019）。舆情事件发生速度超过舆情监管部门的反应速度，增加了舆情监管的难度。在社交媒体平台上，个体间联系紧密，个体间"关注"与"被关注"关系复杂，每个舆情参与个体获取信息及传递信息的渠道丰富，使网络舆情演化覆盖范围广，个别舆情事件甚至严重影响社会安定。

（2）结果不确定性高

由于舆情事件演化主要参与群体不同、舆情环境透明度不同、媒体的介入程度不同、意见领袖数量及影响力不同、政府的监管力度不同，舆情演化的最终结果往往也不相同，具体演化结果大致可以分为舆情消散、舆情反转、舆情话题漂移、舆情阶段性起伏、群体极化等（王根生，2012；Tian，2016），其中，群体极化结果的社会危害巨大，监管必要性、紧急性高，因此群体极化的影响因素及产生机制研究是舆情演化研究的重要内容之一。

（3）周期性明显

舆情演化是舆情动态性、过程性的体现，因此，舆情演化整体过程呈现一定的周期性，从舆情事件酝酿产生到最终结束，不同的学者依据不同的理论将这一过程划分为不同的阶段，如"三阶段"划分法、"四阶段"划分法和"五阶段"划分法（谢科范，2010）。虽然目前学术界关于舆情演化的生命周期划分尚未达成一致意见，但多数学者普遍认为舆情演化的生命周期遵循"酝酿—发展—高潮—衰退"这一规律（辛文娟，2015）。其中，"酝酿期"内舆情事件的热度不高，事件关注个体的观点较分散，具有影响力的观点数量不多。"发展期"内舆情事件热度随着演化过程发展不断提高，舆情参与个体间互动愈加频繁，意见领袖数量开始增多，持不同观点的小群体开始形成。"高潮期"内舆情事件热度达到顶点，持不同观点的群体的数量及规模逐渐固定，舆情事件的不同社会影响逐渐显现。"衰退期"内舆情事件热度逐渐下降，舆情事件得到处理，社会影响逐渐消失。

12.1.2　群体极化

学者斯托纳于 1961 年提出"群体极化"观点，"群体极化"是指在群体中，个体的观点由于受到群体影响容易达成的统一观点，此观点往往比个体观点更加冒险。学者桑斯坦在 2003 年所著《网络共和国》一书中也对群体极化现象做了定义，即群体极化行为是经由群体讨论之后，群体态度往往比讨论之前的群体成员个人态度的平均值更趋向极端化的社会现象。目前，桑斯坦关于群体极化的定义是学术界认可程度较高、较为准确的一种定义，因此本书采用其观点定义群体极化。

关于群体极化判定与测量问题，不同学者结合自身研究的特点，给出过不同的判定与测量方法，其中认可度最高的方法有三种。第一种认为群体极化现象是指群体内大多数个体的观点达到极端化的社会现象，并以极端化观点所占群体的比例来衡量群体极化的程度（霍凤宁，2015；Liu，2015；Gimenez，2016）；第二种认为群体极化是观点聚合现象的特殊情况，极化是聚合在情绪量表端点处的特殊观点聚合现象，聚合点一旦离开情绪量表原点，则认为群体极化现象已经发生，并以聚合点距离情绪量表原点的距离衡量群体极化的程度（Martins，2013；Xia，2016）；第三种是使用事件发生之初个体情绪数值的平均值（"前测均值"）和群体极化发生时的个体情绪平均值（"后测均值"）之间的关系衡量群体极化现象，若演化结果的情绪平均值比前测均值更加偏向极端，则认为群体极化现象已经出现，极化的程度以两个差值大小来量化（Lee，2015）。由于研究方法和研究性质存在差异，不同学者判定群体极化是否发生以及严重程度时往往参考以上一种或多种评价测量方法，本书也以以上方法为标准综合评判群体极化现象。

12.1.3　舆情演化与群体极化关系

虽然舆情演化与群体极化是两个不同的研究命题，但是两个研究之间存在很多交叉和重叠，所以存在统一研究的必要性。

舆情演化是舆情事件发展的整个过程，着重表现舆情的动态性状态变化。群体极化是社会群体态度走向极端、走向非理智的社会现象，着重表现舆情的不良状态和危害。从阶段性角度来说，舆情演化具有完整生命周期，生命周期依据不同理论划分为若干不同阶段，而群体极化则是在其中"发展期"或"高潮期"内发展形成。若想研究群体极化的形成过程和作用机制，将舆情演化的过程性研究和群体极化结果相结合是十分必要的。从结果角度来说，舆情演化结果不确定性强，结果可能性多，而群体极化现象则是舆情演化中社会危害最大、监管难度最大的结果之一。实现群体极化研究及舆情演化研究的统一，提出面向群体极化的舆情演化具有很强的必要性和价值性。

12.2　群体极化与自我归类理论

12.2.1　自我归类理论在群体极化研究中的优越性

群体极化问题相关理论成果多集中于心理学研究领域，20 世纪六七十年代，诸多学者以心理实验法为主要手段阐述了环境信息处理机制、个体决策心理、社群影响效应等不同因素对群体极化问题的影响，其中较为出名的有伯恩斯坦的"劝服性辩论理论"、诺依曼的"沉默的螺旋理论"、阿莫斯·特沃斯基等提出的"抉择冲突"理论、"社会身份理论"等。直至 70 年代后期，相关研究逐渐汇总为两种相对公认的解释理论，即有力论据理论和社会比较理论。有力论据理论注重外部信息环境对舆论参与者的影响，主张以客观信息环境影响作为解释群体极化的理由。而社会比较理论强调个人的社会认同感、自我表现欲等个人心理因素的重要性，认为极端化观点对个体观点的吸引在群体极化形成过程中发挥决定性作用。两大理论发展至今已被学术界广泛认可，但仍无法对群体极化问题中的两个重要因素进行解释：其一，是什么使某些论据成为有力的论据？论据的说服力怎么体现，通过什么方式衡量？其二，无论是对论据的遵从还是对社会规则的遵从，可以解释最终观点聚合现象，却无法给出舆情演化最终群体观点往往走向极端的原因。以上缺陷也是阻碍两大理论发展的主要原因（夏倩芳，2017）。

20 世纪 80 年代，西方著名心理学家约翰·特纳在其著作《自我归类论》中提出了"原型性"的观点，认为"原型性"是人们认知他人或群体的核心。原型性是指群体成员刻板特征的典型程度，群体的原型性就是整个群体的刻板特征的程度，比如，动物保护主义群体的"保护动物，爱护生态"特征，女权主义群体的"维护女权，保护女性"特征等，都属于相应群体或个人的刻板特征，而群体或个人具备这些特征的鲜明性就是所谓"原型性"。在观点演化过程中，群体成员往往认为原型性最强的观点是最正确和最有价值的，并在群体讨论中逐渐向着原型性观点靠拢，而观点的原型性通过群际差异性和群内相似度共同衡量。在现实生活中，极端观点往往更具情绪煽动性，导致在多数情况下"群体间差异性较大"的观点往往会被直觉为"更具原型性"的观点，从而引导群体情绪更容易走向极端，产生群体极化现象。"原型性"理论不仅回答了什么样的理论在人群中更有说服力的问题，也指出了群体讨论后观点容易走向极端的原因，在理论层面实现了两大理论的统一。因此，自我归类理论在群体极化问题上具有更好的解释性。

12.2.2　自我归类理论社会规则

自我归类理论的社会规则核心关键点包含以下几个方面。

（1）群体分类假设

当两个或者更多的个体在一起时，个体往往会根据一些共同的特征聚集成群体，同时与其他不同特征的群体区别开来，从而形成不同心理群体分类。

（2）原型性规则

群体形成后，由于渴望获得群体内认同以及与观点不一致群体拉开差距的心理因素存在，人们往往对"群体内共识程度最高且和外群体有明

显不同"的个体或观点更加认同,此类个体或观点被称为"原型"或
"群体刻板特征","原型性"则用于表征个人或群体所具备这种特征的强
弱或典型性大小。个体的原型性或刻板特征显著性越高,对群体内其他人
的影响力越大。

个体或观点的原型性大小通过"元对比率"进行衡量。元对比率是
指群体内成员和群体外成员之间所感知到的群间平均差异(也称群外差
异)与群体内成员之间所感知到的群内平均差异(也称群内差异)之间
的比率,与群体外成员之间的差异增大,以及与同一类别成员之间的差距
减少都能使个体或观点的元对比率增大,进而影响其他观点,产生不同演
化结果。原型性规则是自我归类理论的规则核心。

(3)观点顺从和观点极化的形成

在观点演化过程中,个体遵循原型性规则改进自身观点,当所有观点
值达到稳定不再变化时,演化结果形成。自我归类理论认为演化结果包括
观点顺从和观点极化两种情况。

观点顺从是指群体原型性最高的观点与群体初始观点平均值(或称
前测均值)一致,使群体观点最终向平均值聚合的现象,如图 12-1
所示。

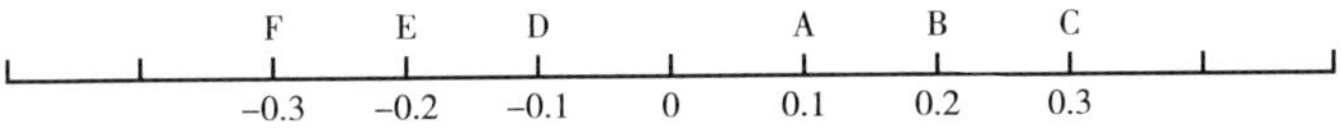

图 12-1　观点顺从现象数据分析

观点 A、观点 B、观点 C 同为正向观点,属于同一群体,其前测均值
为 0.2,各点的元对比率值为

$$A = \frac{(\,|\,0.1-(-0.1)\,|+|\,0.1-(-0.2)\,|+|\,0.1-(-0.3)\,|\,)/3}{(\,|\,0.1-0.2\,|+|\,0.1-0.3\,|\,)/2} = 2$$

$$B = \frac{(\,|\,0.2-(-0.1)\,|+|\,0.2-(-0.2)\,|+|\,0.2-(-0.3)\,|\,)/3}{(\,|\,0.2-0.1\,|+|\,0.2-0.3\,|\,)/2} = 4$$

$$C = \frac{(\,|\,0.3-(-0.1)\,|+|\,0.3-(-0.2)\,|+|\,0.3-(-0.3)\,|\,)/3}{(\,|\,0.3-0.1\,|+|\,0.3-0.2\,|\,)/2} = 3.333$$

其中 B 观点不仅是原型性最高的观点,同时也是最接近观点前测均
值的观点,此时观点 B 逐渐影响观点 A 和观点 C,使其观点向自己靠拢,

最终群体观点值逐渐平均化形成顺从现象。

观点极化是指群体原型性最高的观点与群体初始观点平均值（或称前测均值）不一致，从而导致群体态度平均值相较于演化前更趋向极端化的现象，如图 12-2 所示。

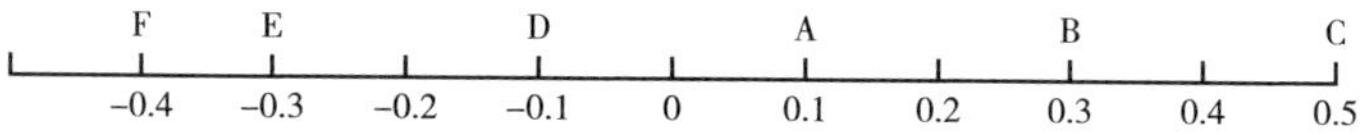

图 12-2　观点极化现象数据分析

观点 A、观点 B、观点 C 属于同一群体，其前测均值为 0.3，各点的元对比率值为

$$A = \frac{(\,|\,0.1 - (-0.1)\,| + |\,0.1 - (-0.3)\,| + |\,0.1 - (-0.4)\,|\,)/3}{(\,|\,0.1 - 0.3\,| + |\,0.1 - 0.5\,|\,)/2} = 1.222$$

$$B = \frac{(\,|\,0.3 - (-0.1)\,| + |\,0.3 - (-0.3)\,| + |\,0.2 - (-0.4)\,|\,)/3}{(\,|\,0.3 - 0.1\,| + |\,0.3 - 0.5\,|\,)/2} = 2.833$$

$$C = \frac{(\,|\,0.5 - (-0.1)\,| + |\,0.5 - (-0.3)\,| + |\,0.5 - (-0.4)\,|\,)/3}{(\,|\,0.5 - 0.1\,| + |\,0.5 - 0.3\,|\,)/2} = 3.833$$

在此种情况下，极端化观点 C 拥有较显著的原型性，逐渐影响观点 A 和观点 B，使群体内观点值逐渐偏离平均值形成极化现象。极端化观点往往更具情绪煽动性，从而解释了为什么"群体间差异性较大"的观点往往会被感知为"更具原型性"的观点，也解释了极化现象的产生频率远高于顺从现象的原因。

12.3　群体极化决策模型构建

根据自我归类理论，将原型性规则公式化，在 DW 模型的基础上提出群体极化决策模型（GPDM）。

12.3.1　自我归类理论和 DW 模型的改进

自我归类理论与连续观点模型 DW 的结合不是简单的理论堆砌，由于历史解释不同、群体行为表现方式不同、理论建立背景环境不同等，两大理论成果在结合过程中关于一些公共因素的定义，如"个体与个体间的互动范围""个体所处的舆情环境""个体观点的表达方式"等存在矛盾与分歧，导致新模型的建立过程无法顺利进行。为了实现自我归类理论社会规则与连续观点模型在基础概念定义方面的统一与融合，需要以现有研究成果实现对自我归类理论相关设定的完善，提高其对时代特性的适应力和解释力，也需要从观点表达方式、观点交互规则、交互发生条件、观点交互幅度等方面改进 DW 模型，并以此为基础提出新的群体极化决策模型。模型基础理论完善具体过程如下。

（1）自我归类理论局限性与改进方法

自我归类理论详细解释了"群体极化""群体凝聚力""社会认同""社会类别显著性"等社会群体行为的形成原因，并通过小群体心理实验的方式证明了自我归类理论的合理性。群体极化行为的实验证明过程大致如下：首先，以事先准备好的态度量表分别记录每个被试者关于某个问题的观点值，并计算群体讨论前的个体观点平均值，即前测态度均值和不同群体的最具原型性的观点；其次，要求被试者在实验环境下充分讨论，讨论完成后记录被试者的观点值，并计算后测态度均值；最后，通过对所得数据的分析观察极化是否形成、前后测态度均值之间的关系、群体观点是否向原型性观点聚合。

群体极化的证明实验本质是在实验室环境下的小群体讨论，实验具有三个前提假设。

假设一：实验过程群体成员间的联系是紧密的，每个成员都能直接与其他任何一个成员沟通、交换观点。

假设二：群体内信息是充分共享的，每个个体都掌握参与讨论的其他个体的观点。因此，观点倾向相同的群体所公认的最具原型性的观点很容易被寻找到，且具有唯一性。同时由于具备原型性观点的个体与其他成员的关系是紧密的，因此原型性观点很容易扩散开来，从而影响其他所有和自己具有相同观点倾向的个体，逐渐聚拢成群体。

假设三：在最具原型性的个体影响改变群体内其他成员观点的过程中，其他成员观点的转变对最具原型性的个体无影响，最具原型性的个体永远不变，其观点值也不会变化。

由复杂网络相关理论可知，以上实验的前提假设与当今社会实际情况有一定的偏差。首先，在具体网络环境中，受网络拓扑结构的影响，并非所有的个体都能够直接链接，由于个体只能与直接链接的个体（邻居节点）进行观点交互，因此，非直接链接个体间无法进行观点沟通。其次，每个个体节点的度是有限的，不同个体只能掌握周围邻居观点的信息并据此进行决策，即个体的直接影响范围仅限于有限个邻居节点个体。复杂网络研究的重要原则之一是"个体观点更容易受到周围观点影响"，强调环境的有限影响及个体的有限感知。每个个体的邻居节点观点信息各不相同，不同个体掌握的信息差异巨大，因此，每个个体根据所掌握的信息判断出的最具原型性的观点个体是不一样的，在进行信息交互过程中，双方只能将对方在自己仅有的邻居节点群体中表现的原型性同自己在邻居节点群体中的原型性进行比较，如果对方原型性更强则改变自身观点并向对方观点靠拢，甚至会出现双方都以为对方的观点更具原型性从而向两个观点的中间值靠拢，或双方都不认为对方更具有原型性从而不发生交互的局面。这与自我归类理论实验里原型性观点的唯一性存在分歧。再次，由于最具原型性的个体只能在有限邻居节点范围内产生影响，因此，具有相同观点倾向的群体观点最终很可能分散聚合成若干个聚合度不是很高的观点簇，而不是聚合为一个程度很高的观点簇。最后，个体观点的交互过程具有动态性和实时性特征，随着个体观点不断变化，最具原型性的观点个体不断改变，最具原型性的观点值也会不断变化。

为保证自我归类理论能够适应舆情演化的实际情况，首先，要在不同节点个体间构建不同结构的网络作为舆情演化的环境，确保节点间关系与社交媒体中的人际关系类似，增强模型与现实社会的拟合性。其次，为每个节点设立邻居节点观点值集合，节点的原型性通过集合里的数值计算。在观点交互过程中，除节点自身原型性外，增加"对方观点在自身邻居节点观点值集合中所表现出的原型性"概念，并将两者比较的情况作为观点交互发生与否的条件，从而体现最具原型性观点的个体认知差异性及实时更新性。

（2）DW模型局限性与改进方法

DW模型是基于ABM（Agent-Based Model）建模思想的连续观点舆情演化模型，具备良好的可塑性，很多舆情演化模型都是基于DW模型的改进。然而，DW 模型建立在有限信任社会规则上，导致 DW 模型与自我归类理论结合的过程中表现出一定的局限性，具体概括为四个方面。

第一，DW 模型无法解释群体因素对个体决策的影响。DW 模型以模型中个体为基本行为单位，每个个体具有完全的独立性，意见的交互以"阈值规则"为核心，观点差异在阈值范围内则互动，反之则不互动。由个体决定交互是否发生，不受其他因素的影响，是完全的"基于个体行为层面"的交互模型。然而个体所处的群体方面的因素往往会在很大程度上影响个体的决策行为，即个体的"群际交互行为"对个体观点的交互过程具有重要影响，具体表现为成员往往对与自己具有相同观点倾向的成员交互欲望更强烈，在观点交互过程中，即使观点差异过大，交互也会发生。反之，与非相同群体的个体的交互过程即使观点差异小，观点交互往往也不会发生。因此，基于"群际行为规则"的模型更具有规范性和合理性。

第二，观点交互改变的过程不一定是对称的。在 DW 模型中，观点差距幅度大于阈值 ε 时，双方观点同时保持不变。当交互双方观点差距幅度小于阈值 ε 时，双方观点同时向观点中间值偏移相同的幅度，如公式（12-1）所示。其中 μ 为交互幅度控制参数，表示个体间观点相互影响的程度。

$$\begin{cases} O_i(t+1) = O_i(t) + \mu[O_j(t) - O_i(t)] \\ O_j(t+1) = O_j(t) + \mu[O_i(t) - O_j(t)] \end{cases} 当 |O_i(t) - O_j(t)| \leq \varepsilon, (i \neq j)$$

$$(12-1)$$

公式（12-1）表明，如果交互双方为个体 i 和 j，DW 模型的观点交互规则认为群体内观点交互过程只存在 i、j 双方同时说服对方，或 i、j 同时拒绝对方的情况。然而，现实生活中的交互具体情况则存在 i 和 j 同时说服、i 和 j 同时拒绝、i 说服了 j 但 j 未说服 i、j 说服了 i 但 i 未说服 j 四种情况。因此，在 DW 模型中，交互双方观点改变过程同步且对称的性质不符合社会实际。

第三，交互幅度控制参数 μ 取固定值缺乏灵活性。在 DW 模型中，若交互双方观点差距满足交互条件，则双方观点交互幅度由观点差异程度与 μ 的乘积决定，因为 μ 取固定值，所以 DW 模型中观点交互幅度仅由观点差距值确定。然而现实生活中，交互幅度不仅受到观点差距值的影响，观点所处网络中的位置、观点的权威性、观点的点赞数等通过影响观点本身吸引力的大小也对观点交互幅度产生影响（Zhang，2013；Fu，2016；胡祖平，2018），将 μ 取为固定值则会使模型缺乏灵活性。

第四，观点取值范围不符合社会实际。DW 模型以 [0，1] 的值域标示个体的观点值，这种表示方法是从以往的物理模型中直接承袭而来的。现实生活中个体观点都是具有一定倾向性的，以 [0，1] 的值域标示个体观点值不能明显标示个体观点的偏向性，也无法明显区分具有相同倾向观点所组成的群体，因此观点值的取值范围需重新定义。

基于以上分析，结合自我归类理论的社会规则要求，对 DW 模型的改进步骤如下。

其一，在自我归类理论中，"原型性"是典型的群体影响因素，原型性大小通过"元对比率"值大小，即观点的群际平均差异和群内平均差异的比值体现。在观点一致的群体内，观点值的改变发生在观点与其认为的最具原型性观点的交互过程中，不同观点群体之间的影响通过影响"群际差异值"进而影响"元对比率"来体现。新模型以自我归类理论为基础，属于基于"群际交互行为"的交互模型。因此，定义演化过程中个体观点交互只发生在具有相同观点倾向的个体之间，个体观点只受其认为的群体内最具原型性的观点影响。定义不同倾向观点之间不发生交互，不同倾向观点的影响作用通过观点的"元对比率"体现。

其二，交互双方的交互公式需分别讨论，在模型中体现为对交互个体分别列举交互公式，将交互双方在是否满足交互条件下的四种交互情况逐一列举出来。

其三，交互幅度控制参数 μ 大小由交互双方元对比率的差值决定，差值越大，说明交互双方其中一方观点原型性远比另一方大得多，则其观点吸引力就越大，μ 值会更大。

其四，以 [-1，1] 的值域标示个体观点值，其中 [0，1] 表示拥有正向态度的个体，[-1，0] 表示拥有负向观点的个体。在自我归类理论的"群体分类假设"中，个体对于某些问题的看法都会或多或少地存在某些偏向，不可能绝对地中立，这是由于个体所处的环境，如性别、国别、阶级、职业、宗教、种族等是预先形成的，即使个体对某些问题从未接触过，只要这个问题出现并被人群议论，那么个体接近的人或者群体就会对个体产生影响，从而稍微或极端地偏离情绪零点 "0"。因此，个体观点值域应去除 "0"，表示为：$[-1, 0) \cup (0, 1]$。

12.3.2　GPDM 模型主要参数

结合前文总结的自我归类理论社会规则，以及对自我归类理论、DW舆情演化模型的改进步骤，将模型主要参数的定义明确化，并对参数定义的细节问题加以讨论。GPDM 模型主要参数如下。

（1）元对比率

"元对比率"是表征观点原型性大小的重要概念，定义为群体内成员和群体外成员之间所感知到的群间平均差异（也称群外或群际差异）与群体内成员之间所感知到的群内平均差异（也称群内差异）之间的比率。具体计算步骤为：先求个体观点值与邻居观点中和自己观点倾向不同的个体观点值差值的平均值，再求个体观点值与邻居观点中和自己观点倾向相同个体观点值差值的平均值，以前者为被除数，以后者为除数即可求得某个体的元对比率值，记作 ε。当两个个体观点倾向性一致并发生观点交互时，令两个个体表示为个体 i 和个体 j，个体 i 审查对方观点在自己社交关系里表现出的元对比率，记作 $\varepsilon_{i \rightarrow j}$，并与自己观点的元对比率 ε_i 比较，拥有较小元对比率的观点向拥有较大元对比率的观点靠拢，反之则交互不发生。个体 j 同理。

由于元对比率概念本质上是一种比值的概念，需对没有被除数以及除数为 0 的特殊情况予以讨论。

第一，只有群内差异存在的情况。当交互个体所有邻居节点的观点倾向与个体全部一致，即交互过程仅存在群内差异的影响时，此时元对比率对模型的作用体现为群内平均差异的作用，拥有最小群内差异的观点成为原型性最高的立场，群外差异失去作用效果。将群内平均差异值记作 γ_i，令交互个体为个体 i 和个体 j，个体 i 审查对方观点在自己社交关系里表现出的元对比率，记作 $\gamma_{i \rightarrow j}$，并与自己观点的元对比率 γ_i 比较，拥有较大群内平均差异值的观点向拥有较小群内平均差异值的观点靠拢，反之则交互不发生。个体 j 同理。

第二，观点无差异的情况。群内平均差异值为 0 的社会意义表示交互双方及其周围拥有相同观点偏向的个体观点完全一致，没有差异，交互双方不再改变各自的观点。因此，本书假定当群内平均差异值为 0 时，被选择交互的双方保持观点不变，不产生交互行为。

（2）交互幅度控制参数

交互幅度控制参数是控制观点交互幅度的重要参数，是体现观点吸引力大小的重要指标。由前文分析可知，模型中参数交互过程是非对称的，因此设两个交互个体的交互幅度控制参数分别为 μ 和 λ。

在 DW 模型中，参数 μ 的社会意义是他人观点对自己的吸引程度。μ 值越大，说明他人观点对自己的吸引力越高，自身观点的改变幅度就越大。由于认知过程是渐进的，一般而言，人们不太会直接越过自己的观点转变为倾向对方的观点或立场，μ 的取值空间一般在 $[0, 0.5]$ 范围内，因此 GPDM 模型的交互幅度 μ 和 λ 也应在 $[0, 0.5]$ 范围内取值。当个体 i 与邻居节点只存在群内平均差异时，令 $\mu = k_1 |\gamma_i - \gamma_{i \leftarrow j}|$，由计算易得 $|\gamma_i - \gamma_{i \leftarrow j}| \in [0, 1]$，因此本书 k_1 取值为 1/2。当元对比率存在时，令 $\mu = k_2 |\varepsilon_{i \leftarrow j} - \varepsilon_i|$，$|\varepsilon_{i \leftarrow j} - \varepsilon_i|$ 理论取值范围为 $[0, +\infty]$，运用 $y = \frac{1}{2} \times \frac{x}{x+1}$ 将其取值映射到 $[0, 0.5]$ 内。令 $\delta_i = |\varepsilon_{i \leftarrow j} - \varepsilon_i|$，则 $\mu = \frac{1}{2} \times \frac{\delta_i}{\delta_i + 1}$。同理可得 λ 及其相关系数的取值。

12.3.3　GPDM 模型

（1）模型构建

设参与观点演化的群体规模为 N，在 t 时刻，个体 i 的观点值记作 $O_i(t)(i = 1, 2, \cdots, N)$，取值为 $[-1, 0) \cup (0, 1]$，其中观点取值为 $[-1, 0)$ 的群体代表负向观点群体，观点取值为 $(0, 1]$ 的群体代表正向观点群体。个体 i 的邻居观点中，设与 i 符号一致的节点个数为 m，观点集表示为 $L_{i+}(x)(x = 1, 2, \cdots, m)$，与 i 符号不一致的节点个数为 n，观点集表示为 $L_{i-}(x)(x = 1, 2, \cdots, n)$，其中 $m+n=k$，k 为节点 i 的度。在每个时刻 t，随机选择网络中某条边上具有相同符号的个体 i 和 j 进行交互，$t+1$ 时刻个体 i 和 j 的观点如下。

对个体 i，则：

$$\begin{cases} O_i(t+1) = O_i(t) + \mu[O_j(t) - O_i(t)] \\ O_j(t+1) = O_j(t) + \lambda[O_i(t) - O_j(t)] \end{cases} \tag{12-2}$$

若 n 为 0，则个体 i 与邻居节点只存在群内平均差异值，设群内平均差异值为 γ_i，则：

$$\gamma_i = \sum_1^m |O_i(t) - L_{i+}(x)| / m \tag{12-3}$$

当 γ_i 不为 0 时，以 $\gamma_{i \leftarrow j}$ 表示个体 j 的观点值在个体 i 的关系里表现出的群内差异值，即：

$$\gamma_{i \leftarrow j} = (\sum_1^m |O_j(t) - L_{i+}(x)| + |O_j(t) - O_i(t)|) / m \tag{12-4}$$

若 $\gamma_{i \leftarrow j} < \gamma_i$，则 $\mu = k_1 |\gamma_i - \gamma_{i \leftarrow j}|$，否则，$\mu = 0$。

当 γ_i 为 0 时，令 $\mu = 0$。

若 n 不为 0，设元对比率为 ε_i，即：

$$\varepsilon_i = \frac{(\sum_1^n |O_i(t) - L_{i-}(x)|) / n}{(\sum_1^m |O_i(t) - L_{i+}(x)|) / m} \tag{12-5}$$

以 $\varepsilon_{i \leftarrow j}$ 表示个体 j 的观点值在个体 i 的关系中所表现的元对比率值，即：

$$\varepsilon_{i \leftarrow j} = \frac{(\sum_1^n |O_j(t) - L_{i-}(x)|) / n}{(\sum_1^m |O_j(t) - L_{i+}(x)| + |O_j(t) - O_i(t)|) / m} \tag{12-6}$$

若 $\varepsilon_{i \leftarrow j} > \varepsilon_i$，则 $\mu = k_2 |\varepsilon_{i \leftarrow j} - \varepsilon_i|$，否则 $\mu = 0$。

同理，可得个体 j 的模型交互公式。

（2）模型的先进性

与其他群体极化决策模型相比，GPDM 模型具有一定的先进性。

首先，模型改进研究过程大致分为三个发展阶段。第一阶段研究重点是探讨模型内参数及其取值范围，是对模型最初步的扩展。第二阶段研究开始注重将社会因素以参数的形式融入第一阶段所得模型中，强调模型的社会化应用，增强模型社会意义。第三阶段研究重点是基于完整的社会心理学理论实现对模型的改进。相较于第二阶段，此阶段研究对模型建立所依赖的社会规则进行完善，而不是仅把社会因素作为影响观点演化的因素考虑，利用传统社会心理学研究理论在信息处理机制、个体决策心理、社群效应等不同社会规则方面的解释优势，弥补仿真模型对社会规则的刻画过于简单片面的缺点，从而使模型在社会解释性方面更加完整，提高模型演化结果的信度和效度。GPDM模型以群体极化理论——"自我归类理论"为依据，在广泛应用DW模型的社会规则基础上改进而来，丰富了第三阶段的研究成果，对模型仿真方法的发展具有重要意义。

其次，DW模型的交互规则是个体层面的交互规则，意见的交互以"阈值规则"为核心，不受邻居个体观点的影响，也不考虑个体所处群体的性质。而GPDM模型实现了从个体行为层面建模方式到基于群际行为层面建模方式的跨越，意见交互规则以原型性规则为核心，个体意见交互受个体所在社会群体、邻居节点观点等影响，充分考虑了个体内外群关系对观点演化的影响，因而GPDM更符合社会现实，具有更高的模型效度。

12.4　仿真实验

Netlogo仿真软件由美国西北大学开发设计，能较好地模拟微观个体的行为模式和宏观社会现象之间的关系，因此特别适合作为舆情观点演化问题的仿真工具。本书采用Netlogo 5.2.1进行舆情观点演化的仿真。

12.4.1　主要影响因素预分析

根据群体极化决策模型，主要从网络节点平均度、初始观点值和正负观点人数比例方面进行仿真过程分析。

（1）网络节点平均度

网络节点平均度是指网络中平均每个个体拥有的邻居节点的数量。通过自我归类理论改进过程分析，网络节点度大小具有两个重要意义。首先，网络节点平均度的大小代表平均每个个体在决策时所拥有的信息量多少。个体在拥有较多决策信息时所做的决策往往比决策信息较少时作出的决策更加理智、更加正确，因此，网络节点平均度的大小可能会对群体最终观点的极性产生影响（曾志敏，2014）。其次，网络节点平均度的大小能够影响最具原型性观点的传播范围。网络节点平均度越大，说明最具原型性观点能够影响的个体越多，从而吸引更多的观点倾向相同的个体形成更大的观点聚合簇，因此网络节点平均度的大小有可能决定最终演化观点簇的多少。基于上述原因，将网络节点平均度作为影响 GPDM 模型的重要分析因素之一。

（2）初始观点值

初始观点分布幅度代表舆情发生以前群体观点的聚合程度，分布幅度大意味着群体在相关舆情事件上所持观点差异较大，观点值差异明显，群体观点聚集性不强。分布幅度小则意味着群体观点聚集性强，具有明显偏向性。高观点聚集度群体能够模拟现实社会中存在的刻板印象观点强烈或者原型性较强的群体，这些群体通常表现为关于某些问题的协会或团体等形式，往往具有群体内观点集中程度高、观点极性强的特点，如"同性婚姻保护组织""动物保护协会""女性维权团体"等。刻板印象群体在舆情观点演化过程中具有较大的影响力，往往在群体极化现象的形成与演化过程中扮演重要角色，具体影响可以从观点分布幅度和观点极性两个方面概括。从观点分布幅度来讲，高观点聚集度群体观点的演化过程与低观点聚集度群体的观点演化过程是否表现不同？高观点聚集度群体的存在是否会影响低观点聚集度群体的观点演化过程？此类问题值得在 GPDM 模型仿真演化过程中探讨。从群体观点极性来讲，具有高观点聚集度群体的观点极性是否会影响其他群体的演化过程？两个具有不同极性偏好的群体是否会相互影响？因此，初始观点值分布幅度及其极性因素对群体极化的影响需要在仿真过程中证明。

（3）正负观点人数比例

定义观点取值为 [-1，0) 的群体为负向观点群体，观点取值为 (0，

1〕的群体为正向观点群体。以往研究对立观点群体的文献中往往默认对立观点群体规模是相同的（张峰，2014；黄传超，2019）。然而，与小规模群体相比，信息在大规模或层级结构复杂群体内的传递过程往往表现出速度慢、失真率高的特点（霍明奎，2016），因此，不同观点群体人数比例极可能会影响舆情观点演化的过程。人数较多群体的观点演化速度是否更慢、聚合程度是否更低、群体极化的程度是否更低或更高等问题都具有很高研究价值。除了以上这些群体内表现出的演化特征，人数较多的群体与人数较少的群体在演化过程中是否会相互影响也需要在模型仿真过程中进一步观察。

12.4.2　模型演化结果及分析

对网络节点平均度、初始观点值、正负观点人数比例等影响因素进行仿真分析，具体演化结果及初步结果解释内容如下。

（1）网络节点平均度对模型演化结果影响分析

首先，构造个体规模为100的最近邻耦合网络。最近邻耦合网络是指网络中每个节点都只和它左右各 $K/2$ 个邻居节点相连的网络。令 K 分别为4、8、12、16，个体初始观点在 $[-1, 0) \cup (0, 1]$ 上随机分布，正负观点人数比例为50∶50。其观点演化过程及最终观点的分布结果如图12-3所示。其中，左图横轴表示仿真步数，纵轴表示个体观点值；右图横轴表示个体观点值，纵轴表示相应观点值的个体数。

其次，构造个体规模为100的全耦合网络，全耦合网络是指网络中任意两个节点间都有边直接相连的网络，节点度为 $K-1$。令网络内个体观点的初始值在 $[-1, 0) \cup (0, 1]$ 内随机分布，正负观点人数比例为50∶50，模型的演化过程及结果如图12-4所示。

全耦合网络下若干次实验所得关键数据如表12-1所示。由于全耦合环境与自我归类理论心理实验环境类似，都是信息充分分享、个体间充分互动的实验环境，每个个体对其他个体观点信息都能及时充分掌握，因此初始观点的群体内最具原型性观点是可以仿真前计算得出的，称为前测原型。后测均值表示演化结果形成后的群体观点平均值。

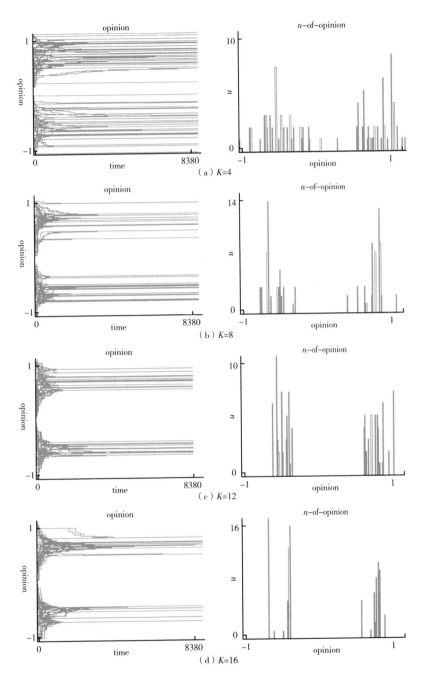

图 12-3　最近邻耦合网络节点不同度值条件下的模型演化结果

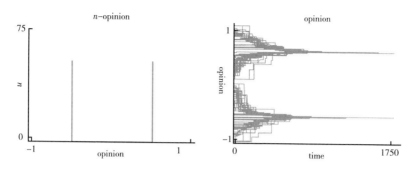

图 12-4 全耦合网络初始观点在 [−1, 0) ∪ (0, 1] 内随机分布条件下的观点演化结果

表 12-1 全耦合网络初始观点在 [−1, 0) ∪ (0, 1] 内随机分布条件下的关键数据值

次序	正向观点前测均值	负向观点前测均值	正向观点后侧均值	负向观点后侧均值	正向观点前测原型	负向观点前测原型
第一次	0.485	−0.496	0.52	−0.561	0.617	−0.612
第二次	0.515	−0.505	0.544	−0.562	0.608	−0.692
第三次	0.572	−0.47	0.596	−0.517	0.724	−0.562
第四次	0.496	−0.503	0.497	−0.506	0.571	−0.546
第五次	0.528	−0.556	0.593	−0.615	0.786	−0.659

图 12-3、图 12-4 及大量实验结果表明：当网络节点平均度比较低时，群体演化结果在总体层面很难达到高程度的聚合，群体内形成许多不同的观点簇。观点极性方面，当群体内有较多观点偏离前测均值时，个体观点有明显偏向极端的趋势，群体极化现象较为明显；随着网络节点平均度的不断提高，群体观点演化结果的聚合程度越来越高，群内观点簇数量越来越少。当群体内观点出现偏离前测均值情况的概率逐渐减小时，聚集在极性观点附近的观点数量逐渐减少，群体观点更加倾向于向大众认可的方向，即向平均值附近靠拢；当节点度增大到最大时，即全耦合环境时，各群体内观点完全聚合，由表 12-1 结果可知，聚合观点值往往在群体前测均值附近到前测原型值的范围内（若模型值比前测均值小，则是群体前测原型值到前测均值之间范围）。

通过分析舆情观点演化结果的成因发现，节点的度较小意味着每个节点个体与其他节点的互动有限，节点决策时可供参考的节点信息较少。当邻居节点观点信息较少时，出现大量节点聚集在均值附近的概率就越小。在原型性计算时，观点值在前测均值附近的节点不会因为具有较小的群内差距而在原型性方面表现出优越性；恰好相反，具备较大群体间差异的个体显露出在原型性方面的优势，进而对其邻居节点产生影响，使其附近的观点极性增强。由于节点度的限制，原型性观点的影响力仅限其邻居节点，最终会聚合成许多观点簇；随着节点度的增加，节点与其他节点的互动增多，节点作出决策的支持信息逐渐充分，前测均值附近的观点增多，由于其具有较小的群内差异，因而具有较强的原型性，导致群体观点值向平均值靠拢，观点演化越来越倾向于向大众观点聚合，群体内聚合程度变高，观点簇数量逐渐减少，出现极化现象的概率变小；当节点度不断增加至最大，网络环境变为全耦合网络结构时，意味着网络环境变为一种信息共享程度非常高、个体间联系紧密、互动充分的社会环境，此时群体具有充足的决策信息，因此，前测均值附近观点由于群内差异较小，能充分代表群体内大多数成员的利益，往往能在模型互动过程中脱颖而出，这也是为什么最终结果聚合在前测均值附近而不会偏差太大的原因。同时，由于极端观点往往更具情绪煽动性，在演化过程中"群体间差异性较大"的观点有更高概率被感知为"更具原型性"的观点，这也是导致演化结果中聚合观点往往比均值更加极端的原因。

在全耦合环境下，当观点最终聚合在前测均值时，观点顺从现象发生；当聚合观点偏离前测均值时，观点极化现象发生。此结论不仅印证了自我归类理论所阐述的观点顺从和观点极化现象的存在，同时解释了前测原型、前测均值与最终演化结果之间的关系，在证明旧理论正确性的同时，也完善了理论的内容。

Weisbuch 等曾利用模拟仿真方法指出，在 DW 模型中，舆情演化最终观点簇的数量与交互阈值 ε 之间存在很大联系，两者之间近似满足"$1/2\varepsilon$ 准则"，即观点簇的数量与阈值成反比关系，且最终观点簇数量 $\omega = 1/2\varepsilon$。交互阈值 ε 能反映一个群体对不同观点的接受程度或容忍度，阈值 ε 越大表示群体对观点接受程度越高，因此观点最终走向聚合的可能性也越大。而在 GPDM 模型中，网络节点平均度代表观点在作出决策时会与多少其他节点互动，代表一个人能够接受的观点的数量，节点度越高，其能接受的观点数量越多，这也是一种对其他观点接受程度的概念，与 ε 类似。节点度越高，演化最终观点聚合程度越大。GPDM 模型所得演化结论与 DW 模型研究结论具有一定的相似度，结果可信度高。

全耦合网络环境是一种特殊的网络环境，其可以看作是最近邻耦合网络将节点的链接能力发挥到极致的特殊最近邻耦合网络，在 GPDM 模型中，其社会意义表示每个节点对其他观点的接受程度都很高，在决策过程中会参考其他所有人的观点信息。在全耦合网络环境下，各群体演化最终往往形成统一意见，且意见值往往处在群体前测均值附近到前测原型值的范围内。全耦合网络这种充分沟通的环境在现实社会中并不少见，其中最典型的例子是西方政党之间的政治斗争。比如，我们经常看到的美国民主党和共和党在总统选举中的博弈，在多次议会会议、党内会议等信息交互过程后，总统竞选人往往提出最大限度符合党内群众利益同时又与政敌有显著差异的政治观点作为自己的竞选观点，这是充分参考党内党外观点所得最优结果，也与本书模型模拟结果"聚合观点往往在群体前测均值附近到最初模型原型值的范围内"一致。

在复杂网络相关理论中，小世界网络和无标度网络无疑是无数网络结构中较为重要、研究价值较高、社会模拟性较好的网络结构。小世界网络能够模拟"社会关系中，个体间平均路径长度往往较短"的社会特征，无标度网络能够模拟具有幂律分布的社会环境，因此小世界网络和无标度网络在复杂网络理论中占有重要地位。为验证 GPDM 模型仿真结果的合理性，进一步通过代码构建小世界网络环境和无标度网络环境，其中小世界网络构建规则采用 WS 小世界构建方法，在无标度网络中，网络的聚类系数采用 Holmes 和 Kim 提出的三角构成方法增加网络的聚类系数 p。在构建好的小世界网络和无标度网络环境下运行 GPDM 模型仿真过程，其结果如下。

令小世界网络的平均节点度 K 为 4 和 16，初始观点在 $[-1, 0) \cup (0, 1]$ 上随机分布，对立观点人数比为 50 : 50，其演化结果如图 12-5 所示。

令无标度网络初始观点在 $[-1, 0) \cup (0, 1]$ 上随机分布，对立观点

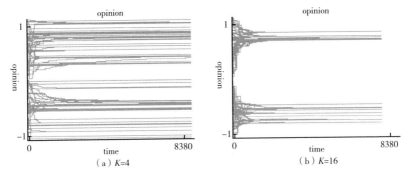

图 12-5　小世界网络不同 p 值条件下网络演化结果

人数比为 50 : 50，聚类系数 p 值为 0.5（平均节点度值 K 为 2.96）、p 值为 1（平均节点度值 K 为 3.94），结果如图 12-6 所示。

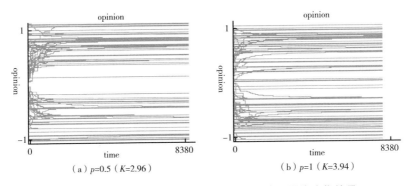

图 12-6　无标度网络不同聚类概率 p 条件下最终演化结果

将图 12-5 与图 12-6 所得演化结果同最近邻耦合网络环境下模型演化结果对比可以发现，当平均度一致时，不同网络下的模型演化结果几乎不存在差异，说明不同网络结构及其特殊拓扑属性对模型演化过程影响不大，GPDM 模型中基于网络平均节点度的分析过程与所得结果具有较高的信度。

（2）初始观点值分布及其极性对模型演化结果影响分析

初始观点值分布幅度代表舆情发生以前群体观点的聚合程度，分布幅度大意味着群体在相关舆情事件上所持观点不同，观点值差异明显，群体观点聚集性不强。分布幅度小则意味着群体观点聚集性强，群体具有明显的刻板印象。观点极性代表群体所具有的刻板情绪的强烈程度，观点值越靠近极端（即 1 与 -1 附近）说明群体的刻板印象越强烈。

为了研究具有较强原型性的群体及其极性对模型的影响，令其中一个群体初始观点值分布幅度为 [0.3, 0.5]、[0.7, 0.9]，另一个群体设为 [-1, 0) 上随机分布，观点分布幅度大代表原型性不明显的大众群体。在 100 个个体组成的全耦合环境下其演化结果如图 12-7 所示。

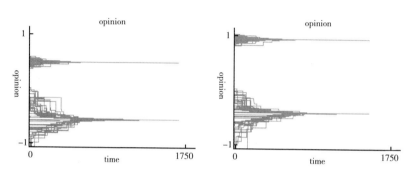

图 12-7　单原型性群体条件下模型演化结果

图 12-7 结果表明，原型性较强的群体，其观点极性大小对演化过程影响不大，具体演化规律表现为：观点逐渐向前测均值聚合，且群体观点值差异缩小到一定范围内所需要的时间比观点值分散、原型性较弱的一方快，即观点聚合速度更快。原型性不强的一方观点聚合规律同前文网络节点平均度分析时全耦合网络条件下所得结果相似，说明具有较强原型性的群体在观点演化过程中的影响主要体现在群体内，表现为观点黏性高不易改变、聚合速度快、最终观点通常在前测均值附近等特点，而群体外，原型性较弱群体的演化规律不受其影响。通过图 12-7 两幅图的横向对比可以得出，原型性较强的群体其观点极性也对原型性较弱群体的演化过程影响不大。

令双方群体都在 [0.3, 0.5]、[0.7, 0.9] 幅度范围内随机分布，在 100 个个体组成的全耦合环境下观点演化结果如图 12-8 所示。

结合图 12-7 及图 12-8 所得实验结果，当对立观点双方观点分布幅度都很小，即都具有很强的刻板观点时，无论刻板观点是否偏激，偏好群体所表现的特点和图 12-7 所得规律一致。因此结合前文规律可得：对于

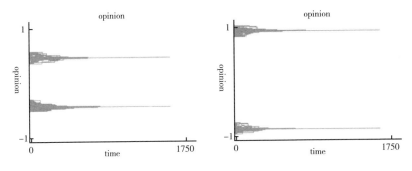

图 12-8　双原型性群体条件下模型演化结果

具有刻板印象群体参与的舆论事件，当双方群体观点初始分布的极性表现得很明显时，群体观点值差异缩小到一定范围内所需要的时间都较短，群体的极性对另一群体的演化过程无影响。

当今社会中存在很多原型性较强的群体或组织，它们在舆情观点演化过程中的表现与模型分析结果基本一致。举例来说，在很多"犬只管理"的舆论事件中，舆情参与群体往往包括狗类爱护者群体以及反对流浪狗群体，这些群体的观点通常会比事件中其他非事件相关或利益相关群体更快速达成一致，其观点凝聚力较其他群体也更强，且不易改变。通过 GPDM 模型的分析，原型性较强的群体的演化规律较为简单，在有原型性极强群体参与的舆情观点演化过程中，舆情预测和管理工作也相对简便，只要做好前测均值的调查工作，就容易预测和掌控观点演化趋势。

（3）正负观点人数比例对模型演化结果影响分析

令对立观点群体人数比例分别为 60：40、70：30、80：20、90：10，以此来研究观点人数对演化结果的影响。令观点幅度为 [-1, 0) ∪ (0, 1]，在网络环境为由 100 个个体组成的全耦合环境中，演化过程如图 12-9 所示。

图 12-9 及多次实验结果分析表明，就群体的聚合观点而言，人数较多的群体随着人数的增加，群体演化最终观点更加坚定地倾向于向前测均值聚合，表现出观点顺从现象；相反，人数减少的群体随着人数的减少，群体演化结果则更加倾向于向极端方向演化，且人数越少，极化现象的出现概率就越大。就演化过程所需的事件来看，随着人数差异的增大，演化过程仿真步数更多，两个群体聚合达成所需的时间逐渐增大。

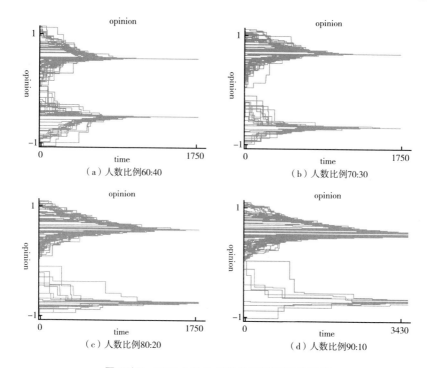

图 12-9　不同人数比例条件下模型演化结果

通过聚合时间的增长现象原因分析，与小型群体相比，信息在大型群体内的传递过程往往表现出速度慢、效率低的特点，舆情观点演化的规律也大致相同。因为人数增加的群体需要更长的时间利用群体内互动调节多个个体之间的关系，平衡观点所需要的交互过程次数较多，从而导致观点聚合所需要的时间增长；然而，人数较少的群体观点聚合时间增长的原因则是在整个舆论环境中，具有相同倾向观点的个体数量较少，找到观点交互的伙伴的时间成本较高，在模型演化过程中体现为"被选为互动个体的概率较小"，每一个交互过程的寻找时间过长，因此观点聚合所需要的时间也会随之增长。

通过对观点的极性以及群体极化出现概率的演化规律分析可知，随着人数由多到少，极化情况出现概率越来越高。这主要是由于人数较少时，在前测均值附近的群体不会因为具有较小的群内差距而在原型性方面表现出优越性，恰好相反，此时具备较大群体间差异的个体显露出在原型性方面的优势，进而在演化过程中不断影响群体内观点使观点最终走向极化。

同理，随着人数由少到多，在前测均值附近的群体因为具有较小的群内差距渐渐在原型性方面表现出优越性，从而聚拢更多的观点，降低最终群体极化的极性。这些规律很好地解释了现实社会生活的很多舆情反转事件。舆情反转现象是舆情极化研究领域的一种特殊情况，它是指最开始群体对某舆论事件的评价态度偏向某一方，随着事件的发展，受某些因素变动的影响，群体观点突然转变并向另一极端迅速演化的现象。舆论事件发展初期，事件偏向性报道等原因导致对事件不同态度的群体人数比例差异比较大，此时舆论被人数多的群体掌控，主流观点聚合在符合大多数人的观点或立场上。随着事件的不断发展，拥有不同见解的观点逐渐聚合并极化，开始影响具有相同态度倾向的人，由于此类观点往往具有很强的新颖性以及与主流态度的强烈对比性，对新加入事件讨论的个体具有很强的吸引性，当观点的接受人数逐渐增多并成为主流时，就产生了舆情反转的现象。

12.5　网络舆情群体极化决策支持服务

网络舆情中的群体极化现象负面效应明显，处理不当容易给社会造成较大的安全隐患。通过融合和改进自我归类理论和群体极化理论，构建社交媒体数据驱动的舆情群体极化对策模型 GPDM，运用 Netlogo 实现对模型演化过程的仿真，对不同网络环境、不同观点值分布、不同正反观点人数比例条件下的舆情观点演化结果进行总结与分析，得出影响群体极化结果形成的重要因素和群体极化的规律：网络环境的节点平均度对群体极化形成过程具有重要影响；具有较强原型性的群体其影响力主要表现在群体内的聚合程度及聚合速度上；对立群体人数的不同比例会导致多数群体内观点趋于平均化，少数群体趋于极端化。

通过对群体极化决策模型 GPDM 的仿真分析，政府部门在应对舆情群体极化时应该采取以下策略。

（1）拓展信息传播和互动渠道

建立网站、微博、微信公众号的多维立体媒体矩阵，增加公众互动的方式和渠道，营造信息传播和互动充分的网络环境，能够使公众加强对舆情事件的了解，具有充分的信息进行决策，从而降低舆情群体极化现象的概率。

（2）建立舆情极化决策知识库

选取重点社交媒体，建立实时监测舆情机制。一方面，利用已发生的舆情极化事件，调查并记录舆情事件的主要群体初始观点、群体间的互动关系等因素，建立舆情极化反应库，为政府预测后续发生的群体极化事件提供决策依据与处理方法。另一方面，按照不同的事件议题、客观存在的不同社会群体等因素，采集社交媒体数据，抽取公众观点的初始分布、前测均值、初始原型等关键因素，利用舆情极化决策模型的仿真，做到对相关群体、议题的初步预测，以加强舆情管理部门对舆情事件的预警能力。

（3）重点关注少数观点群体并合理引导

少数非理性群体容易形成极端化观点，重点监测少数非理性群体的观点演化趋势，通过示范教育、意见领袖互动等方式引导舆论良性发展，并健全和完善法律法规，规范公众网络行为，避免非理性群体带来的负面观点不断扩散的危害。

第 13 章

社交媒体数据驱动的网络舆情事件
分级和预测决策支持

网络舆情事件爆发初期，能利用的社交媒体数据仅包括几小时内的少量数据，可利用信息非常贫乏，事件发展趋势不确定性强，公众态度倾向不易预测，加大了政府等管理部门对舆情事件的监管和把控难度。网络舆情趋势预测、事件分级和预测对提高政府的网络监管效率具有重要意义。本书根据舆情信息的特点，运用灰色系统理论，首先提出基于用户指数数据的舆情趋势预测方法。其次，采用灰色关联分析构建事件分级决策模型，有效地解决了当海量社交媒体数据中可利用信息有限时如何准确进行事件分级的问题，为政府有效应对舆情提供了决策支持。最后，从网络舆情事件之间的因果关系出发，以特定领域中网络舆情社交媒体数据为基础，基于改进聚类算法的事件泛化方法，构建抽象网络舆情事理图谱，并给出基于事理图谱的网络舆情事件的预测和应对决策方法。

13.1 基于 EGM（1,1）模型的舆情趋势预测模型

在灰色系统理论中，GM 系列模型是灰色预测理论的基本模型，尤其是邓聚龙教授提出的 GM（1，1）模型作为一种时间序列预测模型，能根据少量信息进行建模与预测，因而得到广泛的应用。GM（1，1）模型发展至今已得到进一步优化和改进，其中，刘思峰教授针对不同模型的性质和原始数列的特点，提出了四种 GM（1，1）模型的基本形式，

即均值 GM（1，1）模型（EGM）、原始差分 GM（1，1）模型（ODGM）、均值差分 GM（1，1）模型（EDGM）、离散 GM（1，1）模型（DGM）。具体应用中应根据不同的应用情景和原始数据的特点选择不同的模型。

为了及时准确地预测网络舆情，选择用户指数数据构建舆情事件预测指标体系。新浪微博的微指数、百度搜索的百度指数、今日头条的头条指数分别为新浪、百度、今日头条三家公司在相关关键词的用户搜索数、互动数等数据的基础上，利用科学计算的方法得出反映不同事件发展状况的指标。因此，新浪微博的微指数、百度搜索的百度指数、今日头条的头条指数具有数据方便易得、时效性和完整性高的特点，以三种指数为基础构建舆情事件预测指标具有合理性和优越性。

在舆情事件发生后，登录新浪、百度和今日头条官方网站，采集舆情事件的相应用户指数数据。以"江歌案宣判"、"上海携程亲子园虐童案"（以下简称"携程虐童案"）、"莫焕晶案二审宣判"三个舆情事件为例进行模型的建立和检验。采集到的相关舆情事件用户指数数据如表 13-1 所示。从表 13-1 中可以看出，数据序列单调性规律不强，增长区间的增长速度也没有达到指数级增长速率，基本符合振荡序列、非指数增长序列的特点。因此，根据刘思峰教授的研究，对非指数增长序列和振荡序列，应首选微分、差分混合形态的均值 GM（1，1）模型（EGM）。

13.1.1　模型构建

以"江歌案宣判"事件的新浪微指数为例介绍模型构建过程。

①根据表 13-1 的"江歌案宣判"事件的新浪微指数数据可得原始序列 $X^{(0)}$。

$X^{(0)}$ =（12237，15646，18039，18153，17732，18458，19041，19367）

②对原始数据进行一次累加可得 $X^{(1)}$。

$X^{(1)}$ =（12237，27883，45922，64075，81807，100265，119306，138673）

表 13-1 舆情事件原始指数数据

江歌案宣判							
时间	12月20日 14时	12月20日 15时	12月20日 16时	12月20日 17时	12月20日 18时	12月20日 19时	12月20日 20时	12月20日 21时
新浪微指数	12237	15646	18039	18153	17732	18458	19041	19367
百度指数	16569	20280	22032	20467	20142	21069	21982	22432
头条指数	421.3k	622.7k	651.4k	678.8k	623.9k	619.7k	622.1k	641.1k

携程虐童案							
时间	11月8日 9时	11月8日 10时	11月8日 11时	11月8日 12时	11月8日 13时	11月8日 14时	11月8日 15时	11月8日 16时
新浪微指数	6254	9621	10872	12078	12935	13391	14937	15406
百度指数	3935	5163	5471	5824	5964	6139	6319	6543
头条指数	331.6k	436.2k	457.8k	528.7k	535.1k	546.7k	560.4k	571.9k

莫焕晶案二审宣判							
时间	2月9日 10时	2月9日 11时	2月9日 12时	2月9日 13时	2月9日 14时	2月9日 15时	2月9日 16时	2月9日 17时
新浪微指数	10359	12937	13038	11022	9064	8264	7258	6841
百度指数	5722	8124	8083	7465	6953	5596	5107	4668
头条指数	472.3k	546.4k	526.7k	503.8k	482.3k	467.1k	455.3k	439.8k

注："421.3k" 表示 421.3×1000，下同。

③构造数据系列 B 和数据向量 Y。

$$B = \begin{bmatrix} -\frac{1}{2}[x^{(1)}(1)+x^{(1)}(2)] & 1 \\ -\frac{1}{2}[x^{(1)}(2)+x^{(1)}(3)] & 1 \\ \vdots & \vdots \\ -\frac{1}{2}[x^{(1)}(n-1)+x^{(1)}(n)] & 1 \end{bmatrix} = \begin{bmatrix} -20060 & 1 \\ -36902.5 & 1 \\ -54998.5 & 1 \\ -72941 & 1 \\ -91036 & 1 \\ -109785.5 & 1 \\ -128989.5 & 1 \end{bmatrix}$$

$$Y = \begin{bmatrix} x^{(0)}(2) \\ x^{(0)}(3) \\ \vdots \\ x^{(0)}(n) \end{bmatrix} = \begin{bmatrix} 15646 \\ 18039 \\ 18153 \\ 17732 \\ 18458 \\ 19041 \\ 19367 \end{bmatrix}$$

④确定参数 a 和 u。采用最小二乘法对待定系数求解，则

$$\begin{bmatrix} a \\ u \end{bmatrix} = (B^T B)^{-1} B^T Y = \begin{bmatrix} -0.026332 \\ 16126.085341 \end{bmatrix}$$

⑤EGM（1，1）模型的时间响应序列为

$$x^{(1)}(k+1) = \left[x^{(0)}(1) - \frac{u}{a} \right] e^{-ak} + \frac{u}{a}$$
$$= 624651.90432e^{0.026332k} - 612414.90432$$

⑥将不同 k 值代入响应序列，可得模拟值的一次累加序列，对此序列做一次累减计算，即可得模拟值序列记为 $\widehat{x}^{(0)}(k)$（为方便对比，此处取整数），如表13-2所示。

表13-2　江歌案宣判新浪微指数模拟值与实际值对比

实际值	12237	15646	18039	18153	17732	18458	19041	19367
一次累加模拟值	12237	28904	46015	63583	81620	100138	119150	138670
模拟值	12237	16667	17111	17568	18037	18518	19012	19519

⑦精度检验。

计算均方差比 C。

$$\varepsilon(k) = x^{(0)}(k) - \widehat{x}^{(0)}(k)$$
$$S_1 = \sqrt{\frac{1}{n} \sum_{k=1}^{n} \left[x^{(0)}(k) - \bar{x} \right]^2} = 2192.751$$
$$S_2 = \sqrt{\frac{1}{n} \sum_{k=1}^{n} \left[\varepsilon(k) - \bar{\varepsilon} \right]^2} = 543.717$$

其中，$\bar{x} = \frac{1}{n} \sum_{k=1}^{n} x^{(0)}(k)$，$\bar{\varepsilon} = \frac{1}{n} \sum_{k=1}^{n} \varepsilon(k)$，$k = 1, 2, \cdots$。从而得到 C。

$$C = \frac{S_2}{S_1} = 0.248$$

计算小误差概率 p。

$$p = P(|\varepsilon(k) - \bar{\varepsilon}| < 0.6745 S_1)$$

由于 $|\varepsilon(1) - \bar{\varepsilon}| = 0.146$，$|\varepsilon(2) - \bar{\varepsilon}| = 1020.781$，$|\varepsilon(3) - \bar{\varepsilon}| =$

927.105，$|\varepsilon(4)-\overline{\varepsilon}|=584.542$，$|\varepsilon(5)-\overline{\varepsilon}|=305.204$，$|\varepsilon(6)-\overline{\varepsilon}|=$ 60.456，$|\varepsilon(7)-\overline{\varepsilon}|=28.451$，$|\varepsilon(8)-\overline{\varepsilon}|=152.82$，而且 $0.6745\,S_1=$ 1479.011，所以 $p=1$。

　　将计算所得 C 值和 p 值与国际通用的精度检验等级参照表对比，可得模型的精度等级为一级（$C\leqslant0.35$ 或 $p\geqslant0.95$），说明模型的检验精度很高，可用此模型进行指数预测。

　　以三个典型舆情事件"江歌案宣判""携程虐童案""莫焕晶案二审宣判"为例，将各事件的用户指数数据的时间序列作为原始数据代入，经计算可得每个模型的关键数据，如表 13-3 所示。

表 13-3　预测过程的关键数据展示

事件	指数	a 值	u 值	时间响应序列	C 值	p 值
江歌案宣判	新浪微指数	-0.026332	16126.085341	$624651.90432e^{0.026332k}$ -612414.90432	0.265	1
	百度指数	-0.011887	20133.390943	$1710298.844424e^{0.011887k}$ -1693729.844424	0.386	0.875
	头条指数	0.003489	646.381025	$-184841.02912e^{-0.003489k}$ $+185262.32912$	0.25	1
携程虐童案	新浪微指数	-0.074064	9264.92429	$131347.699193e^{0.074064k}$ -125093.699193	0.106	1
	百度指数	-0.036818	5042.495181	$140893.288246e^{0.036818k}$ -136958.288246	0.092	1
	头条指数	-0.042315	432.376715	$10549.759067e^{0.042315k}$ -10218.159067	0.224	1
莫焕晶案二审宣判	新浪微指数	0.119652	15665.189607	$-120564.275363e^{-0.119652k}$ $+130923.275363$	0.211	1
	百度指数	0.096399	9589.937462	$-93759.212711e^{-0.096399k}$ $+99481.212711$	0.253	1
	头条指数	0.036685	571.47121	$-15105.538914e^{-0.036685k}$ $+15577.838914$	0.082	1

13.1.2　舆情趋势预测

　　利用每个模型时间响应序列，即可得未来三小时内的用户指数预测值，结果如表 13-4 所示。为使表格简洁易懂，分别用 X、B 和 T 代表新浪微指数、百度指数和头条指数。通过预测结果可以看出每个舆情事件的发展态势及未来趋势，舆情相关管理部门可据此判断舆情局势，采取不同管理措施。

表 13-4　各舆情事件最终结果数据

项目		实际值								预测值		
江歌案宣判	时间	12月20日14时	12月20日15时	12月20日16时	12月20日17时	12月20日18时	12月20日19时	12月20日20时	12月20日21时	12月20日22时	12月20日23时	12月20日24时
	X	12237	15646	18039	18153	17732	18458	19041	19367	20040	20574	21123
	B	16569	20280	22032	20467	20142	21069	21982	22432	22226	22492	22760
	T	421.3k	622.7k	651.4k	678.8k	623.9k	619.7k	622.1k	641.1k	628k	626k	623k
携程虐童案	时间	11月8日9时	11月8日10时	11月8日11时	11月8日12时	11月8日13时	11月8日14时	11月8日15时	11月8日16时	11月8日17时	11月8日18时	11月8日19时
	X	6254	9621	10872	12078	12935	13391	14937	15406	16957	18261	19665
	B	3935	5163	5471	5824	5964	6139	6319	6543	6837	7093	7359
	T	331.6k	436.2k	457.8k	528.7k	535.1k	546.7k	560.4k	571.9k	613k	639k	667k
莫焕晶案审判	时间	2月9日10时	2月9日11时	2月9日12时	2月9日13时	2月9日14时	2月9日15时	2月9日16时	2月9日17时	2月9日18时	2月9日19时	2月9日20时
	X	10359	12937	13038	11022	9064	8264	7258	6841	5883	5220	4631
	B	5722	8124	8083	7465	6953	5596	5107	4668	4387	3984	3618
	T	472.3k	546.4k	526.7k	503.8k	482.3k	467.1k	455.3k	439.8k	420k	405k	391k

13.2　基于灰色关联分析的舆情事件分级模型

舆情趋势预测模型能够预测舆情事件未来几小时内的指数数据，但是得到这些数据尚不能完成舆情事件监管管理任务，需要进一步根据所得数据对舆情事件未来发展态势进行判断，针对事件热度等级的不同提出建议，达到事前采取行动、防止公共危机事件发生的目标。

灰色关联分析是一种对系统发展变化态势进行定量描述和比较的方法，其基本思想是通过比较参考数列和若干个比较数列之间相似程度来判断其联系是否紧密。此模型所具备的样本量需求少，对无规律数据同样适用，不会出现量化结果与定性分析结果不符等情况，能够适应网络舆情的特殊环境，为判断舆情事件等级提供简便可行的方法。目前，学术界已提出了基于相似度视角和接近性视角的两种新型灰色关联分析模型，基于相似度视角的模型主要用于衡量参考序列在几何形状上与待评价数据的相似程度，基于接近性视角的模型主要用于衡量参考序列在空间中所处位置上与待评价数据的接近程度。

舆情事件分级的基本思路如下。首先，定义舆情事件的四个等级"蓝色""黄色""橙色""红色"。其中，"蓝色"代表舆情事件的发展态势不是很紧急，无须过度干涉或防范；"黄色"代表舆情事件已有扩大的苗头，需要提高警惕；"橙色"代表舆情事件已经非常紧急，应尽快实施相应的措施；"红色"代表舆情事件已大范围扩散，必须采取强力措施进行舆情干涉。其次，通过经验总结及专家评估的方式给出舆情事件四个等级分别对应的基准值。最后，将一个舆情事件某个时刻的三个指数值的序列数据作为待评价数列，通过比较四个等级的基准值与待评价数据接近程度，得出舆情事件的等级。舆情事件分级的思想与基于接近性视角的灰色关联模型相近，因此，选择基于接近性视角的灰色关联模型进行舆情事件分级。

13.2.1　模型构建

以携程虐童案事件 2017 年 11 月 8 日 11 时的用户指数数据为例，介绍舆情事件分级模型构建。

（1）基准值确定

通过对以往舆情事件及相关专家意见的总结，初步得出"蓝色""黄色""橙色""红色"四个等级舆情事件的基准值分别为：（6000，5000，400k）；（10000，8000，550k）；（15000，11000，700k）；（18000，14000，850k），分别记作 X_1 =（6000，5000，400）；X_2 =（10000，8000，550）；X_3 =（15000，11000，700）；X_4 =（18000，14000，850）。

（2）待评价数据的确定

选择 2017 年 11 月 8 日 11 时携程虐童案的数据为待评价数据，记作 X_0 =（10872，5471，457.8）。

（3）数据无量纲化

根据用户指数数据的特点，使用初值化法实现数据的无量纲化，可得 X_0 = （0.604，0.391，0.539）；X_1 = （0.333，0.357，0.471）；X_2 = （0.556，0.571，0.647）；X_3 = （0.833，0.786，0.823）；X_4 = （1，1，1）（为计算方便保留三位小数）。

（4）差值计算

求 $|X_0-X_1|$、$|X_0-X_2|$、$|X_0-X_3|$、$|X_0-X_4|$ 可得：

$$|X_0 - X_1| = \left| \frac{1}{2}[x_0(1) - x_1(1)] + \sum_{k=2}^{n-1}[x_0(k) - x_1(k)] + \frac{1}{2}[x_0(n) - x_1(n)] \right| = 0.203$$

$$|X_0 - X_2| = \left| \frac{1}{2}[x_0(1) - x_2(1)] + \sum_{k=2}^{n-1}[x_0(k) - x_2(k)] + \frac{1}{2}[x_0(n) - x_2(n)] \right| = 0.211$$

$$|X_0 - X_3| = \left| \frac{1}{2}[x_0(1) - x_3(1)] + \sum_{k=2}^{n-1}[x_0(k) - x_3(k)] + \frac{1}{2}[x_0(n) - x_3(n)] \right| = 0.652$$

$$|X_0 - X_4| = \left| \frac{1}{2}[x_0(1) - x_4(1)] + \sum_{k=2}^{n-1}[x_0(k) - x_4(k)] + \frac{1}{2}[x_0(n) - x_4(n)] \right| = 1.038$$

（5）灰色关联度值计算

计算灰色接近关联度 ρ_{01}、ρ_{02}、ρ_{03}、ρ_{04}。

$$\rho_{01} = \frac{1}{1 + |X_0 - X_1|} = 0.831$$

$$\rho_{02} = \frac{1}{1 + |X_0 - X_2|} = 0.826$$

$$\rho_{03} = \frac{1}{1 + |X_0 - X_3|} = 0.605$$

$$\rho_{04} = \frac{1}{1 + |X_0 - X_4|} = 0.491$$

结果表明，$\rho_{01} > \rho_{02} > \rho_{03} > \rho_{04}$，因此序列 1 也就是代表舆情等级 "蓝色" 的序列和待评价序列最相近，所以 2017 年 11 月 8 日 11 时携程虐童案的舆情等级为 "蓝色"。

13.2.2　舆情事件分级

将原始数据指数值与得到的预测值代入灰色关联分析法模型中，能够对每个时刻的舆情事件等级进行分级。经计算，每个时刻的关联度值和舆情事件等级如表 13-5 所示。

表 13-5　分级过程的关键数据展示

项目		实际值								预测值		
江歌案宣判	时间	14 时	15 时	16 时	17 时	18 时	19 时	20 时	21 时	22 时	23 时	24 时
	ρ_{01}	0.497	0.401	0.371	0.387	0.394	0.381	0.37	0.363	0.363	0.359	0.355
	ρ_{02}	0.626	0.481	0.438	0.456	0.47	0.453	0.436	0.427	0.427	0.421	0.415
	ρ_{03}	0.864	0.611	0.542	0.571	0.594	0.566	0.54	0.525	0.526	0.518	0.509
	ρ_{04}	0.813	0.800	0.686	0.732	0.77	0.723	0.683	0.659	0.661	0.647	0.633
	等级	橙色	红色	红色	红色	红色	红色	红色	红色	红色	红色	红色
携程虐童案	时间	9 时	10 时	11 时	12 时	13 时	14 时	15 时	16 时	17 时	18 时	19 时
	ρ_{01}	0.901	0.882	0.831	0.767	0.746	0.728	0.695	0.679	0.641	0.613	0.586
	ρ_{02}	0.657	0.781	0.826	0.9	0.932	0.961	0.977	0.944	0.872	0.821	0.774
	ρ_{03}	0.509	0.581	0.605	0.644	0.66	0.675	0.705	0.723	0.773	0.817	0.87
	ρ_{04}	0.426	0.475	0.491	0.516	0.526	0.535	0.554	0.566	0.595	0.621	0.651
	等级	蓝色	蓝色	蓝色	黄色	黄色	黄色	黄色	黄色	黄色	黄色	橙色
莫焕晶案二审审判	时间	10 时	11 时	12 时	13 时	14 时	15 时	16 时	17 时	18 时	19 时	20 时
	ρ_{01}	0.823	0.666	0.671	0.726	0.786	0.873	0.93	0.977	0.967	0.917	0.876
	ρ_{02}	0.834	0.919	0.929	0.964	0.877	0.788	0.747	0.719	0.69	0.665	0.643
	ρ_{03}	0.61	0.739	0.733	0.676	0.632	0.585	0.562	0.546	0.529	0.514	0.501
	ρ_{04}	0.494	0.575	0.571	0.536	0.508	0.477	0.462	0.451	0.439	0.429	0.42
	等级	黄色	黄色	黄色	黄色	黄色	蓝色	蓝色	蓝色	蓝色	蓝色	蓝色

　　舆情的事件等级是管理舆情的重要决策依据，灰色关联分析法具有很高的分类精确性，在处理分级问题上效果显著。政府等可据此提出不同等级下舆情应对方法，提高对舆情事件分级管理的效率。对"江歌案宣判""携程虐童案""莫焕晶案二审宣判"三个典型舆情事件的案例分析研究，为不同舆情事件提出合理应对策略提供了参考。

　　(1) 江歌案宣判

　　江歌案宣判事件自 14 时起就达到很高的舆论热度，舆情等级为"橙色"。在随后两个小时内更是迅速发展，每小时平均增速大概在 15% 左右，并于 15 时达到最高等级的"红色"。随后舆情热度虽未快速增长，平均增速保持在 3% 左右，但也持续保持着"红色"等级高危态势。预测未来三个小时内，江歌案宣判事件的新浪微指数和百度指数虽有增长，但是增幅不大，增长幅度都不超过 3%，头条指数略有降低，但降低的幅度也不大，舆情等级依旧持续表现为"红色"，说明江歌案宣判事件在未来几个小时内将始终保持高危态势。

江歌案宣判事件代表那些事件爆发突然、传播速度快、舆论热度大的舆情事件，事件发生期间通常会产生对社会问题激烈讨论现象，甚至可能引发群众极端负面情绪泛滥，引发群体极化危机。因此，政府的舆情监管部门应该采取及时控制的方法，加快舆论源问题处理速度，利用官方媒体和意见领袖及时引导舆论方向，抑制舆情传播。

（2）携程虐童案

携程虐童案事件自 9 时起，到 11 时都是"蓝色"等级，但三大指数值均有大约 8% 的增长，表明舆情事件正处在扩散过程中，尚未造成严重后果。12 时至 16 时舆情事态已发展为"黄色"，但三个指数数值增长速度放缓，说明舆论事件的扩散已引起社会关注。在未来的三个小时内，三大指数值都将保持增长态势，最大增幅在 7% 左右，在 19 点时甚至会发展为"橙色"，说明携程虐童案事件还在持续发酵，舆情危机将会越来越严重。

携程虐童案事件代表阶段性明显、热度随事件报道逐步变化、舆情等级不断升级的典型舆情事件。伴随着事件深入发展，舆论多阶段爆发、剧情反转不定、造谣者众多等现象往往频繁发生。因此，政府部门应该严厉打击造谣者，在事件早期实现对舆论的管理，对事件发展新方向保持敏感，防止舆情子话题漂移产生新的舆情危机。

（3）莫焕晶案二审宣判

莫焕晶案二审宣判事件在最初发生的五个小时内舆情等级为"黄色"，但随着时间的流逝，舆情事件热度逐渐下降，下降均度在 9% 左右，并于 15 时起降至"蓝色"等级，预测的三个小时内热度也都在下降，等级也一直是"蓝色"。所以，如果不出现事件再度反弹的话，此事件热度已不足以产生公共危机事件，并不需要严加管控。

莫焕晶案二审宣判事件代表那些事件持续时间不长、影响范围较小的舆情事件。因此，政府部门只要做到及时监控、尽快处理，就能及时解决舆情控制难题。

13.3　社交媒体数据驱动的网络舆情事件预测

13.3.1　客观事实、社交媒体数据和事理图谱之间的关系

在线评论作为一种典型的社交媒体中的用户内容数据，通常是指电商平台中用户基于购买的商品，发表自己对商品的评价。随着社交媒体的发展，在线评论不再局限于与商品有关的评价。某一网络舆情事件发生后，公众会对这一事件发表不同看法，包括表示赞同的、反对的等多种倾向，以文字、表情、音频或者视频的方式表达，因此，在本书中，将公众在社交媒体上发表这些观点、看法也统称为在线评论。

网络舆情事件发生后，会在短时间内引发大量的在线评论。这些在线评论中往往会涉及与该网络舆情事件相关的其他事件。这些事件被提及的频次越高，表示事件越容易受到关注，该事件影响的范围也就越广。例如"魏则西事件"，在事件发生时，有的网民会对医院表示声讨，有的则会对百度产生怀疑，医院、百度等都将成为网民热议的焦点。针对这些现象，本书中的事件是指通过网络数据所反映的现实中发生的事件。事理图谱能够揭示事件之间的顺承关系和因果关系，这里，事件之间的顺承关系是指以时间为标志的事件的先后顺序，事件的因果关系是指两个事件先后发生，一个事件的发生是由另一个事件引起的，则表示两个事件有因果关系。

社交媒体数据、事理图谱以及客观事实之间的关系如图 13-1 所示。社交媒体数据是公众将线下发生的事件转移到线上，从社交媒体数据中我

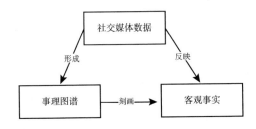

图 13-1　客观事实、社交媒体数据和事理图谱之间的关系

们可以了解更多现实世界中发生的事件；事理图谱是以社交媒体数据为基础，将社交媒体数据反映的客观事实通过图谱的方式刻画出来，可以从社交媒体数据形成的事理图谱中观察现实中网络舆情的演化路径。

13.3.2 社交媒体数据驱动的网络舆情演化路径

13.3.2.1 社交媒体数据采集与预处理

为了实现社交媒体数据驱动的舆情事件预测，使用网络爬虫技术，采集微博移动端与网络舆情事件相关的微博内容数据（在线评论）。

随着网络数据需求的增大，网络爬虫技术应运而生。传统网络数据需求仅需要查询小部分数据，网页仅需返回用户的查询的简单结果即可。随着社交媒体的发展，人们对数据的需求渐渐增大，需要的社交媒体数据往往需要重复查询多次才能够满足需求，利用传统的查询方法耗时耗力。网络爬虫技术基于一系列给定的规则，能够实现自动抓取网络数据。采集微博在线评论数据主要基于 Python 语言的 requests 库和 json 库实现。首先，确定需要爬取的事件的关键词，每一个事件可能对应多个关键词。根据关键词，查找相应的微博 URL，将此作为爬虫的初始 URL。根据此 URL 并通过手动翻页，发现含有不同结果数据的页面 URL，直到没有数据，停止爬虫。通过这种请求，微博页面响应的数据格式为 json 数据，页面响应的 json 数据格式如图 13-2 所示。其中，card_ group 下的每一行数据中均包含我们需要提取的微博在线评论的用户内容数据。Python 中提供了第三方库 json，能够解析这种 json 格式的数据，获取需要的字段。根据构建舆情事理图谱的需要，主要采集用户基本信息数据（用户名、评论时间）和用户内容数据（微博正文）。

通过爬虫技术采集的数据会出现重复、噪声等，需要对数据进行的预处理工作包括去重、去噪，并使用 Jieba 分词技术，对语料数据进行分句、分词以及词性标注。

13.3.2.2 事件及事件间关系提取

网络舆情事理图谱的节点是事件，所以抽象事理图谱构建的基础是使用规则模板进行事件提取。首先，整合中文文本中因果句的因果关系词，基于这些因果关系词，构建规则模板。其次，对于一个新的句子，

```
▼{ok: 1, data: {,…}}
  ▼data: {,…}
    ▶cardlistInfo: {v_p: "42", containerid: "100103type=1&q=%E49
    ▼cards: [{card_type: 11, show_type: 1,…}]
      ▼0: {card_type: 11, show_type: 1,…}
        ▼card_group: [{card_type: 9, card_type_name: "微博",…},
          ▶0: {card_type: 9, card_type_name: "微博",…}
          ▶1: {card_type: 9, card_type_name: "微博",…}
          ▶2: {card_type: 9, card_type_name: "微博",…}
          ▶3: {card_type: 9, card_type_name: "微博",…}
          ▶4: {card_type: 9, card_type_name: "微博",…}
          ▶5: {card_type: 9, card_type_name: "微博",…}
          ▶6: {card_type: 9, card_type_name: "微博",…}
          ▶7: {card_type: 9, card_type_name: "微博",…}
          ▶8: {card_type: 9, card_type_name: "微博",…}
          ▶9: {card_type: 9, card_type_name: "微博",…}
        card_type: 11
        show_type: 1
      scheme: "sinaweibo://searchall?containerid=100103&q=%E4%BA9
      showAppTips: 1
    ok: 1
```

图 13-2　json 数据格式

通过该规则模板，判断句中是否含有因果关系词，如果含有，标记此句子为因果句；对于经过标记的因果句，继续使用规则模板，利用关键词区分原因部分和结果部分，从中提取需要的事件。最后，以提取到的事件为节点，以事件对之间的关系为边，使用 Gephi 工具，构建网络舆情事理图谱。

（1）句法模板构建

规则模板是经过对中文因果句的总结，根据其句法模式生成的，是用来判断数据是否为因果句的一系列判定规则，规则模板的格式为 $<Pattern,\ Constraint,\ Priority>$，其中，$Pattern$ 是包含因果关系触发词的正则表达式，$Constraint$ 包含一些句子中的句法约束，$Priority$ 是当多个模板都匹配上时，匹配模板的优先级。

利用已有研究总结的因果句的句法模式，构建 5 个句法模板，如表 13-6所示。例如，模式 5 因果句 $<Cue_{c6}>$［$Effect$］，$<Cue_{c7}>$［$Cause$］，$Cue_{c6} \in$［（之）所以］，$Cue_{c7} \in$［缘于，因为，由于］，这类句法模板可以匹配的一个句子是："小明$<$之所以$>$［感冒了］$_{Effect}$，是$<$因为$>$［昨天淋雨了］$_{Cause}$"。

表 13-6　因果句句法模板

因果句模式	词性	因果提示词
模式 1 因果句 $<Cue_{c1} \mid Cue_{p1}>[Cause].[Effect]$	连词 $c1$	因(为),由于,既(然),如果,只要
	介词 $p1$	为了,为,按,照,依,据,凭靠,比,按照,依据,因(为),由于
模式 2 因果句 $[Cause]<, Cue_{c2}>[Effect][Cause]<, Cue_{d1} \mid Cue_{v1}>[Effect]$	连词 $c2$	所以,以至于,因此,因而,致使,从而,故,于是,以至(于)
	动词 $v1$	导向,导致,勾起,产生,造成,造就,酿成,引发,引起,引来,引致,诱发,诱致,招致,致使,滋生,归于,决定,令人,引出,带来,挟带,触发,波及,关系,浸染,牵动,渗入,渗透,影响,作用,攸关,推动,推进,促发,促进,促使,促成,引导,引入,诱导,指引,诱惑,使得,使,使动,予以,诱使
	副词 $d1$	为此,以便,以免,才
模式 3 因果句 $[Effect]<, Cue_{c3} \mid Cue_{v2}>[Cause]$	连词 $c3$	因为,由于
	动词 $v2$	出于,出自,发源于,发自,根源于,来源于,来自,起源于,取决,取决于,源于,缘于,在于,立足
模式 4 因果句 $<Cue_{c2}>[Cause],<Cue_{d2}>[Effect]<Cue_{c4}>[Cause],<Cue_{c5}>[Effect]$	连词$<c2,d2>$, $<c4,c5>$	〈因为,为此〉,〈由于,为此〉〈既(然),却〉,〈如果,就〉,〈只要,就〉〈既(然),就〉
	连词$<c4,c5>$	〈因为,所以〉,〈因为,因此〉,〈因为,以致(于)〉,〈因为,因而〉,〈因为,于是〉,〈因为,致使〉,〈因为,故〉,〈因为,故而〉,〈因(为),以至(于)〉,〈由于,因此〉,〈由于,所以〉,〈由于,以致(于)〉,〈由于,致使〉,〈由于,故〉,〈由于,于是〉,〈由于,从而〉,〈由于,以至(于)〉,〈既(然),因此〉,〈既(然),所以〉,〈如果,那么则〉,〈只有除非,才〉,〈因为,从而〉,〈由于,因而〉
模式 5 因果句 $<Cue_{c6}>[Effect],<Cue_{c7}>[Cause]$	连词$<c6,c7>$	〈(之)所以,缘于〉,〈(之)所以,因为〉,〈(之)所以,由于〉

（2）因果句判定

根据生成的句法模板,对应涉及 6 个规则模板,如表 13-7 所示。根据规则模板能够判定一个句子是不是因果句。生成规则模板的过程如下。

首先,句子可以用符号表示为:$Sentence = \{x_1, x_2, \cdots, x_n\}$,其中 $x_i \in X$,X 表示词的集合,$i = 1, 2, \cdots, n$。使用 Jieba 分词词性标注后结果为 $Sentence' = \{x_1/y_1, x_2/y_2, \cdots, x_n/y_n\}$,其中,$y_i$ 表示 x_i 的词性。

其次,将句法模板中连词词性生成的句法模板和其他词性生成的句法模板分开,形成 6 个规则模板,进而通过测试确定各规则模板的优先序。

表 13-7　因果句规则模板

序号	规则模板
1	$if(x_1 \in Cue_1 \ and \ y_1 = c) \ or (x_1 \in Cue_{p1} \ and \ y_1 = p) \ then \ Sentence$ 为模式 1 因果句
2	$if(x_i \in Cue_2 \ and \ y_i = c) \ or (x_i \in Cue_{d1} \ and \ y_i = d) \ or (x_i \in Cue_{v1} \ and \ y_i = v) \ then \ Sentence$ 为模式 2 因果句
3	$if(x_i \in Cue_3 \ and \ y_i = c) \ or (x_i \in Cue_{v2} \ and \ y_i = v) \ then \ Sentence$ 为模式 3 因果句
4	$if(x_1 \in Cue_2 \ and \ y_1 = c \ and \ x_i \in Cue_{d2} \ and \ y_i = d) \ or$ $(x_1 \in Cue_{c4} \ and \ y_1 = c \ and \ x_i \in Cue_{c5} \ and \ y_i = c) \ then \ Sentence$ 为模式 4 因果句
5	$if(x_1 \in Cue_{c6} \ and \ y_1 = c \ and \ x_i \in Cue_{c7} \ and \ y_i = c) \ then Sentence$ 为模式 5 因果句
6	if 不能匹配规则 1 到 5　　$then \ sentence$ 为非因果句

优先序（Priority）以 CCL 语料中规则的覆盖率为准，覆盖率是指某一规则在语料中出现的频率与总语料的比率。如表 13-8 所示，最终形成的匹配顺序为规则 2、规则 1、规则 3、规则 5、规则 4。

表 13-8　规则覆盖率

因果句类型	频数（次）	规则	覆盖率（频数/总数）
模式 1 因果句	1287698	规则 1	0.0042
模式 2 因果句	3028365	规则 2	0.0099
模式 3 因果句	193064	规则 3	0.00063
模式 4 因果句	64743	规则 4	0.00021
模式 5 因果句	83319	规则 5	0.00027

（3）具体事件提取

利用规则模板，匹配句子的原因和结果部分，例如，句子 because [sentence1]，[sentence2]，原因事件在 sentence1 中，结果事件在 sentence2 中。将句子分成两个部分后各自成为一个小的句子，根据词性标注结果，分别从中提取原因事件和结果事件形成事件对。

一般在线评论数据都是非结构化的，句子结构不完整，提取其中的主谓宾成分作为事件会使事件表示不完整，出现稀疏性。用时间、地点以及动作等元素表示事件同样会面对信息的缺失，本书选用 Zhao 等（2017）提出的事件表示方法，从文本中提取其中的动词和名词来表示事件，这可以很好地减少因为句子的不完整性带来的影响，提取的事件形如 $e = <x_i \mid x_i \in Verbs \cup Nouns>$ ，其中，$Verbs$ 和 $Nouns$ 表示动词集合和名词集合，x_i 表示一个词。

例如，一个经过因果判定的因果句，$Sentence = because\ [x_{1i},\ x_{2i},\ x_{3i},\ x_{4i}]_{cause},\ [x_{1j},\ x_{2j},\ x_{3j},\ x_{4j},\ x_{5j}]_{effect}$ ，词性标注后的结果为 $Sentence' = because\ [x_{1i}/n,\ x_{2i}/x,\ x_{3i}/v,\ x_{4i}/x]_{cause},\ [x_{1j}/x,\ x_{2j}/n,\ x_{3j}/v,\ x_{4j}/n,\ x_{5j}/x]_{effect}$ 。其中，n 表示词性为名词，v 表示词性为动词，x 表示词性为其他。所以经过提取，得到的事件对为 $Events = \{(e_i,\ e_j) \mid e_i = \{x_{1i},\ x_{3i}\},\ e_j = \{x_{2j},\ x_{3j},\ x_{4j}\}\}$ 。

13.3.2.3　网络舆情事理图谱构建

网络舆情事理图谱表示网络舆情事件间的因果关系。以某舆情事件为原因事件，从该节点事件出发的边所指向的目标节点事件为该原因事件的直接结果事件。因果关系具有传递性，将一个个的因果事件对相互链接，即可形成图，即网络舆情事理图谱。

生成的事理图谱可以符号化为 $EEG = \{Nodes,\ Edges,\ weight\}$ ，其中 $Nodes = \{e_1,\ e_2,\ \cdots,\ e_p\}$ 是节点集合，节点 $e_i = \{x_i \mid x_i \in Verbs \cup Nouns\}$ ，$Edges = \{l_1,\ l_2,\ \cdots,\ l_q\}$ 是图谱中边的集合，p 和 q 分别是在图谱中节点和边的数量。$weight$ 是对应边 l_i 的权重的大小，权重的计算如公式（13-1）所示。

$$weight = \frac{count(e_i, e_j)}{\sum_k count(e_i, e_k)} \qquad (13-1)$$

其中，$count(e_i,\ e_j)$ 表示事件对在语料中出现的频次。

Gephi 是一款开源免费的复杂网络分析工具，可用于各种网络的构建和分析。将提取的事件对放到 Excel 表格中，将表格导入 Gephi，选择 ForceAtlas2 进行构图，使节点之间不重合。Gephi 能够自动判断该事件对的源节点事件是不是其他事件对的目标节点，从而可以根据因果关系的传递性形成事理图谱。

13.3.2.4　网络舆情演化路径

网络舆情事理图谱表达了网络舆情事件之间的逻辑演化关系。以某一最初发生的事件为源事件（原因事件），从该事件出发，其指向的目标事件是该原因事件的直接结果事件，多个因果关系相互链接，上一个事件的结果事件构成下一个事件的原因事件，因果关系依次传递，构成因果链。多条因果链相互交叉，形成事理图谱。如图 13-3 所示，其中有两条因果链：$a1 \rightarrow a2 \rightarrow a3$，$a1 \rightarrow a4 \rightarrow a5 \rightarrow a6 \rightarrow a3$，两条链由 a3 事件链接，相互交叉。随着节点和边的数量增加，由因果链交叉形成的图规模越来越大，越能涵盖某一个领域内发生的所有的事件，因此从事理图谱中可以挖掘的网络舆情的信息非常丰富。

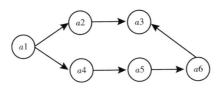

图 13-3　因果链形成

大型的网络舆情事理图谱，可以充分地表达出一个领域的网络舆情的演化特征，同时能够呈现舆情的演化路径。通过可视化事理图谱，将因果事件演化路径特征分为辐射式演化路径、汇聚式演化路径和链式演化路径三种类型。

（1）辐射式演化路径

因果事件的演化是不稳定的，即事件的演化不会简单地从一种原因事件线性指向一种结果事件。多种交互作用，导致事件的演化复杂多变，如图 13-4 所示，这时应该重点关注引起多发结果的原因事件节点，从而有效避免多重严重后果。

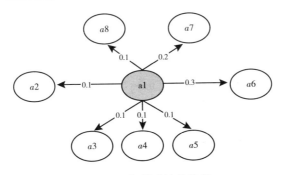

图 13-4　辐射式演化路径

（2）汇聚式演化路径

多种原因事件可能导致同一种结果事件，如图 13-5 所示。在汇聚式演化路径中，应重点关注多发原因导向的结果事件节点。此类节点作为多发原因导向的重要核心，应提早准备应对措施。针对同一种结果事件可采用相似的解决方案，有利于高效处理问题，同时也应注重此类节点的预防，避免造成大规模的负面影响。

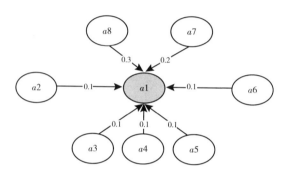

图 13-5　汇聚式演化路径

（3）链式演化路径

多个因果事件对相互链接构成链式演化路径，如图 13-6 所示。链式演化路径由多个因果事件对组成，前一个事件对的结果事件又称为下一个事件对的原因事件，如此往复。

图 13-6　链式演化路径

通过事理图谱的演化路径对比，能够清晰地看出辐射式演化路径和汇聚式演化路径往往是需要重点关注的路径。入度较大的事件较易发生，出度较大的事件演化方向多元。根据事理图谱的边上的权重，能够判断网络舆情的演化方向。结合权重和出入度的大小，舆情管理者可以更好地把握舆情治理的关键节点，利用这些关键节点管控舆情的发展动向。

13.3.3　网络舆情抽象事理图谱构建

事理图谱在刻画事件间逻辑演化关系时，只关注事件特定的因果关系，无法发现事件之间的一般因果关系模式。例如，它只能展示"产妇死亡事件→全民关注"，却不能总结发现一般因果关系模式"医疗事件→关注"。这种一般的因果模式对于发现某一个领域网络舆情的演化规律非常有用。故而，对事理图谱进行事件泛化，以得到一般的、简单的因果关系模式，由这种关系模式形成的事理图谱通常被称为抽象事理图谱。抽象事理图谱可以清晰地展示在某一个领域内网络舆情事件是如何演化的。在网络预测时可以通过抽象事理图谱所展示的事件演化关系，根据权重的大小判断新的网络舆情事件的演化方向。所以，抽象事理图谱的构建是网络舆情预测的前提。

事件泛化是链接事理图谱和抽象事理图谱的桥梁。事件泛化是指将两个具有相近意思的词语概括为同一个事件，如"产妇"和"孕妇"两个词的词义相近，最终将两个词用同一个词来表示。事件泛化消除了事件词语多样性带来的影响，可以将事理图谱中的相近事件用同一个节点表示，概括性较强。聚类方法可以实现将某些特征相近的样本点聚为同一类，与事件泛化的思路相近，因此选择聚类方法实现事件泛化。

13.3.3.1 事件的词向量表示

聚类算法要求样本点的元素为数值型，方便快速地计算样本点之间的距离或者密度能够进行有效的划分。由于每一个样本点是一个事件，这要求将原本用文本表示的事件转化成用数值表示的事件。选取词向量的方式实现这种转化是一种使用较广泛的方法，这里使用两种词向量表示方法，即 TF-IDF 方法和 word2vec 方法。转化的格式如：基于一个事件 $e_i = \{x_i \mid x_i \in Verbs \cup Nouns\}$，对于每一个词 x_i，向量表示为 $V(x_i) = \{a_{i1}, a_{i2}, \cdots, a_{id}\}$，其中 d 表示向量维度，最终获得的事件表示为 $V(e_i) = V(x_1, x_2, \cdots, x_n)$，其中 n 表示该事件共由 n 个词组成。具体的事件表示方法如下。

（1）基于 TF-IDF 的事件词向量表示

TF-IDF 实际上是 TF×IDF，TF（Term Frequency）表示词条在文档 d 中出现的频率。如果某个词或短语在一篇文章中出现的频率高，并且在其他文章中很少出现，则认为此词或者短语具有很好的类别区分能力，适合用来分类。IDF（Inverse Document Frequency）是逆向文件频率，如果包

含词条 t 的文档越少，也就是 n 越小，IDF 越大，则说明词条 t 具有很好的类别区分能力。某一个词语在某个文档中出现频率较高，并且该词语在所有文件集合中的文件频率低，则该词语权重越高。

将一个事件当作一个文档，一个完整的文档包含的词即为事件中包含的词，文档长度的不同即为事件长度的差异，形成的词袋即为事理图谱中所有具体事件中包含的所有词语。根据上述步骤，计算出每一个事件的 TF-IDF 向量表示。

（2）基于 word2vec 的事件词向量表示

TF-IDF 策略是根据词袋的维度来表示向量，词袋中有多少词，每一个事件的维度就会有多长。事件中的词较多时，会使事件向量的维度较大，甚至会导致数据灾难。而 word2vec 可以化解这个灾难。word2vec 是 Mikolov 在 2013 年提出的一种神经网络概率语言模型，它是对已有的语料进行训练，将词语转换到空间向量中。word2vec 的基本假设是：判断两个词在语义上是否相近，主要取决于其相邻词语的分布是否相同。它将语义元素加入词向量，据此分析词之间的关系。

word2vec 词向量模型主要包含词袋向量模型（CBOW）和跳字模型（Skip-Gram）两种。CBOW 是输入某一个词的上下文的词向量来预测当前词的词向量。Skip-Gram 模型则正好相反，是以当前词的词向量来预测上下文的词向量。这里选用 CBOW 模型。由于事件是由多个词表示的，在生成事件的向量表示时考虑平均值方法和链接方法两种变形方法。

平均值方法：取所有词向量均值来表示一个事件。对于事件 $e_i = (x_1, x_2, \cdots, x_n)$，$n$ 表示该事件一共由 n 个单词组成，其中每个词语的向量为 $V(x_i) = \{a_{i1}, a_{i2}, \cdots, a_{id}\}$，$d$ 表示向量的维度。使用平均值的方法取得事件的向量表示，可以用公式（13-2）表示。

$$V(e_i) = \frac{\sum_{i=1}^{n} V(x_i)}{n} \tag{13-2}$$

链接方法：按照事件中词语的顺序，将其词向量拼接，构成事件表示。依旧使用上面的例子，使用拼接方式表示事件如公式（13-3）所示。

$$V(e_i) = [V(x_1), V(x_2), \cdots, V(x_n)] = (a_{11}, \cdots, a_{1d}, a_{21}, \cdots, a_{2d}, \cdots, a_{n1}, \cdots, a_{nd}) \tag{13-3}$$

（3）事件的距离计算

聚类算法通过计算样本点与质心之间的距离确定该样本点是否应加入该聚类。事件由向量组成，因此计算事件间的距离可以转化为计算向量间的距离。对于两个向量 $a = (a_1, a_2, \cdots, a_d)$ 和 $b = (b_1, b_2, \cdots, b_d)$，常见的向量距离包括欧氏距离、余弦距离和曼哈顿距离，但是这些距离计算公式的前提均为两个向量的维度相同，当两个向量维度不一致时，这些距离计算公式就出现了问题，需要采取拼接的方式，即通过计算两个词的词向量的相似度来计算事件的距离。要计算两个事件的距离，可以通过计算两个事件两两组合计算词的相似度，之后通过加权平均得到两个事件的相似度。这里使用郭鸿奇等（2018）提出的相似度计算方法。具体如下。

两个事件分别为 e_1 和 e_2，$e_1 = \{x_i \mid x_i \in Verbs \cup Nouns\}$，$e_2 = \{x_j \mid x_j \in Verbs \cup Nouns\}$，其中 $i = 1, 2, \cdots, n$；$j = 1, 2, \cdots, m$。使用 word2vec 自带词相似度计算方法计算两个事件中词语的相似度 $\text{sim}(x_i, x_j)$，一共获得 $\min(n, m)$ 个最相似词语对的相似度。事件的相似度则由词的相似度综合计算。如计算公式（13-4）所示。

$$\text{sim}(e_1, e_2) = \frac{2 \times \sum_{q=1}^{\min(n,m)} \max[\text{sim}(x_i, x_j)]}{m + n} \tag{13-4}$$

其中，$\text{sim}(x_i, x_j)$ 表示事件 e_1 中第 i 个单词和事件 e_2 中第 j 个单词的相似度，$2 \times \sum_{q=1}^{\min(n,m)} \max[\text{sim}(x_i, x_j)]$ 表示最相似的 $\min(n, m)$ 个词语对的相似度之和。

抽象事理图谱是对事件进行泛化，进而发现在某一网络舆情领域中更加一般、普遍的事件演化因果关系。K-means 基本思想是将与类簇质心相近的样本点划分为同一个类簇。通过 K-means 聚类将距离相近的事件泛化，用一个更具代表性的事件表示多个具体事件，从而构建网络舆情抽象事理图谱。以聚类样本为事件，即文本样本，原 K-means 聚类方法在文本转化为数值向量的过程使用 TF-IDF 向量，其形成的向量缺少语义的元素，通过使用 word2vec 词向量和改进距离计算方法的方式改进聚类算法，使泛化结果最佳。

13.3.3.2　基于 K-means 聚类的事件泛化

K-means 聚类算法需要提前确定聚类数，之后确定初始质心。现有初始质心的确定包括三种方法：随机选择、人工确定、Kmeans＋＋智能初始质心算法。这里使用 Kmeans＋＋算法选择初始质心，使初始质心相距尽量远。

原始聚类算法在事件泛化时的基本思路如下。

①事件表示方法：原始聚类算法在将文本形成向量时使用 TF-IDF 方式形成词向量，将每一个向量作为聚类的一个样本点。

②选择初始聚类数 k，使用 Kmeans＋＋算法从样本中挑选 k 个重心作为聚类的初始聚类质心。

③根据欧氏距离计算样本中每一个样本点到初始聚类质心的距离，把它归类到距离最近的质心 $u^{(j)}$，$j \in (1, \cdots, k)$。

④更新每个类簇的质心。质心的计算准则是，选取每个类簇的向量均值作为新质心。

⑤重复③和④，直到质心不发生变化或达到限定条件。

原始聚类算法在进行事件聚类时存在一定的缺陷，所以在进行事件泛化时从两个方面对原始聚类算法进行改进。

第一，事件表示。TF-IDF 词向量表示认为，某一个文档中出现词频较高的词在其他文档出现的频率越低代表该词用来分类文本是较好的，这导致基于 TF-IDF 进行事件表示时具有两个缺陷：其一，一个事件是由单词组成的，每个事件的单词数量不定，导致形成的事件向量稀疏性较大；其二，重视词频的重要性，却忽略了语义的存在，从而在距离计算时使语义较近的事件实际计算的距离反而较远。word2vec 词向量表示通过考虑其上下文对该词的影响作用，能够弥补 TF-IDF 词向量表示的不足。因此，这里使用 word2vec 词向量表示事件代替 TF-IDF 表示事件，将其作为初始样本点使用 K-means 聚类算法实现事件的泛化。此改进事件泛化步骤如下。

①事件表示：利用 word2vec 均值表示法。

②同上步骤②到⑤。

第二，距离计算和更新质心方法。在 Python 封装的 K-means 聚类算法中使用的距离计算公式均为欧氏距离，欧氏距离主要用来计算两个点的直线距离。由于聚类样本点为事件，使用事件的相似度计算方法来计算两个事件间的距离更能体现两个事件的相似度。由于事件表示使用的是拼接的方法形成向量，因此事件的维度是不同的，即样本点的维度不同，在求质心时无法使用求均值的方法更新聚类质心。而且在每一个类簇中都可能会存在离群点，在简单使用求均值方法求质心时导致求得的均值质心有较大偏差。综合以上两个因素，在更新质心时选取的质心为类簇中的某一个样本点，从而克服了类簇中离群点的影响。改进的算法步骤如下。

①事件表示：使用 word2vec 词向量拼接的方法表示事件。

②确定聚类数 k，使用 Kmenas++ 算法选择初始质心。

③对于样本中其他的样本点，通过公式（13-4）得到其与初始质心点的相似度，将其加入相似度最近的质心的类簇。

④更新类簇质心的位置，更新准则为：当前聚类中所有其他点到该中心点的相似度之和最大。

⑤重复步骤③和④，直至聚类结果稳定。

13.3.3.3　聚类算法改进评估

为了评估改进的聚类算法是否能够更好地完成事件泛化，使用爬取的 10 个事件相关的微博语料以及维基百科数据为训练语料，利用 Python 第三方库 gensim 中的 word2vec 进行词向量训练。训练的参数设置如下。

sg = 0：表示使用 CBOW 词袋模型训练词向量。

size = 60：训练的词向量的嵌入维度为 60。

window = 5：上下文的窗口为 5，即训练时使用的上下文的词语的数量各为 5，contex（w）的长度为 10。

min_ count = 5：表示如果某个词在语料中出现频次小于 5，训练过程中将不会考虑这个词语。

从提取的 2973 个事件中，随机选择 100 个事件，通过仔细研究事件内容和咨询专家，对其进行人工聚类，标注每一个事件所在的类簇。经过标注，发现将 100 个事件聚类为 6 个类簇最合适。将这 100 个事件作为聚类样本点，分别使用原始 K-means 方法、基于 word2vec 向量的方法以及基于事件相似度方法改进聚类方法泛化事件，对泛化结果与人为聚类结果进行对比，评估改进算法的精确度。

聚类的目标是使簇内的相似度较高和簇间的相似度较低，并且簇内样本点到簇中心的距离尽可能小，簇中心的距离尽可能地大，因此选取聚类度量指标如下。

对于一个样本集 S，其含有 n 个样本点，任意选取两个不同的样本点 s_i 和 s_j，用 C 表示聚类算法给出的结果，用 P 表示人工标注的聚类的结果，对于样本点 s_i 和 s_j，存在下面四种关系。

SS：s_i 和 s_j 在 C 和 P 中都属于同一个簇。

SD：s_i 和 s_j 在 C 中在同一个簇内，在 P 中在不同的簇内。

DS：s_i 和 s_j 在 C 中划分为不同的簇，在 P 中划分为相同的簇。

DD：s_i 和 s_j 在 C 和 P 中均在不同的簇中。

使用 a、b、c、d 分别表示 SS、SD、DS、DD 对应的数目，因为 s_i 和 s_j 在聚类中只可能属于其中一个，因此有关系

$$a + b + c + d = C_n^2 = \frac{n(n-1)}{2} \tag{13-5}$$

度量指标如下。

①Rand 统计量

$$Rand = \frac{a + d}{a + b + c + d} \tag{13-6}$$

②F 值

$$F = \frac{(\beta^2 + 1)PR}{\beta^2 P + R} \tag{13-7}$$

其中，P 表示准确率，R 表示召回率。

$$P = \frac{a}{a + b} \tag{13-8}$$

$$R = \frac{a}{a + c} \tag{13-9}$$

③Jaccard 系数

$$J = \frac{a}{a + b + c} \tag{13-10}$$

④FMI 值

$$FMI = \sqrt{\frac{a}{a+b} \cdot \frac{a}{a+c}} \qquad (13-11)$$

对上述 100 个事件使用提到的三种聚类方法进行聚类分析，每种算法最多迭代 100 次，循环 50 次，分别求 50 次聚类结果的平均值计算最终的指标得分。结果如表 13-9 所示。

表 13-9 不同聚类方法结果（$\beta = 1$）

单位：%

聚类算法	$Rand$	R	P	F 值	Jaccard 系数	FMI 值
原始 K-means	26	87	18	30	18	40
基于改进 word2vec	84	71	57	62	46	63
基于改进事件相似度	83	62	55	58	42	59

由表 13-9 可以看出，与原始的 K-means 聚类算法比较，基于改进 word2vec 表示事件的方法和基于改进事件相似度的方法 F 值分别提升 32 个百分点、28 个百分点，Rand 值、Jaccard 系数以及 FMI 值均有明显提高，这表明使用 word2vec 表示事件进行泛化要比使用 TF-IDF 表示事件更为有效。而对比基于改进 word2vec 的算法和基于改进事件相似度的算法，后者在事件泛化上的性能表现均低于前者，但差异较小。因此，最终选择使用基于改进 word2vec 的方法实现事件的泛化。

13.3.3.4 抽象事理图谱构建

在使用改进聚类算法将事件泛化后，相似事件将被聚集到同一个类簇中，但是聚类算法没有给出每一个类簇的代表性事件。抽象事理图谱是能够展示抽象事件之间的关系，因此需要给每一个类簇定义一个标签。这里选择每一个类簇中词频较高的词组成事件，以代表该类簇所抽象的事件。

抽象事理图谱是事理图谱的更高层次的事件因果演化关系，它将原本特定的因果模式转化为更加一般的因果关系，从中发现网络舆情中普遍存在的事件逻辑演化关系。通过事件泛化后，原本特定的事件转化为抽象事件，原本特定事件的关系转化为抽象事件间的普遍关系，从而将事理图谱转化为抽象事理图谱，构建过程如图 13-7 所示。

图 13-7 中，（a）表示带频次的事理图谱，（b）表示经过事件泛化后未经权重计算的抽象事理图谱，（c）则表示最终构建的抽象事理图谱。在事理图谱中，一共列出了 7 个事件的因果演化关系。其中事件 e_{21} 和事件 e_{22} 在经过事件泛化，将会在同一个类簇中出现。在这个类簇中，通过词频统计，发现事件 e_2 出现的频次最高，则使用事件 e_2 作为该类簇的标签，即事件 e_{21} 和事件 e_{22} 泛化后用事件 e_2 表示。同理，事件 e_{31} 和 e_{32} 抽象为 e_3，边的频次是根据泛化结果叠加而成的。如边 $e_1 \rightarrow e_{21}$ 的频次为 2，边 $e_1 \rightarrow e_{22}$ 的频次为 1，则在图（b）中边 $e_1 \rightarrow e_2$ 的频次则为 3。同理，图（b）中边 $e_2 \rightarrow e_3$ 的频次是由边 $e_{21} \rightarrow e_{31}$、$e_{22} \rightarrow e_{32}$ 叠加而成的。图（c）是由图（b）根据公式（13-1）计算得到的。如边 $e_1 \rightarrow e_4$ 的权重为 0.4，其计算公式为 2/（2+3）= 0.4。

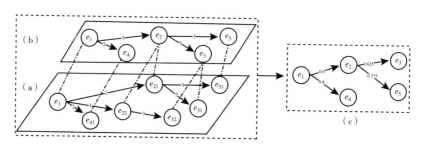

图 13-7　抽象事理图谱构建

13.3.4　网络舆情事件预测

（1）事件预测流程

抽象事理图谱展示领域内网络舆情事件因果演化关系。如果在相同领域中新发生一个舆情事件，则可以通过与构建的抽象事理图谱相比较，发现该新事件可能的演化方向，判断接下来可能发生的事件。基于抽象事理图谱的事件预测流程如图 13-8 所示。

①对于该领域内某一个新发生的网络舆情事件，一般可以用一个句子或者是简短的几个词来表示。对于这样用文本表示的事件可以通过前文提出的事件提取方法提取其中的事件。

②遍历网络舆情事理图谱中的节点，根据公式（13-4）计算新事件 e

与网络舆情事理图谱中的节点的相似度。遍历所有节点后，找出与新事件相似度最高的事件节点 e'。

③在构建的网络舆情抽象事理图谱中，找到最相似事件节点经过泛化后的抽象事件 e''。根据抽象事件节点，在抽象事理图谱中可以找到结果事件。在抽象事理图谱中权重的大小代表边出现的概率，找出后续事件节点中权重最大的事件，依次查找抽象事理图谱中权重最大的边对应的事件节点，就可以预测新事件发生后对应的事件链。

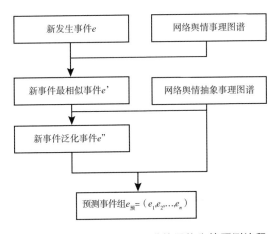

图 13-8　基于抽象事理图谱的网络舆情预测流程

以图 13-7（c）为例，假设新事件经过相似度计算，匹配到的最相似事件的泛化事件为 e_1。在抽象事理图谱中该事件的后续事件有两个，分别是 e_2、e_4，其对应的权重分别为 0.6、0.4，则预测事件为 e_2。依次类推，在事件 e_2 的后续事件中，事件 e_3 的权重较大，取事件 e_3 为预测事件。所以最终根据新事件预测到的事件链为 $e_1 \rightarrow e_2 \rightarrow e_3$。

（2）网络舆情预测评估方法

平均倒数排序法（MRR）是国际通用的检索性能评估算法，基本思想是对预测的结果在搜索结果中的排序取倒数，取所有倒数的平均值作为评估结果。在实验中的应用为：将"榆林产妇跳楼"语料中提取的事件对按照在医疗网络舆情抽象事理图谱中的排序，取倒数作为预测分数，即使用的得分函数如公式（13-12）所示，最终取所有倒数的平均数作为评估的预测精确度。

$$f(x) = \frac{1}{x} \quad (x = 1,2,3,4) \tag{13-12}$$

因为自变量 x 的取值为 $[1,4]$，则 $f(x)$ 的范围为 $[0.25,1]$，但取倒数使得分值在区间上呈现非等距性，为将其映射到等距区间上，使用如公式（13-13）得分函数，使预测得分等距分布在区间 $[0.25,1]$ 上。

$$g(x) = \frac{n+1-x}{n} \quad (x = 1,2,3,4) \tag{13-13}$$

其中，n 表示排序的个数，x 表示排序的顺序。最终预测精确度的计算如公式（13-14）所示。

$$Accuary = \frac{1}{N} \sum_{i=1}^{N} g(x_i) \tag{13-14}$$

其中，N 表示评估预测所使用的样本的数量，$i = 1, 2, \cdots, N$。

13.3.5 社交媒体数据驱动的医疗领域网络舆情事件预测

医疗领域网络舆情的演化过程具有关注度高、扩散性强、预测复杂、影响力大等特点，处理不当容易导致公众的敌对和恐慌，引发社会风险。以医疗领域网络舆情为例，通过微博平台相关数据验证所提出方法的可行性和有效性。

13.3.5.1 医疗领域舆情事件数据采集与预处理

选取 2009 年至 2018 年发生的传播范围较广，对医疗机构、医生及相关人员的声誉、信任度和经济利益产生较大影响的 10 个医疗事件，如表 13-10所示。使用 Python 爬取微博移动端有关 10 个医疗事件的用户在线评论，采集日期为 2018 年 8 月 28 日，采集的相关字段包括用户名、评论时间、微博正文。经过去重，共获取有效数据 7009 条。

从微博平台上爬取的数据中，非结构化现象明显，且出现较多噪声字符或词语，如"啊啊""呵呵"等语气词，"#"以及表情等，因此使用 Python 中的正则表达式，匹配数据中的噪声词，实现数据去噪。

表 13-10　事件选取

单位：条

序号	医疗领域网络舆情事件	数量
1	"八毛门"事件	543
2	"缝肛门"事件	378
3	"徐宝宝"事件	82
4	"纱布门"事件	657
5	"长生生物疫苗造假"事件	2101
6	"魏则西"事件	1120
7	"温岭"事件	910
8	"湘潭产妇死亡"事件	470
9	"浙江艾滋病感染"事件	523
10	"榆林产妇跳楼"事件	225

在进行因果句识别时，基础是一个短句，将从微博中爬取的数据采用每一个用户的言论作为一个文本的方式进行存储。使用 Python 编写程序，匹配数据中的标点符号实现分句。具体采用的标点符号包括"。""？""！""："""…"。

在进行事件提取时，基于每一个词以及词性来识别该词是否可以表示事件，因此需要对数据进行分词以及词性标注与处理等工作。Jieba 分词是目前使用较频繁的 Python 中文分词组件，可以简单地实现分词以及词性标注工作，所以选取 Jieba 分词来完成此项预处理工作。

13.3.5.2　基于事理图谱的医疗领域网络舆情演化分析

首先利用事件 1~9 来构建网络舆情事理图谱，并基于事理图谱对医疗领域网络舆情的演化路径进行讨论，剖析医疗领域网络舆情演化路径的特点。

（1）网络舆情事理图谱构建

对事件 1~9 对应的数据进行分句预处理后，共得到句子 13956 个，根据 5 个句法模板对分句进行因果句判定，从 13956 个句子中共计识别因果句 2808 个。因果句判定结果示例如表 13-11 所示。

表 13-11　因果句判断示例

序号	语料	判断结果
650	医方与患者家属信息沟通不够充分有效,引起家属不满和质疑	模式2因果句
800	此前一周,湘潭孕妇生产死亡事件同样引发医患冲突	模式2因果句
4923	因为"魏则西"事件而放弃医疗商业推广或裁撤医疗事业部,是一种不负责任的懒政行为	模式4因果句

　　根据事件的表示方法,从因果句中抽取因果事件对,每一个事件对都可以形成一条边。事件提取的部分结果如表 13-12 所示,共计提取事件对 1614 对、事件数 2973 个。其中删除了只有一个字的事件,如"帮""想",这些事件多数不能清楚地表达一个事件。

表 13-12　事件提取示例

序号	原因事件	结果事件
650	医方,患者,家属,信息,沟通,不,够	家属,不满,质疑
800	孕妇,生产,死亡,事件	医患,冲突
4923	事件	放弃,医疗,商业,推广
11554	羊水栓塞	死亡

　　事件对表示某一个事件导致的直接结果,因果关系具有传递性,可以将原因事件和结果事件相同的两个事件对链接、交叉,就会形成网络结构,也就是本章所提的事理图谱。如两个事件对"魏则西事件"→"关注"、"关注"→"舆论发酵",其中事件"关注"是第一个事件对的结果事件,同时又是第二个事件对的原因事件,经过传递性,即可形成因果链"魏则西事件"→"关注"→"舆论发酵"。选用 Gephi 实现图谱可视化,将事件对以 csv 表格的形式导入 Gephi 软件后,可以自动实现这种因果关系的传递性,呈现医疗领域网络舆情事理图谱。

　　使用上述数据构建的网络舆情事理图谱节点共计 1614 个,边共计 2973 条。篇幅限制,只显示部分事理图谱(见图 13-9)来解释说明舆情演化路径的特点。在事理图谱示意图中,节点的标签代表发生的事件,边上的数字表示事件发生的权重。其中事件的原标签较长,有的甚至包括

10 个词，为了更好地展示事件，对这些事件的标签做了缩减，如事件 "医生开除" 的原标签为 "不负责任值班医生医院开除剥夺一致资格"。

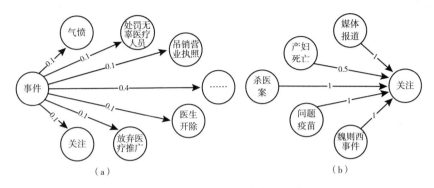

图 13-9　医疗网络舆情事理图谱

（2）医疗领域网络舆情演化

第一，网络舆情演化路径分析。

以图 13-9（a）为例，对医疗网络舆情事理图谱演化路径做简要分析，并给出相关治理建议。其中，图 13-9（a）是典型的辐射式演化路径，一个突发的 "事件"（如魏则西事件）所引起的网络舆情走向并不唯一。魏则西事件是患者在患病后，因多家医院治疗无果后，其父母通过百度搜索得知，治疗相关疾病效果最佳的是 "武警北京总队第二医院"，在经过先后四次治疗后，魏则西还是不幸离世。该事件呈现了多元的演化方向，即："事件" → "关注"、"事件" → "气愤"、"事件" → "放弃医疗推广"、"事件" → "医生开除"、"事件" → "吊销营业执照"、"事件" → "处罚无辜医疗人员"。

该事件一经曝出，引发了较高的关注度。因此由 "事件" 到 "关注" 之间产生一条边，表示两个事件间的因果关系；事件发生的第一时间，多数网民对事件并不清楚，因为魏则西的大学生身份以及其家庭为主要曝光人，更多的网民为其逝去表示同情，为医院的 "不负责任" 表示愤怒；事件的发生涉及百度的医疗广告推广业务，多数人将事件的矛头指向百度医疗推广的不专业，百度在受到事件的影响后，为减少负面影响，首先选择了撤掉医疗商业推广。医院是事件发生的关键当事人之一，事件发生后，更多的人谴责武警北京总队第二医院以及其背后的莆田系民营医疗机构，指出其虚假宣传、利用先进技术制造噱头等，事件发生第一时间选择找无辜的医护人员做替罪羊，想借此安抚民愤。相关组织对此进行调查，吊销涉事医院营业执照，对不负责任的相关医生予以开除，剥夺其医师资格。

第二，网络舆情关键节点识别。

网络舆情事理图谱展示了在特定事件间的演化关系，对事理图谱的演化路径分析能够总结出网络舆情演化的特点，有助于帮助政府以及舆情工作者针对关键点，管控、引导网络舆情。从图 13-9 的演化路径中能够发现两类关键节点。

首先，"事件"出度为 6，表示网络舆情的演化会呈现多方向辐射性。"事件"的后续事件有 6 个，表示"事件"的演化方向有 6 个，每条边上的权重的大小表示每个演化方向发生的概率。因此，该节点是较易引起其他舆情发生的重要节点。其次，事件"关注"的入度为 5，表示在网络舆情的汇聚式演化中，较多事件的发生都可能导致该事件的发生。这两类节点为舆情演化中的重要节点，针对第一类关键节点采取管理措施，能够帮助有效地延缓网络舆情的蔓延；针对第二类关键节点加以控制，能够预防此类节点的出现，避免大规模舆情带来的损失。

13.3.5.3　事件预测

首先，从医疗领域网络舆情 1~9 中提取的事件中选择 100 个事件进行标注，分别使用原始 K-means 方法、基于 word2vec 向量的方法以及基于事件相似度方法改进聚类方法进行聚类，比较聚类算法的准确性。其次，在建立医疗网络舆情事理图谱的基础上，使用性能最优的聚类改进算法泛化事件，构建医疗领域网络舆情抽象事理图谱。最后，使用医疗领域网络舆情 10——"榆林产妇跳楼"事件的相关数据进行预测准确率的评估。

（1）抽象事理图谱构建

根据聚类算法评估结果，选取基于 word2vec 方法改进的聚类算法泛化事件。首先确定聚类的 k 值大小，取 k 值分别为 2，3，…，10 进行实验。对应求出每一个 k 值聚类后的距离平方和，每一个类簇中的样本点到类簇质心的距离越小，聚类结果越好。距离平方和的计算极端公式可以用公式（13-15）表示。

$$J = \sum_{i=1}^{k} \sum_{x_j \in u_i} (x_j - u_i)^2 \qquad (13-15)$$

其中, J 表示样本点到其所在簇的质心的距离平方和, x_j 表示第 j 个样本, u_i 表示第 i 个类簇的质心。

以前面提取的 2973 个事件为聚类元素，使用 word2vec 训练好的词向量取平均值的方法表示事件。以向量表示的事件为聚类样本点进行实验，实验结果如图 13-10 所示。当 $k=10$ 时，距离的平方和最小，即事件泛化的效果最好。但是当 k 取 10 进行聚类时，聚类的结果中有三个类簇只有一个节点。图 13-10 中在 $k=7$ 时，聚类的平方和最接近于 $k=10$ 的聚类平方和，因此最终选取的初始聚类数 $k=7$。聚类结果显示，在取 $k=7$ 时不会出现一个类簇只有一个事件的情况，如表 13-13 所示。

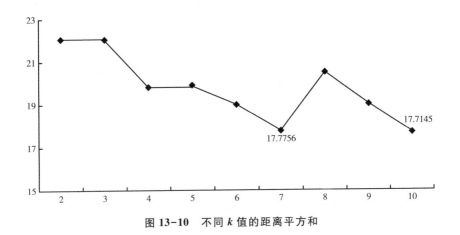

图 13-10　不同 k 值的距离平方和

表 13-13　$k=7$ 和 $k=10$ 时对应的类簇的事件数

k=7		k=10	
类簇标签	类簇样本数（份）	类簇标签	类簇样本数（份）
0	368	0	548
1	329	1	1
2	558	2	2
3	434	3	317
4	227	4	376
5	554	5	1

续表

k = 7		k = 10	
类簇标签	类簇样本数（份）	类簇标签	类簇样本数（份）
6	503	6	382
		7	369
		8	567
		9	410

使用改进的算法进行事件泛化，每个类簇的标签通过分词和词频统计的方式获得，最终获得的七类事件的标签为：医患纠纷，疫苗问题，缝肛门、八毛门，社会责任，媒体报道、关注，患者死亡，医院医生。使用词频方法获得聚类标签，得到媒体报道抽象类中事件经过分词得到的词频结果TOP5，如表13-14所示，其中，"媒体""报道"出现的频次较高，因此使用"媒体报道"来表示该类簇所表达的事件。

表13-14　抽象事件标签形成示意

单位：次

关键词	词频	关键词	词频
媒体	66	关注	42
报道	65	记者	33
事件	56		

经过事件泛化后，医疗网络舆情抽象事理图谱中只有7个节点，事件之间的关系是由事理图谱中特定事件之间的关系得来的，如图13-11所示。

（2）事件预测结果及分析

使用"榆林产妇跳楼"事件来评估提出的预测方法的可行性与准确率。首先，识别"榆林产妇跳楼"语料中的因果句，提取方法获得事件对。针对图谱中得到的每个事件对，在构建的医疗网络舆情抽象事理图谱中，找到与其相似度最高的节点事件。因为抽象事理图谱是由事理图谱经过泛化得来的，找到最相似节点在抽象事理图谱中的泛化事件节点，即可

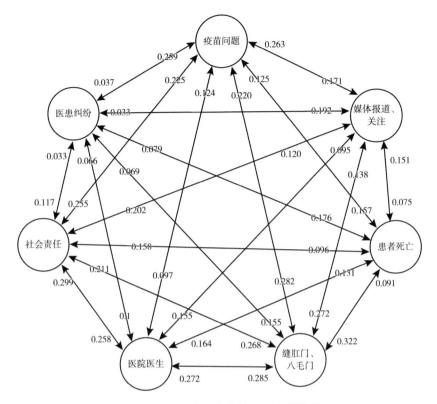

图 13-11　医疗网络舆情抽象事理图谱

得到"榆林产妇跳楼"事件对应的泛化节点，从而将"榆林产妇跳楼"事件与抽象事理图谱中的事件相对应，以判断提出方法的预测准确度。

在构建的医疗网络舆情抽象事理图谱中，每一个节点都存在几个后续节点，每个后续节点出发的多条边上都有权重，根据权重对事件对的发生可能性进行排序。在构建的抽象事理图谱中，权重差异较小，因此，选择保留一位小数后对事件对的发生顺序进行排序。在实验中出现的排序为 1、2、3、4。

举例说明，在"榆林产妇跳楼"事件中，事件对 <…，跳楼，身亡>→<公众，讨论，思考> 经过相似度计算，其在抽象事理图谱中对应的事件对为 <患者死亡>→<媒体报道、关注>。该事件对在 <患者死亡> 事件的后续事件中排序第 2，根据公式（13-13）得分为 0.8。"榆林产妇跳楼"事件发生的部分事件以及其预测衍生事件评估如表 13-15 所示。

表 13-15　舆情事件预测评估示例

抽象原因事件	抽象结果事件	预测排序	预测得分
患者死亡	社会、责任	2	0.5
疫苗问题	社会、责任	1	1
社会、责任	患者死亡	3	0.5
患者死亡	医院医生	2	0.75
社会、责任	医院医生	1	1
社会、责任	媒体报道、关注	3	0.5
医院医生	社会、责任	1	1
医院医生	患者死亡	2	0.75
媒体报道、关注	患者死亡	3	0.5

在进行相似度计算时，仅选择相似度在 0.5 以上的事件进行评估。通过删除在"榆林产妇跳楼"事件语料中提取的只有一个字的事件，同时将泛化后因果事件一致的事件去掉，最终参与预测的事件对有 143 个，即实验中 N 为 143。对 143 个事件对采取上述评估方法进行评估，求得平均得分为 72%，即基于事理图谱的网络舆情预测方法精确度为 72%。

舆情事件预测对提前采取措施、减少舆情带来的危害有很大帮助。如"榆林产妇跳楼"事件，泛化后对应事件为"医患纠纷"，后续事件发生概率较大的是事件"疫苗问题""媒体报道、关注"。疫苗问题涉及广大人民的健康问题，与政府的监管能力也息息相关，一旦这些事件再次爆发，引起更多舆论的概率也会急速增加。因此，"榆林产妇跳楼"事件发生后，无论医院还是政府等都应及时行动，采取合理的措施将这些危害降到最低。

13.4　网络舆情事件分级和预测服务

在网络舆情监管形势日益严峻的大环境下，以新浪微指数、百度指数、头条指数为指标，所构建的网络舆情预测与分级管理体系，能够通过社交媒体数据的应用，解决舆情趋势预测和事件分级构建成本高、数据采集困难且数据实时性差的难题，并针对网络舆情不确定性更大、传播速度更快、反应时间更短所带来的问题，运用灰色系统理论，将具有良好预测性的 EGM（1，1）模型及具有良好分类准确性的灰色关联分析法相结合，实现对舆情趋势预测与分级管理两大步骤的综合运用，进而实现对网络舆情事件的科学分级管理决策。

网络舆情事件的预测是舆情管理中实现事前决策的关键。基于社交媒体中的用户内容数据，即在线评论，能够构建网络舆情事理图谱和抽象事理图谱，掌握舆情事件的演化路径，洞察舆情事件的因果关系，从而实现舆情事件的准确事前预测。网络舆情事理图谱、网络舆情抽象事理图谱的构建是网络舆情事件预测的基础。网络舆情事理图谱构建方面，首先，获取语料并对语料进行预处理。其次，综合中文文本中因果句的句法模式，得到可以识别因果句的句法模板，并根据已有模板生成可以识别因果句的规则模板，使用已有数据判断各规则模板的覆盖率，形成各规则的匹配顺序。再次，经过规则模板判定的因果句分为原因和结果两个部分，根据分词结果，从中提取名词和动词作组合表示事件，根据权重计算公式，计算各事件对在语料中出现的频率，计算边的权重。最后，使用 Gephi 工具，根据因果关系的传递性形成可视化的网络舆情事理图谱。网络舆情抽象事理图谱构建方面，通过改进 K-means 聚类算法、改进向量表示等方法，提出改进 K-means 聚类泛化事件，实现事理图谱到抽象事理图谱的转换，从而获得更好的事件泛化结果。

与回归、微分方程、层次分析等统计学方法，以及神经网络、支持向量机以及马尔科夫链等智能机器学习方法不同，基于事理图谱的网络舆情事件预测方法为网络舆情事前预测提供了新的视角。事理图谱是以事件为节点、以事件间因果关系为边的逻辑演化有向图，能够很好地刻画事件之间的因果关系，清晰地展示网络舆情的演化路径和特点，从而采取适当的措施引导网络舆情的传播，为网络舆情治理提供决策支持。

为了实现社交媒体数据驱动的网络舆情事件分级和预测，首先，应该建立起舆情监测和采集系统，当发生舆情事件时，及时采集新浪微博的微指数、百度搜索的百度指数、今日头条的头条指数。其次，利用舆情事件发生初期较少的可利用社交媒体数据，构建网络舆情预测与分级管理体系，实现社交媒体数据驱动的舆情事件分级决策的智能化，帮助政府相关部门及时采取应对方案。最后，政府部门应该构建包括社交媒体基础数据库、语料数据库、抽象因果事理图谱知识库、应对策略建议知识库、事件相似度计算方法库在内的网络舆情事件决策支持库，在舆情监测的基础上，及时通过社交媒体数据驱动的事理图谱构建，实现舆情事件的预测，进而作出相应的舆情引导和治理策略。

第 14 章
社交媒体数据驱动的政策公众感知决策支持

政策的公众感知对提高政策制定质量和政策执行效率具有重要作用。以在线评论为代表的社交媒体用户内容数据，能够及时反映政策颁布后利益相关者行为及市场变化，本书以政策颁布后形成的在线评论为数据源，基于哈工大语言技术平台，识别和抽取评论中的因果、顺承事件对，采用Gephi工具构建政策影响事理图谱，分析政策对利益相关者和市场产生的影响。社交媒体数据驱动的政策公众感知事理图谱能够充分刻画公众对政策的感知和评价，了解公众对政策实施的需求，从而有效提高政府治理水平。

14.1 政策公众感知

公众感知本原理论认为，公众感知的本原由认知、情感和行为构成，是指公众对公共事务或政策的认知信息进一步情绪化处理以及向后续行为意向转化的过程。国外学者将公众感知理解为公众对具体事件、问题、技术以及政策的了解程度、态度和观点。

政策公众感知的研究内容主要集中在政策对某利益相关者和相关市场的影响两个方面。政策对利益相关者的影响研究上，部分学者从公共政策角度探究政策带来的影响，如养老保障政策对养老生活的影响程度（李素利，2017），通过网络舆情公众政策支持度分析延迟退休政策带来的影响（王亚民，2019），产业政策对企业的经济效益的影响（Aghion，2015；何熙琼，2016），财务激励政策、信息提供政策和便利政策等措施对消费者购买新能源电动汽车意愿的影响（Wang，2017），以及货币政策（尹美群，2015）、结构性减税政策（王玺，2016）、公允价值（林萍，2015）等对利益相关者的影响。政策对相关市场的影响研究方面，大多数学者从经济政策的角度展开研究，如货币政策对不同地区的房地产市场（常飞，2013）和股票价格（Chung，2013；金春雨，2016）的影响，税收政策对铜矿业的影响（Kulczycka，2017），产业政策对当代和现代劳动力市场的影响（Freedman，2017），也有研究从公共政策出发，探讨限购令、补贴、REDD 政策等给相关市场带来的影响（Wang，2017）。

14.2 社交媒体数据驱动的政策公众感知事理图谱构建

政策公众感知研究方法往往采用数学模型的定量方法，如回归分析方法、CGE 模型、VAR 模型的演化模型、博弈论模型等，通过量化政策对利益相关者或市场产生影响，进而获取公众对政策的感知程度，这些模型的选取决定了在数据获取方面，面板数据、年报或数据库、调查问卷等数据是分析公众感知的主要数据来源。随着社交媒体的发展，用户在社交媒体上发表的内容数据能够反映其对政策的感知和需求，能够有效克服调查问卷和统计数据的时效性及数据量不足的缺点，从而完整地解释政策对多个利益相关者和市场变化带来的影响。利用事理图谱能够清晰地刻画政策和利益相关者行为以及市场变化的因果关系和顺承关系，进而深入地分析和解释政策带来的影响。

社交媒体数据驱动的政策公众感知事理图谱构建流程如图 14-1 所示。首先，采集社交媒体的用户内容数据，对其进行预处理；其次，对政策颁布后发生的事件以及事件之间的因果关系和顺承关系进行识别，完成事件对的抽取；最后，构建政策公众感知事理图谱，并通过事件泛化的方法，完成政策公众感知抽象事理图谱的构建。

14.2.1 社交媒体数据采集与预处理

为了实现社交媒体数据驱动的政策公众感知决策支持，选取与所选政策相关的网络论坛作为数据源。根据所选政策的百度指数的波动趋势，确

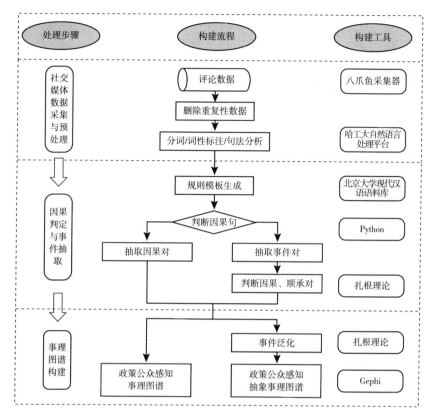

图 14-1　政策公众感知事理图谱构建流程

定研究的时间段。使用八爪鱼采集器采集网站相关数据，对采集到的政策评论数据按时间整理，删除重复数据和噪声数据。运用哈工大提供的语言技术平台（Language Technology Platform，LTP），对数据进行分句、分词及词性标注等预处理。

14.2.2　事件抽取

实现事件抽取的前提是要识别句子中的关系，这里选取基于规则匹配的方法识别句中的因果关系。在汉语文本中，因果句包括明确因果句和模糊因果句两种形式。明确因果句具有标识词，可以据此采用规则模板的方式抽取因果关系对。模糊因果句虽然有明确的提示词可以区分，但是因果成分模糊，不易提取，因此基于扎根理论的方法抽取事件对。

类似地，对于一般句子中的顺承事件对的抽取，也采用扎根理论的方法进行。

14.2.2.1　规则模板的生成

规则模板是在句法模式的基础上生成的，是用来判断数据是否为因果句的判定规则，格式为<Pattern，Priority>。其中，Pattern 是根据汉语语法的特点以及因果句中含有的提示词等规定的判断因果句的正则表达式。Priority 表示句子优先匹配的句法规则等级，其基于"北京大学现代汉语语料库"（CCL）设计，通过对语料库中因果句按照规则模板进行统计，以频数高低判断优先序。

利用 Qiu 等（2008）总结的明确因果句和模糊因果句的句法特点，编写句法模板，例如明确因果句中，模式 1 明确因果句句法模式<Cue_{c1}>［Cause］，［Effect］，其中 $Cue_{c1} \in$［因（为），由于，既（然），如果，只要］。这类句法模式的句子如："<由于>［感冒了］$_{Cause}$，［可可今天没去上学。］$_{Effect}$"；模糊因果句与明确因果句不同的地方仅限于因果提示词不同。根据句法模式，进一步设计出适合政策公众感知评论的 9 个规则模板。用 A 表示一个词集合，用 *Sen* 表示一个句子，那么一个句子可以表示为 $Sen = \{a_1, a_2, \cdots, a_n\}$，$a_i$ 是集合 A 中的词，$i = 1, 2, 3, \cdots, n$，句子经过词性标注之后表示为 $Sen1 = \{a_1/t_1, a_2/t_1, \cdots, a_n/t_n\}$，$t_i$ 表示 a_i 的词性。

14.2.2.2　事件对抽取

根据规则模板可将句子分为三类：明确因果句、模糊因果句、一般句子。为了能够明确表示事件，抽取的事件对用一个名词、一个动词或者动名词词组来表示。

（1）抽取明确因果句事件

明确因果句主要是通过规则匹配的方式，区分句子的原因部分和结果部分。例如，句子"你之所以成功，主要缘于你的努力"，原因部分为［你的努力］，结果部分为［成功］。接下来对明确因果句进行依存句法分析，结合句法依存关系加以判断原因和结果部分是否存在主谓（SBV）、动宾（VOB）或介宾（POB）关系。例如，上面的句子提取到的因果关系对为：［你努力，你成功］。在这个句子中，将"你努力"和"你成功"看作两个事件，分别是原因事件和结果事件。在事理图谱中，表现为"你努力"是一个源节点，"你成功"是一个目标节点，两个事件之间就存在一条因果边。

（2）提取模糊因果句事件

由于模糊因果句无法采用规则模板匹配的方法提取事件，经过对模糊因果关系的分析，认为引入扎根理论的方法抽取模糊因果句的事件更合适。

扎根理论由社会学家 Glaser 和 Strauss 于 1967 年提出。扎根理论中对资料分析和归类的过程称为编码，其将收集的资料不断打碎、整理和重组，从而挖掘概念、提炼范畴，包括开放式编码、主轴式编码和选择式编码。

开放式编码主要是对收集到的数据概念化，用一定的概念和范畴来反映收集到的资料中心内容，然后把抽象出来的概念"打散"，重新进行整合、聚类的过程。这里将原数据中体现事件发生的句子用一个范畴表示出来，如表 14-1 所示。

表 14-1　扎根理论抽取事件示例

原数据	概念化	范畴
中介刚发消息给我说周末不能看房了	中介调整	
链家又要针对新政出一堆举措	链家新措施	中介调整
黄绿中调价好像是一起调价	中介调价	
昨天中介没缓过神，今天全面反击了	中介反击	

（3）抽取顺承事件对

对于一般的句子，同样采用扎根理论方法提取其中的事件对，过程与上面相同。同时，对于使用规则模板抽取明确因果句中，结果不理想因果句也采用扎根理论方法抽取事件对。这样抽取的事件对既有因果事件对，也有顺承事件对。

主轴式编码的主要任务是发现独立范畴之间的潜在联结关系。利用主轴式编码，判断抽取出的事件对是因果关系还是顺承关系，进而确定边的类型。

14.2.3　事理图谱构建

在事件抽取完成之后，可以利用 Gephi 工具，以事件为节点，以事件之间的关系为边，构建政策公众感知事理图谱和政策公众感知抽象事理图谱。

（1）政策公众感知事理图谱构建

通过构建政策公众感知事理图谱，能够较好地保证数据的完备性。以经过开放式编码所得到的范畴事件为节点，以因果关系或顺承关系为节点之间的边。需要指出的是，在政策公众感知事理图谱的某一链条中有因果关系和顺承关系交叉的情况。在政策公众感知事理图谱中，节点颜色的深浅代表节点的度的大小，可以表示为事件的重要性程度。节点的标签表示该节点代表的事件。

（2）政策公众感知抽象事理图谱构建

经主轴式编码生成的因果链和顺承链只关注特定事件之间的关系，但是却不能发现事件之间的一般的因果顺承关系。为了更好地体现政策的影响，对事件进行泛化处理，使事件更具代表性。

选择式编码是寻找核心范畴，建立核心范畴与主范畴和其他范畴之间的联系，以故事线的形式将其呈现出来。在这一阶段，通过对比各因果链、顺承链之间的合理性，将能够相容的事件泛化为一个高层次的事件，最终形成代表性较高的事件关系链。如图 14-2 中，关系链 "A→B1→C1" 和 "A→B2→C2" 经过主轴式编码，事件 B1 和事件 B2 可以用同一

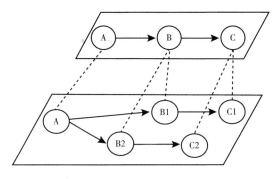

图 14-2　事件泛化

主范畴 B 表示，同理，事件 C1 和 C2 可以用同一主范畴 C 来表示，最终泛化得到的关系链为 "A→B→C"。

对事件进行泛化处理，并计算泛化后事件之间的边的权重。在政策公众感知抽象事理图谱中，将因果关系和顺承关系区别开来分别构建因果事理图谱和顺承事理图谱。其中，节点代表泛化事件，边代表因果关系或者顺承关系，边的粗细代表权重的大小。

14.3　政策公众感知分析及决策支持

新政策颁布时，会很快引发大量的在线评论。这些在线评论包括理解的、不理解的、赞成的、反对的等多种情感倾向，均以文字、表情等多种发布形式。这些繁杂的表达中蕴含着丰富的能够体现各利益相关者行为和市场变化的信息。政策与利益相关者行为、市场变化等普遍存在顺承关系和因果关系，经过关系的传递作用进而形成因果链和顺承链，借助事理图谱可以将这种链状结构表示出来。通过分析这种链状的结构便能分析政策产生的影响。

14.3.1　基于政策公众感知事理图谱分析

政策公众感知事理图谱表达了政策与利益相关者行为以及市场变化之间的因果关系、顺承关系。以政策为原因事件，所有从该节点出发的无标签边（因果关系）所指向的目标节点均为该政策的直接结果事件，因果关系依次传递形成多个因果链，如图 14-3（a）所示。类似地，顺承链如图 14-3（b）所示，其中边上的标签 f（follow）表示顺承关系。同一个事件可能同时出现在两种关系链中，可能是作为因果事件和顺承事件交替同时存在，如图 14-3（c）所示。由这种交叉的链条相互链接，形成网络关系，最终形成事理图谱。

14.3.2　基于政策公众感知抽象事理图谱分析

政策公众感知抽象事理图谱是具体事件经过泛化得来的，边在政策公众感知事理图谱中表示政策、利益相关者具体行为和市场具体变化之

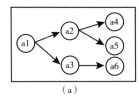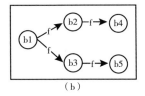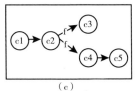

（a）　　　　　　　（b）　　　　　　　（c）

图 14-3　因果链、顺承链

间的因果顺承关系，在抽象事理图谱中则表示政策与某类利益相关者和市场之间的关系。如图 14-4 所示，节点 B21、B22、B23 可以抽象为事件 B2，其中由节点 A 到 B21 是顺承关系，由节点 A 到 B22、B23 为因果关系，所以在因果图谱中，A→B2 边的权重为 2，顺承图谱中权重为 1。根据权重的大小，能够清楚地研究政策对利益相关者行为和市场变化的影响力大小。

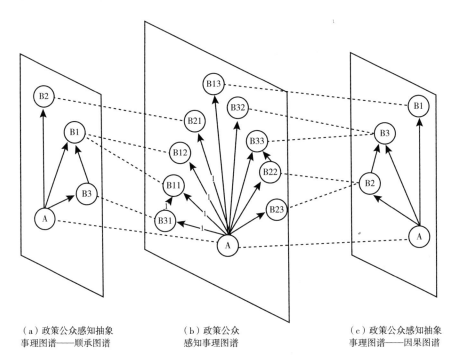

（a）政策公众感知抽象　　　　　（b）政策公众　　　　　（c）政策公众感知抽象
事理图谱——顺承图谱　　　　　感知事理图谱　　　　　事理图谱——因果图谱

图 14-4　政策公众感知抽象事理图谱形成

14.4　"317新政"公众感知决策

14.4.1　数据采集

"317 新政"是北京市建委、北京市政府为稳定房价，于 2017 年 3 月 17 日出台的房地产调控政策。本书以"317 新政"为例，分析公众对"317 新政"的感知，为政府分析政策实施效果、了解公众对政策的需求提供决策支持。

通过在百度指数中搜索"317 新政"，能够发现该词的指数从 2017 年 3 月 17 日开始到 2017 年 3 月 31 日波动较强。4 月以后没有较大的波动，如图 14-5 所示。因此，选取 2017 年 3 月 17~30 日为研究时间段，采集到"水木社区"的评论数据共 6823 条，这些数据具有体量大、主题多、关联性强等特征，能够反映公众对"317 新政"发布的观点。

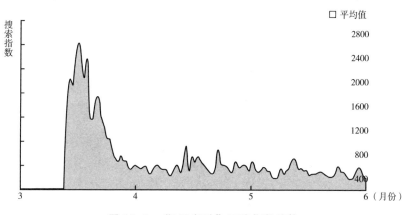

图 14-5　"317 新政"百度指数趋势

14.4.2　"317新政"公众感知事理图谱构建

经过因果句判断，得到的明确因果句和模糊因果句共计 213 句。最后经过提取得到的因果事件对有 101 对，顺承事件对有 27 对。构建的政策公众感知事理图谱如图 14-6 所示。其中未经泛化的节点数为 133 个、边 128 条。

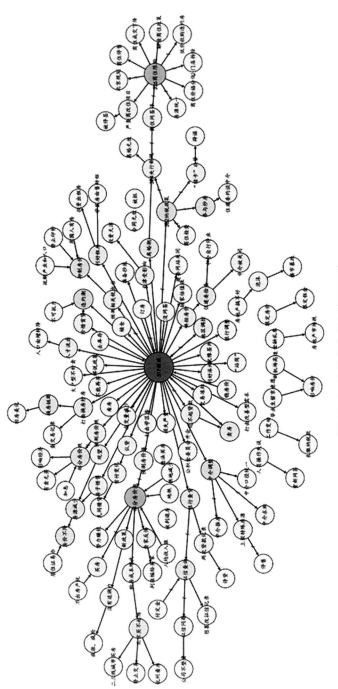

图 14-6　政策公众感知事理图谱

房地产政策颁布后，通过在线评论的分析，受到政策影响的利益相关者包括政府、银行、中介和公众，因此，这些利益相关者的行为和房地产市场是泛化的主要依据。

经过事件泛化，最终得到 16 个节点，形成政策公众感知抽象事理图谱（见图 14-7）。同时，由于论坛中讨论的话题并不全部集中于房地产政策，因此有 11 个关系对无法被列入上述分类。

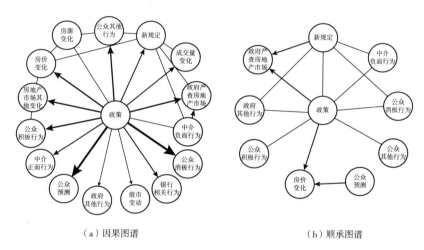

（a）因果图谱　　　　　　　　　　　　　　（b）顺承图谱

图 14-7　政策公众感知抽象事理图谱

14.4.3　社交媒体数据驱动的"317 新政"公众感知分析

14.4.3.1　"317 新政"公众感知事理图谱分析

图 14-6 主要包括 51 条因果链、41 条因果顺承交叉链，没有单独的顺承链。这里以公众关注较多的几个因果链和顺承链为例进行分析。

因果链 1：317 新政→哄抬房价→住建委检查→中介被关闭/中介自行停业。

因果链 2：317 新政→离婚潮→央行新规→离婚无效。

因果链/顺承链 3：317 新政→成交量减少/观望/房子惜售→房源减少。

"317 新政"颁布后，立即引起了巨大的关注。部分中介部门以新政为噱头，借助在线舆论来哄抬房价，扰乱房地产市场。针对于此，政府相关部门对中介进行了排查，11 家中介被先后关闭。与此同时，为了破除限购带来的限制，一些人钻新政的空子，选择假离婚，形成了离婚潮。面对这种现象，中国人民银行对离婚一年以内的贷款人贷款作出了限制，对控制假离婚产生了较大的作用。新政颁布后的几天内，公众对新政认识不充分，不明确是否利好，导致市场出现了诸多观望的现象，甚至出现违约的行为，市场房源迅速减少，成交量同时下降。

14.4.3.2 "317 新政"公众感知抽象事理图谱分析

（1）因果图谱

在图 14-7（a）中，政策到公众积极行为、公众消极行为、公众预测、公众其他行为、房地产市场其他变化这五条边的权重均 ≥ 6。当房地产调控政策出台时，受到影响最大的是公众，大部分人会受到新政的影响处于一种消极的状态，犹豫或者是采取假离婚的手段骗房。也有一部分人会看好调整之后的房地产市场，积极进行交易。此外，还有人预测政策对房地产市场影响、预测相关税法的出台。

房地产市场受到政策影响次之。政策到房价变化、政府严查房地产市场、银行相关行为的边的权重 ≥ 4。房地产政策的颁布主要是为了稳定房地产市场，房价必定会受到较大的影响。一般在政策颁布之后，针对具体的实施情况后续会出台一些新的规定来保证政策有效实施。政策颁布后在短时间内可能会引起房地产市场的不稳定现象发生，如中介炒房、哄抬房价等，政府部门为了保证房地产市场稳定进行了一次排查，对违规违法部门给予一定的惩罚。银行部门也受到新政的影响，查贷、查征信的人数增多。银行部门也颁布相关的规定等，积极配合政府部门的行动。

此外，政策到新规定、股市变动、成交量变化、政府其他行为等多个事件的权重 ≤ 3，可见这些事件相对来说重要性较弱。

（2）顺承图谱

在顺承图谱中，节点数量较因果图谱少，这是因为因果关系是以顺承关系为基础的，在政策公众感知中，多数事件之间都以因果关系的形式存在。在图 14-7（b）中，权重较大的边是政策到房价变化、政府严查房地产市场，同时这几条边在因果图谱中的权重也比较高，这表明这些事件是公众对"317 新政"感知较强的事件。

14.5　社交媒体数据驱动的政策感知决策服务

社交媒体数据驱动的政策感知决策方法是对以往公众感知分析方法的创新，利用社交媒体大数据的优势，构建政策公众感知事理图谱，将公众对政策的感知可视化。

以政策颁布后形成的社交媒体用户内容数据为数据源，抽取用户内容数据所反映的因果事件对和顺承事件对，构建政策公众感知事理图谱。为了从更高层次分析公众对政策的感知情况，进一步采用扎根理论对事件进行泛化，构建政策公众感知抽象事理图谱，研究公众对政策的关注点和需求点。社交媒体数据的使用有效地克服了调查问卷和统计数据的时效性及数据量不足的缺点。事理图谱方法则为政策公众感知研究提供了新的视角，通过因果关系和顺承关系深入、直观地刻画了公众对政策的反应和需求。

政策颁布之后，了解公众对政策的反应和需求，有利于政府掌握政策实施效果，以及公众对政策的需求，进而进行政策的完善。为了实现社交媒体数据驱动的政策感知决策支持，政府部门在政策颁布后，及时关注政策影响群体集中的社交媒体平台，采集用户评论等内容数据，构建事理图谱，从而第一时间掌握公众对政策的感知情况，进行政策的改进，提高公众的满意度。

参考文献

［1］ 安璐、梁艳平，2019，《突发公共卫生事件微博话题与用户行为选择研究》，《数据分析与知识发现》第 4 期。

［2］ 巴志超、李纲、王晓、李显鑫，2017，《微信群内部的会话网络结构及关键节点测度研究》，《图书情报工作》第 20 期。

［3］ 常飞、李秀婷、郭琨、董纪昌，2013，《货币政策对区域房地产住宅市场的差异化影响——基于国内十城市房地产住宅市场的实证研究》，《管理评论》第 10 期。

［4］ 常李艳、华薇娜、刘婧、王雪芬、潘雪莲，2019，《社交网站（SNS）中在线社会支持的研究现状与趋势分析》，《现代情报》第 5 期。

［5］ 车万翔、窦志成、冯岩松等，2023，《大模型时代的自然语言处理：挑战、机遇与发展》，《中国科学：信息科学》第 9 期。

［6］ 陈华钧、张文、黄志文、叶橄强、文博、张伟，2021，《大规模知识图谱预训练模型及电商应用》，《大数据》第 3 期。

［7］ 陈农，2015，《在线评论研究中的主题结构：社会网络分析的视角》，《现代情报》第 1 期。

［8］ 陈旭，2022，《基于知识图谱的网络舆情管理方法探索》，《产业与科技论坛》第 2 期。

［9］ 陈延雪、杨长春、葛天一、朱军，2022，《基于知识推理的医疗应急响应机制研究》，《小型微型计算机系统》第 3 期。

［10］ 陈一帆、胡象明，2019，《大数据驱动型的公共决策过程创新及效果评估——基于 SSCI 和 SCI 的文献研究》，《电子政务》第 8 期。

［11］ 陈悦、刘则渊，2005，《悄然兴起的科学知识图谱》，《科学学研究》

第 2 期。

[12] 陈卓群，2015，《基于共词网络的社交媒体话题演化分析》，《情报科学》第 1 期。

[13] 戴旸、周磊，2014，《国外"群体智慧"研究述评》，《图书情报知识》第 2 期。

[14] 党洪莉、谭海兵，2020，《美国蒙大拿州立大学图书馆知识图谱服务研究与启示》，《新世纪图书馆》第 5 期。

[15] 邓翔，2015，《负面舆情、股价异动与舆情应对措施——以中国 A 股市场食品医药类上市公司为例》，《统计与信息论坛》第 11 期。

[16] 丁晟春、王楠、吴靓婵媛，2018，《基于关键词共现和社区发现的微博热点主题识别研究》，《现代情报》第 3 期。

[17] 董睿、张海涛、苏欣宇，2022，《开放式创新社区用户知识协同创新网络演化分析》，《现代情报》第 10 期。

[18] 杜嘉忠、徐健、刘颖，2014，《网络商品评论的特征—情感词本体构建与情感分析方法研究》，《现代图书情报技术》第 5 期。

[19] 杜亚军、吴越，2015，《微博知识图谱构建方法研究》，《西华大学学报》（自然科学版）第 1 期。

[20] 杜泽宇、杨燕、贺樑，2017，《基于中文知识图谱的电商领域问答系统》，《计算机应用与软件》第 5 期。

[21] 杜治娟、王硕、王秋月、孟小峰，2017，《社会媒体大数据分析研究综述》，《计算机科学与探索》第 1 期。

[22] 段尧清、易雨洁、姚兰，2023，《政策视角下数字乡村建设的有效性分析》，《图书情报工作》第 6 期。

[23] 段忠贤、沈昊天、吴艳秋，2018，《大数据驱动型政府决策：要素、特征与模式》，《电子政务》第 2 期。

[24] 甘丽新、万常选、刘德喜、钟青、江腾蛟，2016，《基于句法语义特征的中文实体关系抽取》，《计算机研究与发展》第 2 期。

[25] 高仰、刘渊，2023，《融合社交关系和知识图谱的推荐算法》，《计算机科学与探索》第 1 期。

[26] 顾肃，2021，《大数据与认知、思维和决策方式的变革》，《厦门大

学学报》（哲学社会科学版）第 2 期。

[27] 关筱谨、张骏、刘彦迪，2022，《媒体关注度、投资者情绪与股票市场波动》，《统计与决策》第 24 期。

[28] 郭鸿奇、李国佳，2018，《一种基于词语多原型向量表示的句子相似度计算方法》，《智能计算机与应用》第 2 期。

[29] 郭喜跃、何婷婷、胡小华、陈前军，2014，《基于句法语义特征的中文实体关系抽取》，《中文信息学报》第 6 期。

[30] 何亮：《大规模知识图谱服务的系统与应用研究》，中国科学技术大学，2018。

[31] 何熙琼、尹长萍、毛洪涛，2016，《产业政策对企业投资效率的影响及其作用机制研究——基于银行信贷的中介作用与市场竞争的调节作用》，《南开管理评论》第 5 期。

[32] 何喜军、张佑、孟雪、武玉英，2023，《专利供需知识图谱半自动化构建及应用》，《情报杂志》第 3 期。

[33] 贺雅琪：《多源异构数据融合关键技术研究及其应用》，电子科技大学，2018。

[34] 洪亮、马费成，2022，《面向大数据管理决策的知识关联分析与知识大图构建》，《管理世界》第 1 期。

[35] 胡祖平、何建佳，2018，《基于元胞自动机的网络舆论演化建模及仿真》，《情报理论与实践》第 5 期。

[36] 黄传超、胡斌、闫钰炜、赵旭，2019，《网络暴力下突发事件中观点决策与舆情反转》，《管理工程学报》第 1 期。

[37] 黄微、卢国强、赵旭，2022，《基于知识图谱的微博主题演变路径研究》，《情报理论与实践》第 3 期。

[38] 黄月琴、黄宪成，2021，《"转发"行为的扩散与新媒体赋权——基于微博自闭症议题的社会网络分析》，《新闻记者》第 5 期。

[39] 霍朝光、霍帆帆，2016，《社交舆情传播影响因素研究述评——基于复杂网络视角》，《现代情报》第 7 期。

[40] 霍凤宁、禹婷婷、孙宝文，2015，《网络群体极化的判定、测量与干预策略研究》，《电子政务》第 10 期。

［41］霍明奎、张向先、李爽，2016，《供应链信息生态链信息传递效率影响因素的实证研究》，《情报杂志》第 2 期。

［42］吉亚力、田文静、董颖，2015，《基于关键词共现和社会网络分析法的我国智库热点主题研究》，《情报科学》第 3 期。

［43］贾亚敏、安璐、李纲，2015，《城市突发事件网络信息传播时序变化规律研究》，《情报杂志》第 4 期。

［44］蒋良骏，2021，《大数据背景下用户感知价值对江苏移动电商用户购买决策的影响及管理对策研究》，《商业经济》第 4 期。

［45］蒋易、侯海燕、黄福、胡志刚，2020，《高被引科学家在社交媒体网络中的影响力研究》，《科学与管理》第 3 期。

［46］金春雨、张浩博，2016，《货币政策对股票市场流动性影响时变性的计量检验——基于 TVP-VAR 模型的实证分析》，《管理评论》第 3 期。

［47］金梦蕊、陈玲、段尧清，2023，《政策信息视角下的数字乡村政策与数字政府政策关联度挖掘》，《图书情报工作》第 6 期。

［48］鞠彬、刘志中、王乐乐，2023，《基于文献计量的数字贸易研究知识结构与动态演进》，《管理现代化》第 3 期。

［49］黎才茂、陈少凡、林成蓉、林昊、陈秋红，2022，《基于知识图谱的多粒度社交网络用户画像构建方法》，《吉林大学学报》（工学版）第 12 期。

［50］李大鹏、余宗健、肖朝文、邱江涛，2018，《基于群体行为的社交媒体中水军分析》，《计算机工程与应用》第 5 期。

［51］李华勇，2020，《基于大数据的自媒体网络舆情决策机制研究》，《数字技术与应用》第 9 期。

［52］李蕾、张琳琳、王傲、黄崑，2023，《社交媒体环境下学术型用户生成内容质量评估研究》，《情报理论与实践》第 2 期。

［53］李丽双、党延忠、张婧、王敏，2012，《基于组合核的中文实体关系抽取研究》，《情报学报》第 7 期。

［54］李萌萌：《基于社交媒体的突发事件主题挖掘与知识图谱构建》，武汉大学，2020。

[55] 李仁德、冯倩、李瑜、曹春萍，2024，《网络舆情事件链演化分析》，《上海理工大学学报》第 1 期。

[56] 李书宁，2018，《数据驱动的精准化文史学科服务探索与实践——以北京师范大学文史学科服务为例》，《图书情报工作》第 24 期。

[57] 李素利、白延涛，2017，《养老保障政策价值传导及其影响机制研究——基于湖北省民营企业的证据》，《管理评论》第 3 期。

[58] 李晓松、雷帅、刘天，2020，《我国数据驱动管理决策研究现状分析》，《国防科技》第 6 期。

[59] 李旭、王刊良，2020，《社交媒体用户营销信息分享行为——受评忧虑与系统反馈视角》，《管理科学》第 4 期。

[60] 李旭，2022，《社交化电商用户决策行为研究展望》，《新经济》第 1 期。

[61] 李悦群、毛文吉、王飞跃，2010，《面向领域开源文本的因果知识提取》，《计算机工程与科学》第 5 期。

[62] 林萍、罗叶琼，2015，《公允价值在投资性房地产中的运用研究——以国脉科技为例》，《北京工业大学学报》（社会科学版）第 1 期。

[63] 刘家祝、郭强、吴碧伟、曾明勇，2020，《基于子图相交的社交账号与知识图谱实体对齐》，《计算机技术与发展》第 5 期。

[64] 刘建义，2019，《大数据驱动政府监管方式创新的向度》，《行政论坛》第 5 期。

[65] 卢国强、黄微、孙悦、刘毅洲，2023，《基于舆情客体与本体剥离的重大突发事件网络舆情本体演化强度研究》，《图书情报工作》第 5 期。

[66] 卢国强、黄微、杨佩霖、孙悦，2022，《基于主题互感耦合的微博主题影响力研究》，《现代情报》第 8 期。

[67] 卢国强、黄微、杨佩霖，2023，《基于风险耦合的突发事件网络舆情群体极化演化分析》，《现代情报》第 3 期。

[68] 卢章平、王晗啸、李凤春、刘桂锋、张艳婷，2016，《社会网络分析在社交媒体上的应用研究》，《情报科学》第 12 期。

[69] 陆倩平、王红斌，2022，《基于知识图谱融入注意力机制商品推荐

的可解释性方法》,《计算机科学与应用》第 6 期。

[70] 罗洪云、林向义、邵强、崔明欣,2019,《大数据环境下我国网络
舆情研究知识图谱分析》,《情报探索》第 7 期。

[71] 吕爽、王世军,2020,《创新与企业间信任的知识图谱分析》,《产
业创新研究》第 16 期。

[72] 马铭、王超、许海云、龚兵营、周勇,2022,《面向语义信息分析
的多层次技术演化轨迹识别方法研究》,《图书情报工作》第 4 期。

[73] 马哲坤、涂艳,2019,《基于知识图谱的网络舆情突发话题内容监
测研究》,《情报科学》第 2 期。

[74] 牟冬梅、杨鑫禹、李茵、邵琦、王颖、彭浩、王萍,2022,《面向
医院管理的数据驱动决策过程模型研究》,《情报科学》第 4 期。

[75] 彭立发:《网络社区事件知识图谱构建》,华中科技大学,2019。

[76] 钱玲飞、崔晓蕾,2022,《基于数据增强的领域知识图谱构建方法
研究》,《现代情报》第 3 期。

[77] 邱国栋、王易,2018,《"数据-智慧"决策模型:基于大数据的理
论构建研究》,《中国软科学》第 12 期。

[78] 单晓红、郝秀艳、刘晓燕,2022,《融合技术社会影响力的关键共
性技术识别研究》,《情报理论与实践》第 11 期。

[79] 单晓红、庞世红、刘晓燕、杨娟,2020b,《基于事理图谱的网络舆
情事件预测方法研究》,《情报理论与实践》第 10 期。

[80] 单晓红、庞世红、刘晓燕、杨娟,2019a,《基于事理图谱的网络舆
情演化路径分析——以医疗舆情为例》,《情报理论与实践》第
9 期。

[81] 单晓红、齐家艺、曹羽、陈华熠,2023,《上市公司网络舆情危机
形成路径研究》,《情报理论与实践》第 9 期。

[82] 单晓红、王春稳、刘晓燕、韩晟熙、杨娟,2021,《开放式创新社
区领先用户识别——知识基础观视角》,《数据分析与知识发现》第
9 期。

[83] 单晓红、王春稳、刘晓燕、杨娟,2020a,《基于知识网络的开放式
创新社区知识发现研究》,《复杂系统与复杂性科学》第 1 期。

［84］单晓红、王春稳、刘晓燕、张晓月，2019b，《基于在线评论的混合推荐算法》，《系统工程》第 6 期。

［85］单晓红、张晓月、刘晓燕，2018，《基于在线评论的用户画像研究——以携程酒店为例》，《情报理论与实践》第 4 期。

［86］孙斌：《基于知识图谱的社交网络话题演化及预测》，北京物资学院，2019。

［87］孙静、石银凤，2021，《社会网络分析视角下我国 PPP 项目治理机制及其要素间关系研究》，《求是学刊》第 5 期。

［88］汤伟韬、余敦辉、魏世伟，2020，《融合知识图谱与用户评论的商品推荐算法》，《计算机工程》第 8 期。

［89］唐琳、郭崇慧、陈静锋、孙磊磊，2020，《基于中文学术文献的领域本体概念层次关系抽取研究》，《情报学报》第 4 期。

［90］唐晓波、李诗轩、谭明亮、杨达森，2020，《国内外政务社交媒体研究评述及展望》，《现代情报》第 1 期。

［91］田沛霖、孟静、唐研，2023，《我国乡村振兴的政策聚焦点与主题演进脉络——基于 2018—2022 年党和国家政策文件的文本分析》，《昆明理工大学学报》（社会科学版）第 3 期。

［92］田占伟、隋玚，2012，《基于复杂网络理论的微博信息传播实证分析》，《图书情报工作》第 8 期。

［93］王秉，2023，《何为数据智能：定义与内涵》，《现代情报》第 4 期。

［94］王超：《大数据驱动的公共卫生风险治理研究》，兰州大学，2020。

［95］王丹阳、姚禄仕，2023，《共同基金的动态流动性偏好——基于预期市场波动和投资者情绪》，《中国管理科学》第 5 期。

［96］王根生，2012，《网络舆情群体极化动力模型与仿真分析》，《情报杂志》第 3 期。

［97］王海花、蒋旭灿、谢富纪，2013，《开放式创新模式下组织间知识共享影响因素的实证研究》，《科学学与科学技术管理》第 6 期。

［98］王昊奋、张金康、程小军，2013，《中文开放链接医疗数据的构建》，《中国数字医学》第 4 期。

［99］王康、陈悦，2022，《技术融合视角下基于专利的颠覆性技术识别

研究》，《情报杂志》第 4 期。

[100] 王宁、赵胜洋、单晓红，2019，《基于灰色系统理论的网络舆情预测与分级方法研究》，《情报理论与实践》第 2 期。

[101] 王晰巍、韦雅楠、邢云菲、王铎，2019，《社交网络舆情知识图谱发展动态及趋势研究》，《情报学报》第 12 期。

[102] 王晰巍、邢云菲、张柳、李师萌，2017，《社交媒体环境下的网络舆情国内外发展动态及趋势研究》，《情报资料工作》第 4 期。

[103] 王玺、何帅，2016，《结构性减税政策对居民消费的影响——基于 PVAR 模型的分析》，《中国软科学》第 3 期。

[104] 王晓光、滕思琦，2011，《微博社区中非正式交流的实证研究——以"Myspace 9911 微博"为例》，《图书情报工作》第 4 期。

[105] 王雪秋，2021，《突发金融舆情事件信息传播规律与对策研究》，《情报科学》第 4 期。

[106] 王亚民、宁静、马续补，2019，《基于社会化媒体的公共政策舆情预测研究》，《情报理论与实践》第 1 期。

[107] 王玉、张磊，2018，《企业网络研究的知识结构与发展趋势——基于知识图谱的分析》，《科技进步与对策》第 16 期。

[108] 王曰芬，2016，《"社会舆情分析与决策支持的理论和方法研究"专题序》，《现代图书情报技术》第 Z1 期。

[109] 魏瑾、李伟华、潘炜，2020，《基于知识图谱的智能决策支持技术及应用研究》，《计算机技术与发展》第 1 期。

[110] 温海涤、邱振博，2022，《新媒体时代突发公共危机事件网络舆情治理能力研究》，《情报科学》第 8 期。

[111] 文宏，2019，《网络群体性事件中舆情导向与政府回应的逻辑互动——基于"雪乡"事件大数据的情感分析》，《政治学研究》第 1 期。

[112] 吴江秋、陈静瑜，2017，《社交媒体发展综述》，《哈尔滨师范大学社会科学学报》第 6 期。

[113] 夏倩芳、原永涛，2017，《从群体极化到公众极化：极化研究的进路与转向》，《新闻与传播研究》第 6 期。

[114] 肖维泽:《基于知识图谱的多媒体网络舆情语义识别案例库构建》,吉林大学,2019。

[115] 肖亚龙、冯皓、朱承璋、冯杰,2023,《基于社会网络分析的重大自然灾害事件线上社会支持寻求与供给研究》,《情报杂志》第3期。

[116] 谢科范、赵湜、陈刚、蔡文静,2010,《网络舆情突发事件的生命周期原理及集群决策研究》,《武汉理工大学学报》(社会科学版) 第4期。

[117] 辛文娟、赖涵,2015,《群体极化视域下网络舆情的演化机制研究——以微博网民讨论"浙江温岭杀医案"为例》,《情报杂志》第2期。

[118] 熊建英、涂敏,2020,《基于知识图谱的社交媒体内容可信审查研究》,《图书情报导刊》第10期。

[119] 徐选华、刘尚龙、陈晓红,2020,《基于公众偏好大数据分析的重大突发事件应急决策方案动态调整方法》,《运筹与管理》第7期。

[120] 徐选华、王麟麟、陈晓红,2019,《公众关注主题下的大群体风险性应急决策方法》,《系统工程学报》第4期。

[121] 徐选华、肖婷,2023,《社会网络行为数据驱动的大群体应急决策共识模型》,《系统工程与电子技术》第7期。

[122] 徐选华、朱昱承,2023,《数据驱动的大群体应急决策公众专家动态协同方法》,《系统工程与电子技术》第12期。

[123] 徐宗本、冯芷艳、郭迅华、曾大军、陈国青,2014,《大数据驱动的管理与决策前沿课题》,《管理世界》第11期。

[124] 许多:《社交网络中的情感知识图谱构建关键技术研究》,上海师范大学,2020。

[125] 杨浩然:《基于知识图谱的社交媒体情感分析研究》,东南大学,2020。

[126] 杨洋洋、谢雪梅,2019,《基于QCA的网络舆情热度影响因素构型分析》,《情报杂志》第5期。

[127] 杨洋洋,2023,《事件驱动、权威主导与公众诉求:重大突发事件

中网络舆情触发机制研究》,《情报资料工作》第 1 期。

[128] 杨奕、张毅,2021,《复杂公共议题下社交媒体主题演化趋势与社会网络分析——以中美贸易争端为案例的比较研究》,《现代情报》第 3 期。

[129] 叶光辉、郭诚、徐彤、王灿灿,2022,《城市画像视角下的政务社交媒体资源保存研究》,《情报科学》第 2 期。

[130] 尹美群、赵刚、张继东,2015,《货币政策对内部控制质量的影响——基于沪市 A 股市场的实证研究》,《中国软科学》第 8 期。

[131] 于彤、陈华钧、李敬华,2013,《面向中药新药研发的语义搜索系统》,《中国医学创新》第 33 期。

[132] 于彤、刘静、李海燕、贾李蓉、李敬华、张竹绿,2017,《中医药子本体抽取方法研究进展》,《中国数字医学》第 1 期。

[133] 于洋、李艺琳、余孟璇、焦永利,2022,《集体土地租赁住房开发中的利益相关者及其网络分析——以北京市十八里店乡项目为例》,《城市问题》第 11 期。

[134] 于洋、欧德民、徐建煌,2021,《基于大数据驱动的突发事件情报分析模型建构》,《政法学刊》第 2 期。

[135] 余厚强、马超、王玥、李龙飞,2022,《中国替代计量数据的来源与识别研究》,《情报理论与实践》第 12 期。

[136] 袁林昊、刘春学、徐雪莲、白彧颖,2022,《社交媒体类企业数据资产评估探究——以新浪微博为例》,《中国资产评估》第 6 期。

[137] 岳昆、阙伊戎、王钰杰、钱文华,2020,《面向电子商务应用的知识图谱关联查询处理》,《计算机集成制造系统》第 5 期。

[138] 张彬、徐建民、吴姣,2021,《大数据环境下基于知识图谱的用户兴趣扩展模型研究》,《现代情报》第 8 期。

[139] 张琛、马祥元、周扬、郭仁忠,2021,《基于用户情感变化的新冠疫情舆情演变分析》,《地球信息科学学报》第 2 期。

[140] 张峰、吴斌、王柏、高枫,2014,《基于决策偏移的舆论演化动力学模型》,《系统工程理论与实践》第 S1 期。

[141] 张谱、张豪、孔锋、孔赟珑,2023,《基于微博数据的暴雨洪涝灾

害舆情特征研究：以 2021 年中国三场暴雨洪涝为例》，《水利水电技术》（中英文）第 2 期。

［142］张琴、郭红梅、张智雄，2017，《融合词嵌入表示特征的实体关系抽取方法研究》，《数据分析与知识发现》第 9 期。

［143］张思龙、王兰成、娄国哲，2021，《基于知识图谱的网络舆情研判系统研究》，《现代情报》第 4 期。

［144］张喜征、蔡月月、罗文，2019，《基于模糊概念格的领先用户个性化知识推荐研究》，《科技管理研究》第 7 期。

［145］张晓璐、钱清，2022，《微博话题数据分析及知识图谱构建研究》，《信息技术与信息化》第 9 期。

［146］张亚茹、唐锡晋，2021，《基于二部配置模型的网络用户分组及重要回复者识别》，《系统工程学报》第 5 期。

［147］张卓、张福君，2020，《基于知识图谱的集群企业创新研究热点与展望》，《管理现代化》第 2 期。

［148］赵宇博、张丽萍、闫盛、侯敏、高茂，2023《个性化学习中学科知识图谱构建与应用综述》，《计算机工程与应用》第 10 期。

［149］赵宇晴、阮平南、刘晓燕、单晓红，2020，《基于在线评论的用户满意度评价研究》，《管理评论》第 3 期。

［150］郑春东、孙为政、王寒，2014，《虚假网络评论对消费者在线搜索与购买决策的影响》，《大连海事大学学报》（社会科学版）第 6 期。

［151］郑建兴、张博锋、岳晓冬、成泽宇，2013，《基于友邻 - 用户模型的微博主题推荐研究》，《山东大学学报》（理学版）第 11 期。

［152］郑丽娟、王洪伟，2017，《基于情感本体的在线评论情感极性及强度分析：以手机为例》，《管理工程学报》第 2 期。

［153］郑治豪、吴文兵、陈鑫、胡荣鑫、柳鑫、王璞，2018，《基于社交媒体大数据的交通感知分析系统》，《自动化学报》第 4 期。

［154］周芳检，2021，《"数据 - 智慧"决策模型：大数据赋能的城市公共危机决策创新》，《图书与情报》第 1 期。

［155］周京艳、刘如、李佳娱、吴晨生，2018，《情报事理图谱的概念界

定与价值分析》,《情报杂志》第 5 期。

[156] 周磊、吕璐成、穆克亮,2023,《中美科技博弈背景下的卡脖子技术识别方法研究》,《情报杂志》第 8 期。

[157] 周阳、汪勇,2021,《大数据重塑公共决策的范式转型、运行机理与治理路径》,《电子政务》第 9 期。

[158] 朱昶胜、孙欣、冯文芳,2018,《基于 R 语言的网络舆情对股市影响研究》,《兰州理工大学学报》第 4 期。

[159] 朱焱、王强、王涓,2021,《基于用户画像的科技创新知识服务系统构建》,《数字图书馆论坛》第 8 期。

[160] 曾志敏、李乐,2014,《论公共理性决策模型的理论构建》,《公共管理学报》第 2 期。

[161] Aghion P, Cai J, Dewatripont M, Du L, Harrison A, Legros P, 2015, "Industrial Policy and Competition", *American Economic Journal: Macroeconomics* 7 (4): 1-32.

[162] Agrawal S R, Mittal D, 2022, "Optimizing Customer Engagement Content Strategy in Retail and E-tail: Available on Online Product Review Videos", *Journal of Retailing and Consumer Services* 67: 102966.

[163] Alexander D E, 2014, "Social Media in Disaster Risk Reduction and Crisis Management", *Science and Engineering Ethics* 20 (3): 717-733.

[164] Barabási A L, Albert R, 1999, "Emergence of Scaling in Random Networks", *Science* 286 (5439): 509-512.

[165] Barrat A, Weigt M, 2000, "On the Properties of Small-World Network Models", *The European Physical Journal B – Condensed Matter & Complex Systems* 13 (3): 547-560.

[166] Bateman G, Haleem HA., Majumdar A, 2021, "Is User-Generated Social Media Content Useful for Informing Planning and Management of Emergency Events? -An Investigation of an Active Shooting Event in a U. S. Airport", *Case Studies on Transport Policy* 9 (3): 1015-1025.

[167] Bello-Orgaz G, Menéndez H, Okazaki S, et al., 2014, "Combining

Social-Based Data Mining Techniques to Extract Collective Trends from Twitter", *Malaysian Journal of Computer Science* 27 (2): 95-111.

［168］Bhoi A, Balabantaray R C, Sahoo D, et al., 2022, "Mining Social Media Text for Disaster Resource Management Using a Feature Selection Based on Forest Optimization", Computers & Industrial Engineering 169: 108280.

［169］Cai M, Luo H, Meng X, Cui Y, Wang W, 2023, "Network Distribution and Sentiment Interaction: Information Diffusion Mechanisms Between Social Bots and Human Users on Social Media", *Information Processing & Management* 60 (2): 103197.

［170］Çal ıS., Balaman S. Y., 2019, "Improved Decisions for Marketing, Supply and Purchasing: Mining Big Data through an Integration of Sentiment Analysis and Intuitionistic Fuzzy Multi Criteria Assessment", *Computers & Industrial Engineering* 129: 315-332.

［171］Chen Y, Liu X, Gao W, et al., 2018, "Emerging Social Media Data on Measuring Urban Park Use", *Urban Forestry & Urban Greening* 31: 130-141.

［172］Chen X, Zhang W, Xu X, Cao W, 2022, "A Public and Large-Scale Expert Information Fusion Method and Its Application: Mining Public Opinion via Sentiment Analysis and Measuring Public Dynamic Reliability", *Information Fusion* 78: 71-85.

［173］Chung K H, Elder J, Kim J C, 2013, "Liquidity and Information Flow around Monetary Policy Announcement", *Journal of Money Credit & Banking* 45 (5): 781-820.

［174］Dai Y, Wang S, Xiong NN, Guo W, 2020, "A Survey on Knowledge Graph Embedding: Approaches, Applications and Benchmarks", *Electronics* 9 (5): 750.

［175］D'Andrea E, Ducange P, Lazzerini B, et al., 2015, "Real-time detection of traffic from twitter stream analysis", *IEEE Transactions on Intelligent Transportation Systems* 16 (4): 2269-2283.

[176] Donahue M L, Keeler B L, Wood S A, et al., 2018, "Using Social Media to Understand Drivers of Urban Park Visitation in the Twin Cities, MN", *Landscape and Urban Planning* 175: 1-10.

[177] Dong X, Gabrilovich E, Heitz G, Horn W, Lao N, Murphy K, Strohmann T, Sun SH, Zhang W, 2014, Knowledge Vault: A Web-Scale Approach to Probabilistic Knowledge Fusion. In: Proc. of the 20th ACM SIGKDD Int'l Conf. on Knowledge Discovery and Data Mining. New York: ACM, 601-610.

[178] Erdös P, Rényi A, 1960, "On the Evolution of Random Graphs", *Publication Math. lnst. Hungarian Acad. Sci.* 5 (1): 17-61.

[179] Fisher D M, Wood S A, White E M, et al., 2018, "Recreational Use in Dispersed Public Lands Measured Using Social Media Data and On-Site Counts", *Journal of Environmental Management* 222: 465-474.

[180] FN Khan, G Hassan, MP Cameron, 2022, "To What Extent Do Network Effects Moderate the Relationship Between Social Media Propagated News and Investors' Perceptions?", *Research in Economics* 76 (3): 170-188.

[181] Freedman M, 2017, "Persistence in Industrial Policy Impacts: Evidence from Depression-Era Mississippi", *Journal of Urban Economics* 102: 34-51.

[182] Fu, G, Zhang, W, 2016, "Opinion Formation and Bi-Polarization with Biased Assimilation and Homophily", *Physica A: Statistical Mechanics & its Applications* 444: 700-712.

[183] Gangi P M D, Wasko M M, Hooker R E, 2010, "Getting Customers' Ideas to Work for You: Learning from Dell How to Succeed with Online User Innovation Communities", *MIS Quarterly Executive* 9 (4): 213-228.

[184] Gimenez MC, Garcia AP, Paci MA, Reinaudi L, 2016, "Range of Interaction in An Opinion Evolution Model of Ideological

Self-Positioning：Contagion, Hesitance and Polarization", *Physica A：Statistical Mechanics and its Applications* 447：320-330.

[185] Girju R, 2010, "Toward Social Causality：An Analysis of Interpersonal Relationships in Online Blogs and Forums", *Proceedings of the Fourth International AAAI Conference on Weblogs and Social Media* 4（1）：66-73.

[186] Gosal A S, Geijzendorffer I R, Václavík T, et al., 2019, "Using Social Media, Machine Learning and Natural Language Processing to Map Multiple Recreational Beneficiaries", *Ecosystem Services* 38：100958.

[187] Gottschalk S, Demidova E, 2018, "EventKG：A Multilingual Event-Centric Temporal Knowledge Graph", *European Semantic Web Conference*, Heraklion, Greece：272-287.

[188] Hiltz S R, Hughes A L, Imran M, et al., 2020, "Exploring the Usefulness and Feasibility of Software Requirements for Social Media Use in Emergency Management", *International Journal of Disaster Risk Reduction* 42：101367.

[189] Huang L Q, Tan C H, Ke W L, et al., 2013, "Comprehension and Assessment of Product Reviews：a Review-Product Congruity Proposition", *Journal of Management Information Systems* 30（3）：311-343.

[190] Ittoo A, Bouma G, 2011, "Extracting Explicit and Implicit Causal Relations from Sparse, Domain-Specific Texts", Proceedings of the 16th International Conference on *Natural Language Processing and Information Systems. Alicante Spain* 52-63.

[191] Ittoo A, Bouma G, 2013, "Minimally-Supervised Extraction of Domain-Specific Part-Whole Relations Using Wikipedia as Knowledge-Base", *Data & Knowledge Engineering* 85：57-79.

[192] Jiang YN, Park H, 2022, "Mapping Networks in Corporate Social Responsibility Communication on Social Media：A New Approach to

Exploring the Influence of Communication Tactics on Public Responses", *Public Relations Review* 48 (1): 102143.

[193] Jing N, Wu Z, Wang HF, 2021, "A Hybrid Model Integrating Deep Learning with Investor Sentiment Analysis for Stock Price Prediction", *Expert Systems with Applications* 178 (15): 115019.

[194] Jovanovic M., Campbell M., Campbell M, 2023, "Connecting AI: Merging Large Language Models and Knowledge Graph" Computer 56 (11): 103-108.

[195] Koss J, Rheinlaender A, Truebel H, et al., 2021, "Social Media Mining in Drug Development-Fundamentals and Use Cases", *Drug Discovery Today* 26 (12): 2871-2880.

[196] Kozareva Z, 2012, "Cause-effect Relation Learning", Workshop Proceedings of TextGraphs-7 on Graph-based Methods for Natural Language Processing, Jeju Republic of Korea: 39-43.

[197] Kulczycka J, Wirth H, Hausner J, 2017, "Polish Tax Policy-Its Impact on The Mineral Sector", *Resources Policy* 52: 72-80.

[198] Lee J, Park D, Han I, 2011, "The Different Effects of Online Consumer Reviews on Consumers' Purchase Intentions Depending on Trust in Online Shopping Malls", *Internet Research* 21 (2): 187-206.

[199] Lee J M, 2015, "Assessing Mass Opinion Polarization in the US Using Relative Distribution Method", *Social Indicators Research* 124: 571-598.

[200] Leetaru K, 2011, "Culturomics 2.0: Forecasting Large-Scale Human Behavior Using Global News Media Tone in Time and Space", *First Monday* 16 (09).

[201] Li Z, Ding X, Liu T, 2018, "Constructing Narrative Event Evolutionary Graph for Script Event Prediction", *Proceedings of the 27th International Joint Conference on Artificial Intelligence*, Stockholm, Sweden 4201-4207.

[202] Lim J S, Al-Aali A, Heinrichs J H, et al., 2013, "Testing

Alternative Models of Individuals' Social Media Involvement and Satisfaction", *Computers in Human Behavior* 29 (6): 2816-2828.

[203] Liu J, Liu L Y, Tu Y, et al., 2022, "Multi-stage Internet public opinion risk grading analysis of public health emergencies: An empirical study on Microblog in COVID-19", *Information Processing & Management* 59 (1): 102796.

[204] Liu Q, Ullah H, Wan W, et al., 2020, "Analysis of Green Spaces by Utilizing Big Data to Support Smart Cities and Environment: A Case Study about the City Center of Shanghai", *ISPRS International Journal of Geo-Information* 9 (6): 1-19.

[205] Liu Q, Zhao J, Wang X, 2015, "Multi-Agent Model of Group Polarisation with Biased Assimilation of Arguments", *IET Control Theory & Applications* 9 (3): 485-492.

[206] Luan J, Yao Z, Zhao F T, et al., 2016, "Search Product and Experience Product Online Reviews: An Eye-Tracking Study on Consumers' Review Search Behavior", *Computers in Human Behavior* 65: 420-430.

[207] Mackiewicz J, 2010, "The Co-Construction of Credibility in Online Product Reviews", *Technical Communication Quarterly* 19 (4): 403-26.

[208] Manovich L, 2012, "Trending: The Promises and the Challenges of Big Social Data", *Debates in the Digital Humanities* 2 (1): 460-475.

[209] Martins AC, 2013, "Trust in the CODA Model: Opinion Dynamics and the Reliability of Other Agents", *Physics Letters A* 377 (37): 2333-2339.

[210] Moreno J L, 1933, "Psychological and Social Organization of Groups in the Community", *Proceedings & Addresses* 38: 224-242.

[211] Morente-Molinera J A, Cabrerizo F J, Mezei J, et al., 2020, "A Dynamic Group Decision Making Process for High Number of Alternatives Using Hesitant Fuzzy Ontologies and Sentiment Analysis",

Knowledge-Based Systems 195: 105657.

[212] Morris M, Handcock M S, Hunter D R, 2008, "Specification of Exponential-Family Random Graph Models: Terms and Computational Aspects", *Journal of Statistical Software* 24 (4): 1-24.

[213] Newman M E J, 2003, "The Structure and Function of Complex Networks", *SIAM Review* 45 (2): 167-256.

[214] Nie Rx. Tian ZP, Wang JQ, et al. , 2020, "Hotel Selection Driven by Online Textual Reviews: Applying a Semantic Partitioned Sentiment Dictionary and Evidence Theory", International Journal of Hospitality Management 88: 102495.

[215] Niu H, Silva E A, 2020, "Crowdsourced Data Mining for Urban Activity: Review of Data Sources, Applications, and Methods ", *Journal of Urban Planning and Development* 146 (2): 04020007.

[216] Norjihan A G, Suraya H, Ibrahim A T H, Ejaz A, 2019, "Social Media Big Data Analytics: A Survey", *Computers in Human Behavior* 101: 417-428.

[217] Park C, Park J, Park S, 2020, "AGCN: Attention-Based Graph Convolutional Networks for Drug-Drug Interaction Extraction", *Expert Systems with Applications* 159: 113538.

[218] Park S B, Kim J, Lee Y K, et al. , 2020, "Visualizing Theme Park Visitors' Emotions Using Social Media Analytics and Geospatial Analytics", *Tourism Management* 10: 104127.

[219] Pichotta K, Mooney R J, 2016, "Using Sentence-Level LSTM Language Models for Script Inference", *in Proceedings of the 54th Annual Meeting of the Association for Computational Linguistics (ACL-16)*: 279-289.

[220] Qiu J, Du Y, Wang Y, 2008, "Extraction and Representation of Feature Events Based on a Knowledge Model", 2008 IEEE/WIC/ACM International Conference on *Web Intelligence and Intelligent Agent Technology*, Sydney, NSW, Australia: 219-222.

[221] Radinsky K, Davidovich S, Markovitch S, 2012, "Learning causality for news events prediction", Proceedings of the 21st International Conference on *World Wide Web*, Lyon, France: 909-918.

[222] Riaz M, Girju R, 2010, "Another Look at Causality: Discovering Scenario-Specific Contingency Relationships with No Supervision", 2010 *IEEE Fourth International Conference on Semantic Computing*, Pittsburgh, PA, USA: 361-368.

[223] Richards D R, Tunçer B, 2018, "Using Image Recognition to Automate Assessment of Cultural Ecosystem Services from Social Media Photographs", *Ecosystem Services* 31: 318-325.

[224] Saito K, Imamura K, 2009, "Tag Confidence Measure for Semi-Automatically Updating Named Entity Recognition", In Proceeding of the 2009 Named Entities Workshop ACL - IJCNLP2009. Suntec, Singapore 168-176.

[225] Schwarz A, 2012, "How Publics Use Social Media to Respond to Blame Games in Crisis Communication: The Love Parade tragedy in Duisburg 2010", *Public Relations Review* 38 (3): 430-437.

[226] Socher R, Chen DQ, Manning CD, Ng AY, 2013, "Reasoning with Neural Tensor Networks for Knowledge Base Completion". In: Proc. of the 26th Int'l Conf. on Neural Information Processing Systems. Lake Tahoe Nerada: 926-934.

[227] Song X P, Richards D R, He P, et al., 2020a, "Does Geo-Located Social Media Reflect the Visit Frequency of Urban Parks? A City-Cide Analysis Using the Count and Content of Photographs", *Landscape and Urban Planning* 203: 103908.

[228] Song X P, Richards D R, Tan P Y, 2020b, "Using Social Media User Attributes to Understand Human-Environment Interactions at Urban Parks", *Scientific Reports* 10 (1): 1-11.

[229] Sorgente A, Vettigli G, Mele F, 2013, "Automatic Extraction of Cause-Effect Relations in Natural Language Text", *CEUR Workshop*

Proceedings 1109: 37-48.

[230] Stuart H C, Dabbish L, Kiesler S, et al. , 2012, "Social Transparency in Networked Information Exchange: A Framework and Research Question", *In* ACM Coference on Computer Supported Cooperative Work: 1-10.

[231] Tian Z. , Dong G. , Du R. , Ma J. , 2016, "Non-Consensus Opinion Model with a Neutral View on Complex Networks", *Physica A: Statistical Mechanics & Its Applications* 450: 601-608.

[232] Tao X, Li Y, Zhong N A, 2011, "A Personalized Ontology Model for Web Information Gathering", *IEEE Transactions on Knowledge and Data Engineering* 23 (4): 496-511.

[233] Townsend L, Wallace C, 2017, "The Ethics of Using Social Media Data in Research: A New Framework", *The Ethics of Online Research. Bingley: Emerald Publishing Limited* 189-207.

[234] Vassileios T, Panagiotis P, George B, 2019, "Crisis Management in Public Administration: the Three Phases Model for Safety Incidents", *Safety Science* 113: 37-43.

[235] Vayansky I, Kumar S, Li Z, 2019, "An Evaluation of Geotagged Twitter Data during Hurricane Irma Using Sentiment Analysis and Topic Modeling for Disaster Resilience", *2019 IEEE International Symposium on Technology and Society* 1-6.

[236] Villodre J, Criado J I, 2020, "User Roles for Emergency Management in Social Media: Understanding Actors' Behavior During the 2018 Majorca Island Flash Floods", *Government Information Quarterly* 37 (4): 101521.

[237] Wan C, Shen G Q, Choi S, 2021, "Eliciting Users' Preferences and Values in Urban Parks: Evidence from Analyzing Social Media Data from Hong Kong", *Urban Forestry & Urban Greening* 62: 127172.

[238] Wang S, Li J, Zhao D, 2017, "The Impact of Policy Measures on Consumer Intention to Adopt Electric Vehicles: Evidence From China",

Transportation Research Part A Policy & Practice 105: 14−26.

[239] Wang X, Lim M K, Ouyang Y, 2017, "Food-Energy-Environment Trilemma: Policy Impacts on Farmland Use and Biofuel Industry Development", *Energy Economics* 67: 35−48.

[240] Wang Z, Gao P, Chu XN, 2022, "Sentiment Analysis From Customer-Generated Online Videos on Product Review Using Topic Modeling and Multi-Attention BLSTM", *Advanced Engineering Informatics* 52 (4): 101588.

[241] Wasserman S, Faust K, 1994, "Social Network Analysis: Methods and Application (Structural Aralgsis in the Social Sciences)", *New York: Cambridge University Press.*

[242] Watanabe N M, Kim J, Park J, 2021, "Social Network Analysis and Domestic and International Retailers: An Investigation of Social Media Networks of Cosmetic Brands", *Journal of Retailing and Consumer Services* 58: 102301.

[243] Watts D J, Strogatz S H, 1998, "Collective Dynamics of 'Small-World' Networks", *Nature* 393: 440−442.

[244] Xia W, Cao M, Johansson K H, 2016, "Structural Balance and Opinion Separation in Trust-Mistrust Social Networks", *IEEE Transactions on Control of Network Systems* 3 (1): 46−56.

[245] Xu X, Yin X, Chen X, 2019, "A Large-Group Emergency Risk Decision Method Based on Data Mining of Public Attribute Preferences", *Knowledge-Based Systems* 163: 495−509.

[246] Xu Z, Liu Y, Yen N, Mei L, Luo X, & Wei X, et al., 2020, "Crowdsourcing Based Description of Urban Emergency Events Using Social Media Big Data", *IEEE Transactions on Cloud Computing* 8 (2): 387−397.

[247] Yue L, Chen W, Li X, Zuo W, Yin M, 2019, "A Survey of Sentiment Analysis in Social Media", *Knowledge and Information Systems* 60 (2): 617−663.

[248] Zhang J, Hong Y, 2013, "Opinion Evolution Analysis for Short-Range and Long-Range Deffuant-Weisbuch Models", *Physica A: Statistical Mechanics and its Applications* 392 (21): 5289-5297.

[249] Zhang S, Zhou W, 2018, "Recreational Visits to Rrban Parks and Factors Affecting Park Visits: Evidence from Geotagged Social Media Data", *Landscape and Urban Planning* 180: 27-35.

[250] Zhao S, Liu T, Zhao S, Chen Y, & Nie J Y, 2016, "Event Causality Extraction Based on Connectives Analysis", *Neurocomputing* 173 (P3): 1943-1950.

[251] Zhao S, Wang Q, Massung S, Qin B, Zhai C X, 2017, "Constructing and Embedding Abstract Event Causality Networks from Text Snippets", *Proceedings of the Tenth ACM International Conference on Web Search and Data Mining*: 335-344.

[252] Zhao J, He H, Zhao X, Lin, J., 2022, "Modeling and Simulation of Microblog-Based Public Health Emergency-Associated Public Opinion Communication", *Information Processing & Management* 59 (2): 102846.

[253] Zheng X, Chen W, Wang P, Shen, D., Chen, S., Wang, X., et al., 2016, "Big Data for Social Transportation", *IEEE Transactions on Intelligent Transportation Systems* 17 (3): 620-630.

[254] Zhou C, Xiu H, Wang Y, et al., 2022, "Characterizing the Dissemination of Misinformation on Social Media in Health Emergencies: An Empirical Study Based on COVID-19", *Information Processing & Management* 58 (4): 102544.

[255] Zhu X, Gao M, Zhang R, Zhang B, 2021, "Quantifying Emotional Differences in Urban Green Spaces Extracted from Photos on Social Networking Sites: A Study of 34 Parks in Three Cities in Northern China", *Urban Forestry & Urban Greening* 62: 127133.

[256] Zhuo J, 2022, "Consumer Demand Behavior Mining and Product Recommendation Based on Online Product Review Mining and Fuzzy Sets", *Mathematical Problems in Engineering* 11: 1216475.